Robin Wood

Die Visionäre

Concord Verlag
Mariahof
www.concordverlag.at

Concord Verlag
Mariahof
www.concordverlag.at
ISBN 3-9501887-2-X

1. Ausgabe 2005

Herausgeber
„Da Vinci"
Agentur für Ernährung, Gesundheit, Natur und Umwelt
Claudia G. Schmitzberger
8020 Graz

Coverfoto: Agentur „Da Vinci"
Fotos Innenteil: Peter Philipp, 8010 Graz
Fotos Jo Schwartz: Cover, Seite 201, 202
Weitere Fotos Innenteil: Agentur „Da Vinci"
Satz, Grafik, Layout: TOP-Design Erich Spurej, 8051 Graz
Lektorat: Gertraud Prügger
Druck und Buchbinderei: Druckerei Realszisztema, H-2373 Dabas

Die Unendlichkeit hat zwei unbekannte Größen:

Das Universum und

die menschliche Dummheit.

Albert Einstein

Inhaltsverzeichnis

Liebe Leserin, lieber Leser!

Briefe an den Herausgeber bzw. an den Autor richten Sie bitte an die Adresse des CONCORD-Verlages A-8812 Mariahof.
Adressen für biologisch hergestellte, absolut reine und natürliche Lebensmittel erhalten Sie auf Anfrage unter: ARS VIVENDI Dr. Ziak GmbH,
E-Mail: office@arsvivendi.co.at

Geleitwort Sepp Holzer

Im Sommer 2004 lernte ich den Journalisten Peter Steffen kennen. Damals beschäftigte er sich intensiv mit der Problematik genetisch veränderter Nahrungsmittel und der Gentechnik im Allgemeinen. Sein außergewöhnliches Engagement für eine Aufklärung der Zusammenhänge und Auswirkungen der Gentechnik im Nahrungsmittelbereich fiel mir sofort auf und beeindruckte mich. Im Laufe der letzten Jahre bin ich vielen Journalisten begegnet und habe nicht nur positive Erfahrungen gemacht.

In meinem Fall war es oftmals nur die Schlagzeile "Kiwis und Zitronen von der Alm", die Journalisten zu interessieren schien, die Zusammenhänge und Wirkungsweisen, die hinter diesen Kultivierungserfolgen stehen, waren eher zweitrangig. Doch gerade um diese Hintergründe geht es im ernsthaft betriebenen Journalismus, sie in die Öffentlichkeit zu bringen sollte das Ziel sein.

Im Juli 2005 begleitete Peter Steffen mich und meinen Sohn Josef Andreas nach Russland, wo ich gemeinsam mit Karl Ludwig Schweisfurth an einem Projekt zur nachhaltigen landwirtschaftlichen Nutzung ehemaliger Kolchosen arbeitete. Im Laufe dieser Reise wurde mir klar: Peter ist ein unverbesserlicher Weltverbesserer – wie ich selbst wohl auch. Einer, der den Glauben daran, etwas zum Positiven bewirken zu können, noch nicht verloren hat. Der Dinge anpackt und beim Namen nennt, auch wenn sie vielleicht nicht gerne gehört werden. Das Wichtigste von allem: seine Einstellung zu unserem Leben und Wirken auf dieser Welt ist stark von der Natur und von "Natürlichkeit" geprägt.

Peter Steffen, der auf einem Bauernhof aufgewachsen ist und stolz darauf ist, kann wohl am besten die Problematik in der heute den Bauern aufgezwungenen Subventions- Förderwirtschaft und deren negative Folgen beurteilen. Seiner Auffassung, dass wir von diesem aufgeblähten Verwaltungsapparat, der jedes kreative Denken schon im Keim erstickt, kaputt verwaltet werden, kann ich nur beipflichten.

Sein neuestes Buch "Die Visionäre" stellt ein spannendes Spektrum alternativer Sichtweisen zum Leben – aus den verschiedensten Bereichen – zusammen. Die Menschen, die hier vorgestellt werden, haben Großes bewirkt. Einige von ihnen kenne ich, wie etwa Karl Ludwig Schweisfurth oder Univ.-Prof. Dr. Anton Moser, von anderen habe ich bisher gehört oder gelesen, manche kannte ich bis dato noch nicht. In jedem Fall empfinde ich es als Ehre, gemeinsam mit diesen beeindruckenden Menschen hier in diesem Buch vorgestellt zu werden.

Mögen die zahlreichen Denkanstöße in diesem Buch viele Diskussionen verursachen und viele Menschen zum kritischen Nachdenken anregen!

Ihr Sepp Holzer

Prolog

Eine "Liebeserklärung an Bäume" an den Anfang dieses Buches zu stellen war mir deshalb ein Anliegen, weil Bäume für mich – und gewiss nicht nur für mich – etwas Besonderes darstellen, da sie in ihrer Funktion als Öko-Barometer den ökologischen Zustand unserer Erde repräsentieren und als Symbol für Größe, Schönheit und Würde stehen.

Mit dem letzten Baum wird auch alles Leben auf unserer Erde verschwunden sein.

Dies sollte uns bewusst werden, wenn wir wieder einmal mit der Axt im "Wald der Umwelt" wüten und einen Beitrag zum Ungleichgewicht der Natur leisten.

Bäume und nicht wir Menschen sind wahrscheinlich die Krone der Schöpfung, auch wenn wir in einem Anflug von Überheblichkeit dies oft nicht wahrhaben wollen.
Kein Lebewesen auf der Erde wird auch nur annähernd so alt oder groß wie die Alerce-Bäume, eine Thuja-Koniferenart in Südamerika, die sogar bis zu viertausend Jahre zählen.

Bäume sind Lebewesen ganz besonderer Art und verdienen unsere Aufmerksamkeit und Bewunderung. Wer sie aus kommerzieller Sicht lediglich als Rohstoff, Handelsware oder Industriegut betrachtet, hat bereits den ersten Schritt in eine falsche und verhängnisvolle Richtung gesetzt.

Der Baum

Bäume sind Symbole von Leben, Vitalität, Schönheit, Stärke und Kraft! Bäume zu fällen, egal unter welcher Prämisse, bedeutet immer ein ethisches Vergehen und einen Eingriff in das sensible Gleichgewicht der Natur. Darüber können auch Genehmigungen, Gutachten und Rechtfertigungen aller Art nicht hinwegtäuschen.

"Erst wenn der letzte Baum gefällt und der letzte Fisch gefangen ist, werden die Menschen begreifen, dass man Geld nicht essen kann" (Indianisches Sprichwort).

Zum Baum kannst du gehen, ihn umarmen, mit ihm reden und dich in seinem Schatten ausruhen.
Du kannst dich an seinen Früchten ergötzen, an seinem Holz erwärmen, an ihm hochklettern und dich in seiner Krone verbergen. Wirst wieder zum Kind.
„Ach, was für Erinnerungen an eine unbeschwerte Zeit, da uns der alte Ahornbaum beim Indianerspielen sein dichtes Blattwerk als schönstes Versteck anbot. Und später, im Gefühlsreigen der ersten Liebe, kerbten wir mit Vaters Taschenmesser das Herz mit unseren Namen in die Rinde, wohl meinend, für immer zusammen zu sein."

Der Baum gibt uns Kraft und wenn du ihn umarmst, wie es schon die Wikinger taten, fühlst du seine Faszination, geht seine Stärke und Kraft in dich über und lässt deine Gedanken fliegen. Wissend, dass es solche mit tausend und mehr Jahren gibt, beneiden wir sie um ihre Überlebenskunst, die – einmalig in der Schöpfung – alleine Bäumen vorbehalten ist.

Bäume laden zum Ausruhen ein und dazu, den Tag, das Jahr, sein ganzes Leben zu überdenken und neu zu ordnen.
Sie helfen dabei, Entscheidungen zu treffen, die – wichtig für uns – in der Unrast des Alltages nicht mehr klar genug beurteilt werden können.
Für unsere gefiederten Freunde ist der Baum Penthouse, Wintergarten, Loggia, Schlaf- und Speisezimmer, für unzählige Käfer, Raupen und anderes Kleingetier ein geschätzter Wohnplatz.

Der Baum, stets Anziehungspunkt für den Menschen, zog von jeher Krieger, Liebende, spielende Kinder und müde Wanderer in seinen Bann. Auch göttliche Wesen konnten dem Zauber der Bäume nicht entfliehen, so auch Zeus, der im Schatten einer Platane die nicht ganz standesgemäße Europa verführte, die seitdem immergrün das ganze Jahr ihr Blattwerk trägt. Eine Sage? Auf Kreta und nur dort verlieren die Platanen das ganze Jahr über auch im Winter kein einziges Blatt und stellen Botaniker in aller Welt vor ein bisher ungelöstes Rätsel.

Und Bäume machen bewusst, dass die Natur Spiegel der menschlichen Seele ist. Die oft knorrige, zerfurchte Rinde alter Bäume gleicht den Spuren, die ein langes, erfülltes Leben in den Gesichtern weiser, alter Menschen hinterlässt, denen man in Ehrfurcht und Dankbarkeit begegnen sollte.

Die Zerstörung von Natur und Umwelt verläuft stets parallel mit dem Untergang von Ethik und Kultur, die Rodung des Regenwaldes (55% sind bereits vernichtet) kann weder mit Notwendigkeit noch mit Unwissenheit entschuldigt werden, sie ist ein Vergehen gegen die Schöpfung und beraubt nachkommende Generationen ihrer Lebensgrundlagen und Lebensqualität.

Das Ende der Bäume würde auch das Ende der Menschen bedeuten. Jedes Schattens beraubt, mit Sauerstoff und Ozon unterversorgt, scheint der Exodus aller Lebewesen vorprogrammiert. In einer verkarsteten, wüstenähnlichen Landschaft ohne Wasserspeicher und Klimaanlagen wäre alles Leben dem Untergang geweiht.
Erst wenn wir den Baum wieder zu verehren lernen, ihm seinen wahren Stellenwert zurückgeben und ihn als Freund und Bruder betrachten, werden wir wieder Frieden schließen mit der Natur und nicht mehr um die Zukunft bangen müssen, sondern von ihr träumen wie einst vom Garten Eden.

Ein langes erfülltes Leben: Wie sich die Spuren gleichen!

Heute ist die Wissenschaftsgläubigkeit an die erste Stelle gerückt und hat mit ihren Dogmen die Dogmen der Kirche ersetzt.

Vorwort
Univ. Prof. Dr. techn. Anton Moser

Ein Buch über Visionen bedarf eigentlich keines Vorwortes, hat doch jeder denkende und fühlende Mensch eigene Ansichten, was alles besser zu machen ist auf unserer Welt. Diese sicher richtigen Gedanken gehen aber im Alltag unter, sie bedürfen der Darstellung des großen Zusammenhanges der Einzelideen. Denn erst dadurch wird eine neue Weltsicht geboren. Visionen sollten auf dem Boden bestehender Probleme wachsen, müssen sich aber geistig darüber erheben, um aufzuzeigen, wie Probleme heute gelöst werden könnten. Denn alle Lösungen haben ihre tiefe Wurzel im Geistigen – und nicht im Oberflächlichen!

Jeder sollte den Zusammenhang erkennen, wie es dazu kommt, dass die Welt so ist, wie sie ist! Jeder Mensch ist nämlich so wie er denkt. Jeder Mensch ist so, wie er denkt, dass er ist. Und die Welt ist so, wie jeder Mensch denkt, dass sie ist. Demnach sind das Innen und das Außen direkt miteinander gekoppelt, ja aneinander gefesselt. Diese Aussagen helfen, klar den Weg der Erkenntnis zu klären: Wissenschaft sollte das Instrument dafür sein, das Ziel muss aber von der Gesellschaft vorgegeben werden, wobei der gesunde Menschenverstand die zentrale Rolle spielt. Diese beiden Bereiche sind hier kurz skizziert, wie sie sind und wie sie sein sollten.

Die Krise unserer modernen Welt ist die Zielfrage, quo vadis?! Eng damit verbunden ist die Entscheidung, ob wir alles auch tun sollen, was wir machen können: das Können ist eine Frage der Wissenschaft, das Sollen aber ist eine Frage der Ethik d.h. der Ehrfurcht vor dem Leben!
Jeder denkende und fühlende Mensch wird zustimmen, dass alles, was der Mensch unternimmt, dem Leben dienen sollte, dem Leben aller Menschen auf unserer Erde, ohne aber daneben das Leben anderer Lebewesen zu zerstören.

Dabei tut sich die erste Kluft auf: heutzutage dominiert das Materielle, die Wirtschaft, die Technik. Das Weltbild wurde seit Jahrhunderten von der Physik bestimmt. Damit ist die Menschheit nach dem Hochkommen der Wissenschaft ja auch gut gefahren, man hat sich um die unbelebte Welt gekümmert, das Lebende war zuerst noch heilig und zu komplex, um wissenschaftlich durchleuchtet zu werden.

So kam es, dass das Ziel aus den Augen verloren wurde. Heute ist die Wissenschaftsgläubigkeit an die erste Stelle gerückt und hat mit ihren Dogmen die Dogmen der Kirche ersetzt. Das Leben kommt daher immer mehr in Bedrängnis, so wie die Natur, die von den Männern in Kirche und Wissenschaft analog zum Weiblichen marginalisiert, ja sogar verteufelt wurde.

Es wäre an der Zeit, dass sich das Ziel durchsetzt, das Wunder des Lebens mit all seinen Aspekten erschauen zu wollen, nicht nur in den mechanistischen Bereichen wie z.B. in der Genetik. Auch das Zusammenwirken in der Natur wird durch die Ökologie, so wie sie jetzt betrieben wird, nicht die volle Erkenntnis bringen. Geheimnisse und Wunder des Lebens widersprechen nicht der Natur, sondern nur dem, was wir Menschen zurzeit über die Natur wissen.

Friedensreich Hundertwasser, ein für die Natur sehr engagierter großer Künstler formulierte "unser wahres Analphabetentum ist, dass wir nicht kreativ sind".

Werner Heisenberg äußerte "die Sprache der Poesie ist wichtiger als die Sprache der Wissenschaft, wenn es um das Eine geht, ums Gemeinsame in der Gesellschaft".

Albert Einstein. "Intuition ist ein heiliges Geschenk, Rationalität der gehorsame Diener. Nur schufen wir Menschen eine Welt, die Diener belohnt, das heilige Geschenk aber vergessen hat".

Ein weiser Spruch der Navajo-Indianer lautet: "Die Anweisungen des Schöpfers sind niedergeschrieben in den heiligen Schriften der Natur, die jeder selbst lesen kann".

Wo ist also die Weisheit, die wir durch unser Wissen verloren?... muss ich mich fragen.
Es ist festzuhalten, dass die Faszination für Wissenschaftler im Bereich des Kleinsten und Größten liegt, im Mikroskopischen und Kosmischen. Gerade unsere westliche Kultur, die mit den Griechen begann, war auf die Struktur, das Materielle fokussiert und weniger bzw. kaum auf das Funktionelle, das Immaterielle: Aristoteles kannte 4 Elemente, später wurden von den Chemikern mehr als 100 chemische Elemente gefunden, dann spürte die Physik mehrere Hundert Teilchen im Atom auf, und die Genetik sucht in den Tausenden und Abertausenden Genen das Geheimnis des Lebens und meint damit im "Buch des Lebens" zu lesen…

Eine sinnvolle "pro-Leben" Orientierung wird aber kommen müssen, wenn die Menschheit die Probleme des "Ganzen" d.h. Mensch & Natur lösen will.

Wichtige betroffene Bereiche sind:

Bildung & Lebensphilosophie & Sinn
Gesundheit & Medizin & Selbstheilungskräfte
Lebensmittel & Land- & Forstwirtschaft
Ethik & Moral & Religion
Natur & Umwelt & Freizeit
Wirtschaft & Technik & Wissenschaft

Das vorliegende Buch ist als geistiger Leitfaden zu sehen, als Kompass für einen gedeihlichen Weg in eine bessere Zukunft, die menschen- & schöpfungsgerecht und somit zukunftsfähig ist ... und den gesunden Menschenverstand (d.h. die in jedem Menschen schlummernde intuitive Weisheit als Sehnsucht nach der verlorenen Gemeinschaft von Mensch, Natur und Gott) anspricht, aber gleichzeitig in Übereinstimmung mit modernster ganzheitlicher Wissenschaft und uralten Weisheiten der Menschheit, der Weisheit der Natur, ist.

Anton Moser

Ist unsere Erde noch zu retten?

Unsere Welt, unser Globus, unsere Erde droht zu kollabieren, doch es scheint, als würden die meisten Menschen, vor allem jene, durch deren Hand eine Trendwende eingeleitet werden könnte, daran vorbeisehen, gerade so, als ginge sie dies alles überhaupt nichts an.

Der drohende Untergang unseres gesamten Kultur- und Lebensraumes ist - wenn wir weiterwirtschaften und ausbeuten wie bisher - mittlerweile absehbar. Jene, die vor einem ökologischen, wirtschaftlichen und gesundheitlichen Holocaust warnen, sind nicht mehr "grüne Chaoten" oder Anbeter von Verschwörungstheorien, sondern ernstzunehmende, besorgte Wissenschafter, Forscher und Experten aus aller Welt.

Ohne jede Möglichkeit einer Arche Noah als Rettungsanker drohen Fauna, Flora und wir Menschen mittendrin an einem unmenschlich konzipierten und exekutierten System zu zerschellen und damit unterzugehen. Und zwar sehr viel schneller, gefährlicher und explosiver als es durch eine drohende Atomgefahr oder einen kalten Krieg jemals der Fall war.

Die in den letzten zwei Jahrzehnten zusätzlich aufgetauchte Bedrohung durch einen international agierenden Terrorismus liegt ebenfalls in oben angeführten Fehlmechanismen begründet, die den Nährboden für radikale Gruppierungen, politische Wirrköpfe und religiöse Fanatiker darstellen. Terrorismus findet aber nicht zuletzt seine Wurzeln in der Unterdrückung der Menschenrechte, politischer Kurzsichtigkeit, Benachteiligung von Minderheiten, Schaffung von Klassengesellschaften und der Verarmung der Bevölkerung durch unsoziale Wirtschaftsstrukturen.

Um diese globale Fehlsteuerung wirklich erklären und begreifen zu können, muss man die Hintergründe und Mechanismen eines Systems durchleuchten, das vor den Augen der meisten Menschen gut verborgen im Dunkeln liegt.

Der weltweite Versuch uns weismachen zu wollen, die größte derzeitige Bedrohung der Menschheit läge in der Gefahr von Arbeitslosigkeit, Klimawandel, Welthunger und der Unfinanzierbarkeit unseres Gesundheitssystems, beruht auf falschen Denkmustern, da diese Symptome ja nur Trittbrettfahrer des tatsächlichen Fiaskos darstellen.

Die Bekämpfung dieser immer wieder ins Treffen geführten negativen Entwicklungen erscheint wirkungslos, da sie einer Symptombehandlung - wie sie in der Schulmedizin oftmals gang und gäbe ist - gleichkommt, die es ebenfalls immer wieder versäumt, die Ursachen und Hintergründe von Krankheit zu hinterfragen.

Die wahre Bedrohung der Menschheit, deren Untergang bei konstanter Beibe-
haltung der zur Zeit verfolgten Strategien unausbleiblich scheint, liegt in der
geistigen Umweltverschmutzung, die noch wesentlich bedrohlicher ist als jene
unserer Umwelt, (ohne diese dadurch auch nur im Geringsten bagatellisieren
zu wollen), im Verfall von Ethik und Moral, schulmedizinischer Selbstherr-
lichkeit, in der Ausbeutung unseres Planeten, im Untergang des Bauerntums,
in der Anbetung des "Götzen Geld" und der Missachtung unserer Nahrungs-
und Lebensmittel.
Wobei alle aufgezählten Faktoren ursächlich miteinander in Verbindung stehen, voneinander abhängen und das Eine das Andere begünstigt oder gleichzeitig bedingt.

Eine weitere Ursache dieser Fehlentwicklungen ist unter anderem darin zu suchen, dass Politik und Medien es verabsäumt haben, die Bürger ausreichend auf
diese Phänomene aufmerksam zu machen und vor deren katastrophalen Auswirkungen zu warnen.
Die Angst vor Panikmache und davor, den "Mann auf der Straße" durch negative Botschaften zu demotivieren, hat weltweit zu einem gefährlichen Ausle-
severfahren in der Berichterstattung geführt.
Stattdessen bleibt der Bürger über das wahre Ausmaß der Bedrohung uninfor-
miert und wird durch oberflächliche Berichterstattung, Yellow - Press und
"leichte mediale Kost" vom tatsächlichen Geschehen abgelenkt. Brot und Spie-
le, wie es bereits die Römer (letztendlich mit wenig Erfolg) praktizierten.

Nicht Artikel über natürliche Lebensweise, Gesundheitsvorsorge oder das Ess-
und Trinkverhalten - die ureigensten und wichtigsten Dinge im Leben - be-
herrschen die Seiten von Tageszeitungen, Magazinen und Boulevardblättern in
aller Welt, sondern vorwiegend Inserate von Telefongesellschaften, Fastfood-
Unternehmen, Banken und Pharmakonzernen.

Ich selbst fühle mich verpflichtet und bin der Meinung, dass Journalisten zwei
ungeschriebenen, ethischen Grundsätzen folgen sollten:

Nämlich erstens, die Bevölkerung umfassend und rückhaltlos zu informieren,
insbesondere über Gefahren und Risken, die auf sie zukommen und zwar ohne
Rücksicht auf private und wirtschaftliche Interessen. Zweitens sollte man als
Journalist der Wahrheit und nichts als der Wahrheit verpflichtet sein.

So jedenfalls wurde ich vor über 25 Jahren von meinem damaligen Chefredak-
teur im Zuge meiner ersten Gehversuche in einer der größten Tageszeitungs-
redaktionen Österreichs belehrt.

Wörtlich meinte er damals: "Wenn du jemals darauf vergessen solltest, diese, auf jeden Journalisten anwendbaren, moralischen Grundgesetze zu beherzigen und damit gegen unser Berufsethos zu verstoßen, fliegst du in hohem Bogen bei uns hinaus, verstanden?"
Betrachtet man die Medienlandschaft der Jetztzeit und das, was heute alles geschrieben und veröffentlicht wird, weiß man, wie weit wir uns von solchen Grundsätzen entfernt haben.

Im Prinzip bestimmen Industrie und Wirtschaft, in diesem Falle die Inserenten zum überwiegenden Teil, was, wann und wie geschrieben wird.
Über den Kollaps der Umwelt und dessen Folgen für uns alle, die rasante Talfahrt unseres generell schlechten Gesundheitszustandes, die Bedrohung durch eine Vielzahl von Gefahren, mit denen wir täglich konfrontiert sind und die in allernächster Zeit katastrophale Auswirkungen für uns und nachfolgende Generationen haben werden zu berichten, scheint den meisten Medien weltweit nicht der Mühe wert zu sein.

Bedenkt man, dass Essen und Trinken das Einzige ist, was wir wirklich zum Leben benötigen und dem Thema "gesunde Ernährung" heute eigentlich das Hauptaugenmerk gelten müsste, erkennt man, wie groß sich die Kluft zwischen unserem tatsächlichen Leben und dem Idealzustand, gesund zu leben, aufgetan hat.

Was heute in Kantinen, Spitälern, Gasthöfen, Restaurants und Kindergärten in Bezug auf Essen teilweise hergestellt und angeboten wird, ist so weit von natürlicher, gesunder Nahrung entfernt, dass der vorzeitige Weg zu Diabetes, Alzheimer und Parkinson u.v. a. unumgänglich vorgegeben ist.

Würde man diese Fehlentwicklung umkehren, seine Einstellung ändern, auf gesundes Leben und Ernährung bauen, die Natur neu erfahren und verstehen lernen, würde sich unser Gesellschaftssystem sehr rasch zum Positiven wenden, wir hätten wieder mehr Lebensqualität, keine Sorgen mit dem Arbeitsplatz, soziale Sicherheit, genug zu essen und ein finanzierbares Gesundheits- und Spitalssystem.
Dadurch bedingt hätten wir auch weniger Sorgen und Stress, wären gesünder und hätten wieder mehr Zeit zum Leben.

Wohin haben uns die hochgelobten Errungenschaften der letzten 40 Jahre eigentlich gebracht? Das Paradies, das man uns durch Automation, neue Techniken, Industrieroboter und Telekommunikation großartig angekündigt und versprochen hatte, ist ausgeblieben. Statt 38 Stunden wöchentlich arbeiten heute viele Menschen fünfzig, sechzig Stunden und mehr und das Pensionsalter wurde erhöht statt abgesenkt, wie es vernünftig gewesen wäre, um den Menschen nach einem arbeitsreichen Leben einen angemessenen Ruhestand zu gewähren.

Aus dem seinerzeitigen Versprechen, bis zur Jahrtausendwende nicht zuletzt durch die Gründung der Europäischen Union über wesentlich mehr Freizeit zu verfügen, besser zu verdienen und mehr Lebensqualität genießen zu können, hat sich genau das Gegenteil entwickelt.

Während sich immer mehr Menschen regelrecht zu Tode arbeiten, finden andere bereits ab vierzig keine Möglichkeit mehr, einer geregelten Arbeit nachzugehen und "dümpeln", von Existenzangst und Langeweile geplagt und mit dem Leben hadernd, vor sich hin.

Wo aber liegt nun die Lösung des Problems? Gibt es überhaupt noch eine Hoffnung zur Errettung der Menschheit und unserer Erde, die Möglichkeit durch eine "Schubumkehr" eine Trendwende einzuleiten? Und wieder gibt es Antworten darauf!

Die Formel dazu lautet:

Den gesunden Menschenverstand gebrauchen,

die Natur begreifen lernen,

nachhaltig, im Kreislauf der Natur wirtschaften,

unseren Körper und unsere Seele nicht weiter als Feind zu behandeln und

Falschprediger als solche zu erkennen.

Es gibt klare Konzepte für eine positive Wende, man benötigt dafür kein Heer von Experten und Wissenschaftern, sondern einige wenige, die Kraft ihrer Integrität, Berufung, moralischen Gesinnung, Intelligenz und ungeheuren Erfahrung das Fundament für eine neue, schöne und lebenswerte Welt begründen könnten.

Ohne Ausnahme geht es dabei um Persönlichkeiten, die durch ihre langjährige Arbeits- und Lebensweise bereits unzählige Male den Beweis ihrer Kompetenz, Menschlichkeit und ihrer hohen ethischen Einstellung erbracht haben, es sind Menschen, die immer dann für andere da waren, wenn man sie benötigt oder um Hilfe gebeten hatte.

Was hier in diesem Buch passieren soll, ist zweierlei:

1.) In Einleitung und Vorwort des Buches in groben Zügen und anhand einiger, verschieden ausgewählter Beispiele die Mängel, Schwächen, Fehlkonstruktionen und verhängnisvollen Irrtümer unseres derzeitigen Systems aufzuzeigen.

2.) Den Versuch anzutreten, dass einige wenige Menschen in der Lage wären, unsere Erde in relativ kurzer Zeit wieder in einen "Garten Eden" zu verwandeln.

Dabei geht es aber nicht nur um Visionen, die jeder Realität entbehren und in der Praxis gar nicht umgesetzt werden könnten, sondern um Lebensmodelle, die zum Teil bereits in verschiedenen Bereichen der Welt mit großem Erfolg umgesetzt worden sind oder solche, die gerade ihre Versuchsphase durchlaufen.

Zum besseren Verständnis baue ich eine Pyramide, deren Form sich nicht umsonst schon die Ägypter vor Tausenden oder Zehntausenden Jahren zu Nutze machten. Eine Pyramide, die die in diesem Buch vorgestellten Visionäre und ihre Konzepte klar und verständlich erscheinen lässt.

Würde man diese Konzepte mit all ihrer Weisheit, Menschlichkeit und Logik in die Praxis umsetzen, entstünde aus einer lebensbedrohenden, lebensfeindlichen Welt daraus ein menschenfreundliches Dasein und Miteinander für uns alle.

Die Visionäre sind im Folgenden:

Sepp Holzer/Austria	*Garten Eden*
Anton Moser Univ.Prof.Dr./Austria	*Die „Natur-Kultur" - Ethik und Moral-Grundlagen unseres Lebens*
Jakob von Uexkull jr./Great Britain	*Der alternative Nobelpreis*
Josef Eichberger Dr.med./Austria	*Die Vorgeburtsphase - der wichtigste Abschnitt des Lebens*
Hans Hass Prof.Dr./Liechtenstein	*Die Energon-Theorie*
Karl Ludwig Schweisfurth/Germany	*Für die Würde unserer Tiere*
Andrew Kimbrell,Dr./USA	*Welt ohne Gentechnik - Welt ohne Hunger*
Alexander Brodowski/Russia	*Russlands „Dornröschen"*
Douglas Tompkins/Chile	*Der Kreuzritter von Patagonien*
Klemens Tockner Prof.Dr./Switzerland	*Der Tagliamento darf nicht sterben*
Günther Schön/Austria	*Das „Gedächtnis" des Wassers*
Manfred Grössler/Austria	*Krank durch Ernährung*
Martin Felber/Austria	*Das Leben „der toten Materie"*
Michael Ehrenberger, Dr.med./Austria	*Mensch und Natur im Einklang*

Nimmt man als Kopf der Pyramide den "Garten Eden" und das Konzept Sepp Holzers zur Hand, ergibt sich daraus ein Paradies, in dem alles blüht und gedeiht, nichts bekämpft, gewaltreguliert oder totgespritzt wird. Ein wahrhafter "Garten Eden" in dem Mensch, Tier und Pflanzen in natürlicher Koexistenz miteinander leben könnten.

Stellt man weiters an die Spitze der Pyramide die Grundlage allen Lebensverhaltens, die Begriffe Ethik und Moral, ergeben sich daran anschließend Pyramidenstufen und deren Themen in untrennbarem Zusammenhang vom Kopf der Pyramide bis zum Grund dieses "geistigen Bauwerks".
Der ethisch-moralischen Verpflichtung des Menschen folgend, spannen die Themen einen breiten Bogen unseres Mensch-Werdens und Mensch-Seins, beginnend von der Darstellung eines menschenwürdigen Erdendaseins über die eminent wichtige Vorgeburtsphase, die in unserer Gesellschaft so gut wie keinen Stellenwert besitzt.

In weiterer Folge behandelt die Pyramide die Bereiche Humanität und Schöpfungsverantwortung, kommt auf die große Lüge des "Welthungers" zu sprechen, stellt drei einmalige Projekte in Sachen Menschlichkeit und Ökonomie vor und rückt das Thema Gentechnik ins rechte Licht.
Die weiteren Stufen der Pyramide sind den nicht minder wichtigen Grundlagen unseres Lebens, den Themen Regenwald, Wasser, Lebensmittel und Ernährung gewidmet und gestatten gleichzeitig auch einen tiefen Einblick in die geheimnisvolle Welt der Feinstofflichkeit.

Mit dem Thema Krankheit-Gesundheit, vorgestellt von einem der großen Visionäre und Ganzheitsmediziner, der das Wesen Mensch in seiner ganzen Komplexität als universelles, körperliches und spirituelles Wesen erkannt und erfasst hat, schließt sich als letzte Stufe der Kreis eines Lebenskonzeptes, das ohne weiteres als Geheimrezept für eine neue, schönere und menschlichere Welt stehen kann.

Es ist kein Zufall, dass es sich bei den, zu diesem Buch auserwählten Personen ausschließlich um "männliche Visionäre" handelt und soll keinesfalls heißen, dass es nicht genau so viele weibliche Pendants dazu gibt, im Gegenteil. Ein geplantes nächstes Buch wird deshalb zur Gänze "den Visionärinnen" gewidmet sein.

Natürlich wird es Menschen geben, die sich fragen, was mich dazu bewogen hat, und woher ich mir denn das Recht und die Kompetenz nehme, gerade über diese Themen zu schreiben? Ich werde es Ihnen sagen!

Als mein Recht sehe ich es an, aufzuzeigen und darüber zu berichten, was in unserem Leben so alles in die falsche Richtung läuft.

Ich möchte meinem Entsetzen Ausdruck geben dürfen, dass man jährlich über eine Million Robbenbabys zur Abschlachtung mit Knüppeln freigibt und die aus Asien im Anflug befindliche Vogelgrippe – vor deren Übergreifen auf Europa die Experten jahrelang umsonst gewarnt hatten – als Rechtfertigung dafür benützt wird, in Zukunft Freilaufhühner wieder einzusperren. Indem man gleichzeitig den Fernost-Tourismus forciert, Gemüse wie z.B. Knoblauch aus China in Österreichischen Supermärkten zum Kauf anbietet und China-Eier in den meisten europäischen Fertigprodukten (Teigwaren etc.) ungekennzeichnet verarbeitet, wird die Doppelmoral solcher Anordnungen für jedermann deutlich.

Ich bin fassungslos, wenn ich die künstlichen, in Plastiktunnels angelegten Tomatenplantagen im Norden Andalusiens sehe, in denen es keine Erde für die Pflanzen mehr gibt. Auf Glaswolle gepflanzt, in einer künstlichen Nährlösung schwimmend gelangen diese, gentechnisch veränderten Tomaten in ganz Europa auf den Markt. („Mare plastic" wie die Einheimischen die Plantagen nennen).

Ich fühle mich als Gast zu Recht verschaukelt, dass in unzähligen Gasthäusern und Restaurants heute kein Herd mehr zur Zubereitung von Speisen in Verwendung steht, sondern vorgefertigte Industrie-Massenware (Convenience-Food, Separatorenfleisch etc.) in der Mikrowelle totgegrillt, auf den Tellern landet.
Ich finde es mehr als paradox, wenn heute Geschirrspülmittel echten Zitronensaft enthalten, während man Limonaden mit künstlich hergestelltem Zitronenaroma "veredelt".
Und ich finde, dass ich ein Recht darauf habe empört zu sein, wenn man unseren Bauern "ein Almosen" von rund 30 Cent für einen Liter Milch gibt, während er an Tankstellen um 1,29 Euro verkauft wird.

Ich erlaube mir, wütend darüber zu sein, dass die Handymastensteuerdiskussion in Österreich wieder einmal bewusst in die falsche Richtung geführt wird. Bestraft durch höhere Gebühren gehört nämlich nicht der Handytelefonierer - dieser ist ohnehin gestraft genug durch die dabei zu befürchteten gesundheitlichen Folgen (Ärztekammer Kärnten – SN und Kleine Zeitung, 06.08.2005) - und auch nicht der Betreiber, der dadurch keinesfalls abgeschreckt wird (denn diese Beträge zahlt man in solchen Unternehmen aus der Portokasse).

Besteuert und finanziell – und zwar kräftigst - zur Kasse gebeten gehören jene, die die Aufstellung der Masten überhaupt erst ermöglichen und damit aus Profitgier unser aller Gesundheit und Leben aufs Spiel setzen.

Ich finde es mehr als beschämend, das schlechte Abschneiden bei der "Pisa-Studie" den Lehrern in die Schuhe zu schieben und ausgerechnet jene Bevölkerungsgruppe ununterbrochen zu "verteufeln", die an den ihnen das meiste Jahr über anvertrauten Jugendlichen nicht nur pädagogische Aufgaben erfüllen, sondern auch noch die Hausaufgaben der Eltern, wie Erziehung, Morallehre und Benimm zu leisten haben.

Eine Gesellschaft, in der Eltern keine Zeit mehr für ihre Kinder haben, gleichzeitig aber den Lehrerstand in Misskredit bringt, hat jede Kritikfähigkeit an sich selbst verloren.

Ich bin sprachlos über die Verlogenheit und Hinterlist von Agro-Multis, wenn ich einem Greenpeace-Artikel entnehme, dass man in den letzten Jahren Rumänien illegal mit Gentechnikanbau verseucht hat, ohne dafür eine gesetzliche Rückendeckung gehabt zu haben. (Quelle: Greenpeace-Sprecher Rumänien, Gabi Paun: http://www.oekonews.at 10.2005)

Und noch sprachloser, wenn ich im Premium-Magazin eines Konzerns, groteskerweise unter der Rubrik "LEBEN" lesen muss, wem hier die Möglichkeit eingeräumt wird, seine abstrusen, menschenverachtenden Visionen zum Besten zu geben. Gregory Stock, seines Zeichens "Biophysiker", lässt verlauten, dass er an den Fortschritt der Gentechnik glaubt und daran: (ich zitiere wörtlich) "dass die Menschen ihren Nachwuchs in Zukunft im Reagenzglas zeugen werden, weil diese Methode einfach die "genetisch bessere Ausstattung" garantiere."

Papa wird also in Zukunft, nachdem er mit Mammi am Laptop per 3D-CAD-System (Computer Added Design) das Wunschprofil des zukünftigen Sprösslings entworfen hat, ins eingerichtete Kellerlabor eilen um mit Pipette und Bunsenbrenner den – in den letzten Jahrtausenden zu wenig technisch umgesetzten – Zeugungsvorgang einzuleiten.

Wozu ein Bett, Kerzenlicht und romantische Musik, weshalb die sentimentalen Umschweife mit Küssen, Vorspiel und Orgasmus, wenn's mit Werkbank, Neonbeleuchtung und Trockeneis viel simpler und schneller zu bewerkstelligen ist. Fünf Einstein-Gene in Schwarzenegger-Sperma gemixt, dazu Chromosomen von Bill Gates und Brad Pitt, mit etwas "Roundup Ready" als Dauerantibiotikum versetzt, ab in den Brüter und fertig ist das Mustersöhnchen.

Es wird zwar ab der Pubertät gegen Altersdiabetes behandelt werden müssen, auf alles außer Genfood, McChicken und Coca Cola allergisch sein, des Nachts im Inkubator schlafen, Frischluft aus der Sauerstoffflasche atmen, sonst aber sieht der Junge recht gesund aus. Dafür hat er – der Gentechnik sei Dank – einen sechsten, so genannten "Mausklickfinger", ist Computerviren-resistent, hat das "windows manual" per Chip implantiert und braucht sich lebenslang nicht mehr zu rasieren.

Bleibt nur zu hoffen, dass in Hinkunft im firmeneigenen Magazin des Unternehmens weniger menschenfeindlichen Themen das Wort erteilt wird.

Kompetent genug dafür, dieses Buch zu schreiben, sehe ich mich einerseits auch durch meine, auf einem Gebirgsbauernhof verbrachte Jugend und die dabei gemachten Erfahrungen bei täglichem schweren Tagwerk in Landwirtschaft und Viehhaltung.
Und, weil ich mein bisheriges Leben und Arbeiten in überwiegendem Ausmaß den Themen Gesundheit, Ernährung und Umwelt widmete und jahrzehntelange Recherche und Nachforschungen sowie Tausende Interviews in diese Richtung geführt habe.
Die dabei von mir durchgeführten – natürlich vertraulich behandelten - Befragungen und Gespräche mit Menschen, (auch an von mir geleiteten Laufseminaren), ergaben einen aufschlussreichen Überblick über die gesundheitliche Situation verschiedenster Bevölkerungsschichten.

Eine weitere Motivation zu diesem Buch ist:
Ich möchte mich frei von Verantwortung fühlen können, Menschen jene Informationen vorenthalten zu haben, die für deren Leben und das ihrer Kinder von immenser Bedeutung sein könnten. Denn Wahrheit gibt es in Wahrheit nur eine und ich denke, dass wir nicht das Recht haben, diese irgend jemandem vorzuenthalten und ihn oder sie "blöd sterben" zu lassen.
Ich glaube, durch meine bisher praktizierte Lebensweise und der Art mich zu ernähren, Einiges dazu sagen zu können.

Anlass für dieses Buch war aber auch, dass ich das ewige Gerede über "win-win-Strategien" unserer Wachstums- und Unmenschlichkeitsgesellschaft nicht mehr hören kann. Denn win, win bedeutet nicht nur Gewinn, es ist die Umschreibung von Geldgier, Unmenschlichkeit, Ausbeutung, Egoismus, Neid, Gewissenlosigkeit, Unterdrückung, Umweltvergehen, fehlenden Naturschutz, Tierleid, Rücksichtslosigkeit und viele andere negative Eigenschaften, die ich gar nicht in den Mund nehmen möchte.

Geschäfte zu machen und dabei Gewinn zu lukrieren ist weder unanständig noch illegal. Es gibt nur einen gewaltigen Unterschied darüber, ob man Brötchen über den Ladentisch verkauft oder mit Waren handelt, deren Millionengewinne aus dem Leid nicht artgerecht gehaltener, gequälter Tiere resultieren oder von Konzernen in Billigstländern unter Ausbeutung der dortigen Bevölkerung und zum Schaden der heimischen Wirtschaft produziert wurden.

Die vorgestellten Visionäre und Konzepte stehen aber auch stellvertretend für andere, bewundernswerte und lebensbejahende Persönlichkeiten, die aufzuzählen den Rahmen des Buches sprengen würde. Überall auf der Welt gibt es diese Visionäre, die sich mit beispiellosem Mut und Engagement zum Wohle der Menschheit gegen lebensfeindliche Prinzipien stellen.

Ob es Vandana Shiva aus Indien ist, die überall in der Welt gegen den "Unsegen" der Agrar-Gentechnik kämpft, Ibrahim Abouleish aus Ägypten mit seinem weltweit Aufsehen erregenden "Sekem-Projekt", der Repräsentant der Weltbank bei den Vereinten Nationen, Alfredo Sfeir Younis, der sein Leben in den Dienst der Menschenrechte und Humanität gestellt hat, oder Karl Schirnhofer aus Österreich, der in einer beispiellosen Pioniertat zum mutigen Vorreiter für antibiotikafreie und gentechnikfreie Fütterung von Tieren in Österreich wurde, um nur einige wenige zu nennen.

Ihnen allen gebührt unsere ganze Bewunderung, denn das, was sie als ihre Berufung ansehen, sind Wegweiser in eine neue, lebenswertere Zukunft.

Und nicht zuletzt war mir dieses Buch ein Bedürfnis, da ich dadurch Gelegenheit bekam, mit einigen wunderbaren Menschen zusammenzuarbeiten, die ich sehr verehre und denen meine ganze Bewunderung und Hochachtung gilt.

Einleitung

Warum ich glaube, dass ein Apachenhäuptling klüger und menschlicher ist als so viele so genannte Experten? Weil man dazu nur nachzudenken braucht!

Die Rede ist von Rueben Silverbird, ein Name, der einem beim Lesen und Sprechen auf der Zunge zergeht, Häuptlingssohn vom Stamme der Apachen in der 47. Generation.
Allein achtzehn Generationen davon haben spanische und portugiesische "Entdecker" von Vasco da Gama bis Enrico Rodriguez und in weiterer Folge amerikanischen Siedler ausgelöscht. Aus Hass, Unverständnis und der am weitest verbreiteten Eigenschaft unter "homo sapiens" – der Dummheit.

Rueben, der heute gemäß dem Bibelspruch - "Wenn Dir einer auf die eine Backe schlägt, halte auch die andere hin" - in der ganzen Welt unterwegs ist um Menschen zu heilen, umgibt das Flair von Würde und Weisheit vergangener Indianergenerationen. Seines Landes, seiner Existenz und der seiner Vorväter beraubt, leuchtet dennoch ungebrochener Stolz in Ruebens Augen, die denen eines Adlers gleichen.
Das unselige Kapitel von der Entdeckung und Inbesitznahme Amerikas durch den "weißen Mann" ist nur ein Blatt in der unrühmlichen Geschichte der Menschheit.
Die letzte Großtat des Menschen dürfte die evolutionäre Wandlung vom "homo erectus" zum "homo sapiens" gewesen sein, danach ging es - genau gesehen - mit uns wieder bergab.

Und sollten Sie - konträr zu dieser Behauptung - an einer Wirtschaftsuniversität erfahren haben, dass heutige Denker und Macher zu den überlegensten Exemplaren unserer Spezies zählen oder man Ihnen in Cambridge, Oxford oder Silicon Valley vorgaukelt, Sie wären klüger, als der Rest der Welt. Glauben Sie es nicht!
Selbst wenn Sie als Banker mit Ihrer Anwesenheit die Wallstreet verschönen und Sie Ihre beiden Kleinen Nikkei und Dow Jones genannt haben, hilft Ihnen das – zumindest vom wahren Intellekt her gesehen – nicht wirklich weiter.

Denn egal, was Sie in den nächsten zehn Minuten tun, Sie führen damit mit hoher Wahrscheinlichkeit die Behauptung intelligent zu sein, ad absurdum.
Ob Sie am Aircondition-gekühlten Arbeitsplatz weiter an Ihrem Lohnsäckchen stricken, während Gift rundum aus Kunststoffböden und Leiterplatten dampft,

ob Sie im unsichtbar wabbelnden Elektrosog der Börse Ihre Kurse fallen oder steigen sehen oder sich auch nur in der Cafeteria der Uni ein gentechnisch verunreinigtes Brötchen in den Mund stopfen – Sie können es nicht verhindern.

Vielleicht geben Sie mir jetzt aber auch Unrecht und möchten allen Ernstes Bill Gates als leuchtendes Beispiel menschlicher Intelligenz anführen? Ja? Etwa deshalb, weil er Milliarden von Dollar angescheffelt hat, was Ihnen nicht gelungen ist?

Eine Frage? Womit wurde ihm das möglich? War er etwa klüger als andere? Die Antwort ist nein!
Er war nur deshalb "klüger", weil er - rund um den Globus verstreut - Millionen noch Naiverer finden konnte. Mit dem Ergebnis, dass deren "Microsoftverseuchte Gehirne" nicht mehr richtig funktionieren und viele davon statt der Bibel das Windows-Manuel am Nachtkästchen liegen haben.
Und - weil Männer heute abends vor dem Schlafengehen im Internet surfen, anstatt darüber nachzudenken, wann sie ihrer Frau oder Partnerin zum letzten Mal "Ich liebe Dich" gesagt haben.

So soll es mittlerweile bereits auch Millionen von Chat-Room-infizierten Jugendlichen geben, die das Abendgebet – im Sinne der "Global-Infizierung" - etwas verändert aufsagen: "Lieber Bill, gib mir morgen meinen taglichen Browser , verschone mich vor Spam alert , Würmern und Trojanern, dein neues Notebook halte, was es verspreche, dein Wille geschehe, nicht nur in den USA sondern auch auf sonstigen Erden, lass' nicht zu, dass Firewall und Internet-Security versagen, verschone ISDN-Leitung und Modem, halte meinen Klammeraffen gesund und schütze das "worldwideweb" vor jeglicher Gefahr, denn Dein sind all die Moneten, die ich in den nächsten drei Monaten von Pa und meiner Mom als Taschengeld erhalten werde", in alle E-Mailigkeit, Amen! Schön was? Hört sich gut an und klingt auch nicht so "verstaubt" wie das Original!

Zurück nun aber zu eingangs gestellter Frage nach dem IQ von Bill Brücke! Besäße Bill Gates nämlich auch nur die Weisheit eines 6-jährigen Indianerjungen, läge er längst irgendwo unter Palmen, würde die Füße in den Sand stecken und Gott preisen, nie mehr in seinem Leben Auspuffgase einatmen, Fertigpizza aus der Mikrowelle essen, Lacoste und Burberry tragen und nie mehr arbeiten gehen zu müssen, egal wie lange dieses, sein Leben auch dauern würde!

Und wen, wenn die Frage erlaubt ist, hat Bill Gates denn bisher wirklich glück-
lich gemacht? Sie? mich? Ihren Nachbarn, oder den Programmierer vom Penthouse neben Ihnen, dessen Frau seit Jahren mit einem Gartengestalter liiert ist,
weil sie das erkaltete, gefühllose "Mouseklickhändchen" ihres Mannes nicht
mehr ertragen kann?

Anfangs beschriebener Rueben Silverbird ist übrigens echt und keine Science
Fiction. Seine Botschaft ist klar, seine Mission im Sinne seiner Väter und Ahnen, deren Wurzeln er – zum Unterschied von uns – nie verloren hat, ist ethisch
und visionär.
Er heilt Menschen durch eine Methode, oder verwenden wir ein "schönes, mo-
dernes Wort" dafür, durch eine Therapie, die Körper, Geist und Seele umfasst
und den Menschen als göttliche Schöpfung in diese mit einbezieht.

Mit dieser, jeder Schulmedizinlogik widersprechenden Methode, hat Rueben
mittlerweilen bereits tausenden Menschen in aller Welt nicht nur zu mehr Gesundheit, sondern auch zu Wohlgefühl, Glück und Seelenfrieden verholfen.
Ganz ohne Millionen am Konto, neuesten LapTop-Generationen und anderem,
uns lediglich zum Nachteil gereichenden Industriemüll.

Nur im Einklang mit der Natur...

Man schreibt das Jahr 2004, es ist der 26.Dezember, frühmorgens gegen 6 Uhr mitteleuropäischer Zeit, Ort des Geschehens: Tikaka*, eine winzige lnsel der südindischen Nikobaren, eine von Fremdenverkehr und Massentourismus unberührte Oase im Indischen Ozean, ca. 1600 km von Sri Lanka und ca. 400 km von Thailand und Kao Lak, der thailändischen Touristenhochburg Ostasiens entfernt, die in knapp einer Stunde von einer Jahrhundertkatastrophe heimgesucht werden soll, die die ganze Welt wochenlang in Atem halten wird.

Die kleine Maasu*, jüngste Tochter des Stammeshäuptlings der Kaonis*, einem Eingeborenenstamm der Insel, spielt wie fast jeden Tag um diese Zeit am Strand mit Muscheln. Ihre beiden besten Freundinnen Saao Ling und Wiika Maroo schöpfen mit Kokosnussschalen Meerwasser in eine Vertiefung im Sand, in der von ihnen kleine Krabben in einer Art Naturaquarium gehalten werden.

Urplötzlich durchbricht lautes Trompeten des Leitelefanten Sheela, der keine hundert Meter vom Strand entfernt, unter Palmen ein schattiges Plätzchen aufgesucht hat, um der beginnenden Tageshitze zu entfliehen, die nur von der Meeresbrandung begleitete Stille. Schlagartig, wie auf ein Signal werden auch alle fünf anderen Elefanten unruhig. Sie wiegen die Rüssel aufgeregt umher, die massigen Füße stampfen den sandigen Boden.

Sie reagieren auch nicht, wie sonst, auf die beruhigenden Zurufe von Maasu's Mutter Thie*, die gerade ein Feuer entfacht hat, um die Wochenration an Maisfladen über offenem Feuer zu backen. Plötzlich stimmen die Schnabelpapageien in den Wipfeln der Bäume ein Gekreische an, das mit den sonstigen vertrauten Lauten dieser Vögel nichts gemein hat.

Thie springt auf und spürt, wie sich die Nackenhaare ihrer langen schwarzen Haarmähne sträuben. Ein bedrohliches, bisher unbekanntes Gefühl überfällt sie, der erste Gedanke gilt ihren Kindern. Ein Blick auf den Strand, sie seufzt erleichtert, alle drei Kinder stehen dort und blicken aufs Wasser hinaus. Aber auch dort draußen scheint nichts mehr zu sein wie sonst.

Niemals zuvor hat jemand von ihnen jenes Inferno geschaut oder sich ausgemalt, welches sich nun – Schlag 6 Uhr 56 - vor aller Augen vollzieht.
Der sonst glatte, blau schimmernde Horizont des Meeres hat sich in eine schwarz aufgetürmte Wasserwand von über dreißig Metern Höhe über dem normalen Meeresspiegel verwandelt.

Auf der Oberkante der Riesenwelle zeugt weiß strudelnde Gischt von der Wucht und tödlichen Zerstörungskraft der heranrollenden Welle.
"Tsunami, Tsunami, es ist eine Tsunami" schreit der Medizinmann, "sie wird uns vernichten, sie holt uns alle zu unseren Geistern". "Nein, schreit Häuptling Yuaalu, es wird uns nichts passieren, wir sind hier in Sicherheit, aber unser Dorf stirbt". In diesem Moment erreicht ein Vorläufer der Tsunami, mit ca. 4 Metern Höhe den Strand und verwandelt das Dorf in einen chaotischen, strudelnden See. Vierzig Sekunden später erreicht die Tsunami, 33 Meter hoch und von alles vernichtender Urgewalt die Insel. Es ist genau 7 Uhr und 2 Minuten.

Eine Wasserwand von tausenden Tonnen bricht über den Strand herein, Hütten und Fischerboote wirbeln durch die Luft, 30 Meter hohe Palmen knicken wie Zündhölzer.
Die Wassermassen fegen über den Strand, schlagen eine breite Schneise in den Urwald bis hin an die Felswände des heiligen Berges, an dem die Gischt durch den Aufprall mehr als hundert Meter in die Höhe fliegt.
Danach schwappt die Monsterwelle immer noch an die 15 Meter hoch zurück, beim Abfließen eine Spur der Verwüstung hinterlassend und alles mit sich reißend.

Welche Lehre ist aus diesem Ereignis für uns zu ziehen?
Der Autor sieht einen großen Zusammenhang des Buchinhalts mit den Vorkommnissen im Südindischen Ozean im Dezember 2004 und auch dem Hurrikan im September 2005 in den USA. Zeigt doch das Ausmaß der Katastrophen welche Folgen es hat, wenn sich der Mensch zu weit von der Natur entfernt und den natürlichen Kontakt zu ihr verloren hat.

Und die Geschichte um die Errettung des Stammes der Kaoni* auf Tikaka*, die auf wahren Fakten beruht, spiegelt deutlich wider, wie wichtig es ist, nicht ununterbrochen gegen Naturgesetze zu verstoßen, sondern im Einklang mit dieser zu leben.

Sich die Erde untertan zu machen heißt nicht, diese ununterbrochen durch Massentierhaltung, Genmanipulation und Umweltzerstörungen zu vergewaltigen und auszubeuten.

Wenn diese Erkenntnis auch bei jenen Platz gegriffen hat, die der Natur und Umwelt nach wie vor feindlich gegenüberstehen, werden Tsunamis und andere Katastrophen vielleicht glimpflicher zu bewältigen sein oder gar nicht erst auftreten.

* Namen von der Redaktion geändert

Die Parallelen:
Südost-Indien, Tsunami Dezember 2004 –
USA, New Orleans, Hurrikan September 2005

Der wahre Schuldige: Geldgier!
Den wahren Skandal im Falle der katastrophalen Flutwelle, die 9 Staaten Ostasiens mit einer Sintflut unvorstellbaren Ausmaßes heimsuchte und etwa 300.000 Menschen in Minutenschnelle in den Tod riss, stellt die Tatsache dar, dass einerseits jene, die in der Lage gewesen wären, diese Apokalypse wenigstens teilweise abzuwenden, wieder einmal ungeschoren davon kommen.

Die zweite Seite des Skandals ist, dass trotz einem geschätzten Tourismuseinkommen in Südostasien von 540 Milliarden Euro jährlich, keinerlei Rücklagen für etwaige Notzeiten und Katastrophen wie diese gebildet werden können, weil multinationale Unternehmen wie z.B. Hotel- und Restaurantketten den überwiegenden Teil des Devisenaufkommens aus diesen Ländern "absaugen".

Den übrigbleibenden Profit verleiben sich die Machthaber dieser Länder in ihr Privatvermögen ein oder transferieren es ins Ausland, zumeist in die Schweiz, nach Liechtenstein, Guernsey oder in andere Steuerparadiese.

Die Arbeit aber leisten zum überwiegenden Teil die Armen in asiatischen Ländern "für ein Butterbrot", das spärliche Gehalt der ausgebeuteten Einheimischen reicht gerade noch aus, um die Familie zu ernähren.

Erspartes gibt es kaum, weshalb der Verlust von Hab und Gut, wie im Falle des Seebebens, das endgültige Aus und Bettelei bis ans Lebensende für diese Menschen bedeutet.

Wie barmherzig, wenn man dann den Gazetten entnimmt, dass jene Unternehmen, die jahrelang Milliardengewinne aus diesen Regionen erwirtschaftet hatten, dann großzügigerweise einige zehntausend oder hunderttausend Euro spenden, um dann noch dafür in der Presse als mildtätige Gönner belobigt zu werden.

Und während Diebe, die aus Hunger auf einem der dortigen Märkte ein Stück Obst "stahlen" in diesen Regionen vor nicht allzu langer Zeit noch zur Strafe die Hand abgehackt wurde, verschanzen sich Politiker, Beamte, Tourismusdirektoren und andere Verantwortliche dieser Länder hinter diplomatischer Immunität, Unwissenheit und lächerlichen Ausreden, wie: unvorhersehbar, durch verhängnisvolle Umstände bedingt und anderen Schwachsinn mehr.

Sie, die unzählige Menschen und Hunderttausende Verletzte am Gewissen haben und durch Ignoranz und Leichtsinn außerdem die Existenz von Millionen Menschen verantworten müssen, schleichen sich ungestraft davon oder sprechen den Hinterbliebenen vor laufender Kamera ihr Beileid aus.

Wahrlich ein Hohn, dass wieder einmal jenen der "Persilschein" ausgestellt wird, die mitverantwortlich dafür sind, dass Zehntausende Kinder zu Waisen wurden und ebenso viele Eltern um ihre Kinder und Lieben trauern. Denn Frühwarnsysteme, die aus Angst vor Fehlalarmen nicht genutzt wurden, träge Politiker und lasche Behörden haben einen Namen und der heißt: Geldgier!

Die Gier, immer mehr Gewinn aus Tourismusregionen herauszupressen, hatte auch eine weitere, schwerwiegende Ursache für die katastrophalen Auswirkungen der Flutwelle in Südostasien. Auf entlegeneren Stränden, fern vom Massentourismus hatte die Tsunami wesentlich weniger verheerende Folgen, da die den Stränden vorgelagerten Mangrovenwälder als natürliche "Flutbrecher" dienten und diese mehr als die Hälfte der Wucht im Vorfeld abfangen konnten.

Leider hat man diese natürlichen Mangrovenbarrieren größtenteils zugunsten von Fremdenverkehrsburgen und Shrimps-Farmen geopfert, ohne Rücksicht darauf, damit das Leben hunderttausender Menschen aufs Spiel zu setzen.

White Trash

White trash - zu gut Deutsch "Weißes Gesindel" oder "Weißer Müll" - nennen die Amerikaner liebevoll ihre sozialen "Underdogs".
Jene, die dank einer verfehlten Sozial- und Wirtschaftspolitik verarmt sind und - wie im Bundesstaat Lousiana - mit farbigen Amerikanern auf engstem Raum zusammenleben.
Als Präsident John F. Kennedy 1961 das Buch des amerikanischen Sozialisten Michael Harrington "The other America" im Weißen Haus zu Ende gelesen hatte, war er geschockt. Nie zuvor war ihm der Gedanke gekommen, dass es im reichen Amerika hungernde Menschen geben könnte und nie zuvor hatte er davon gehört, dass die Kindersterblichkeit in manchen Südstaaten so hoch war wie in Afrika. (Kronenzeitung 11.09.2005)

Und obwohl man heute weiß, dass auch Kennedys Weste nicht unbedingt als blütenweiß zu bezeichnen war, zeigt die Betroffenheit und das darauf erfolgte soziale Engagement Kennedys in Folge von einer gewissen Loyalität und einem Schuldgefühl seinen Landsleuten gegenüber.
Die amerikanische Regierung der Jetztzeit dagegen steuert in voller Kenntnis um die zunehmende Verarmung ganzer Gesellschaftsgruppen in Amerika durch eine "Politik für Reiche" darauf zu, für einige Bundesstaaten Dritte-Welt-Status zu erlangen.

Die Wirbelsturmkatastrophe vom September 2005 hat wieder einmal deutlich gemacht, dass es zweierlei Sorten von Menschen in den USA gibt. Jene, denen man in Notzeiten sofort beiseite steht und andere, die tagelang, unter Gefahr für ihr Leben im Chaos verbleiben, ehe zögernde Hilfsmassnahmen anlaufen. Bis es dazu kam, bedeutete es für die Eingeschlossenen die Hölle auf Erden. Ausgelaufenes Erdöl, Fäkalien, Säuren, Laugen, Abwässer aus Kläranlagen: Nach dem Inferno glich das Überschwemmungsgebiet einer hochgiftigen Suppe, die Grundwasser und Boden verseuchte.
Während am unvergessenen 11. September in New York die Hilfsmassnahmen im Prinzip von der ersten Stunde an in vollem Umfang gewährleistet waren, ließ man die Bevölkerung von New Orleans in ihrer – zu 80 Prozent unter Wasser stehenden Stadt – ohne Trinkwasser und funktionierende, sanitäre Anlagen und ausreichende, medizinische Versorgung tagelang hilflos zurück.

Erst die Rede ihres wutentbrannten Bürgermeisters Ray Nagin, der in scharfer Form die Tatenlosigkeit der Regierung kritisierte, veranlasste Georg Bush sich dazu aufzuraffen, intensivere Hilfsmassnahmen anzuordnen und sich seiner Präsidentenrolle zu besinnen.

Die die Evakuierung von New Orleans anordnende Gouverneurin von Lousiana, Kathleen Blanco, sprach im Zusammenhang mit den ausgebliebenen Hilfsmassnahmen und der dadurch ausgelösten menschlichen Tragödie den Tränen nahe von einem logistischen Albtraum.

Die Vereinigten Staaten, das ist eben nicht nur eine reiche, bis an die Zähne bewaffnete Supermacht, die sich im Irak, Afghanistan und Fernost zum Hüter der Weltordnung erhoben hat, sondern ein Staatensammelsurium, das – berücksichtigt man Aspekte wie z.B. Gesundheitsvorsorge, mangelnde Infrastruktur, Sozialleistungen, fehlende Bildungseinrichtungen und Arbeitslosigkeit - teilweise Besorgnis erregende Ausmaße angenommen hat.

Die Berichte aus den verwüsteten Südstaaten vermittelten den Eindruck von Hilflosigkeit und Desorganisation, in den Gesichtern der Menschen spiegelte sich Chaos und lähmendes Entsetzen, Bilder, wie wir sie sonst nur aus Afrika, Indien oder Bangla Desh kennen.
Die stärkste Macht der Welt, der stärkste Mann der Welt standen den Naturgewalten und ihren Ausbrüchen scheinbar hilflos gegenüber.

Und wie so oft bei "Naturkatastrophen" hat auch im Falle von New Orleans der Mensch die Hand im Spiel und sind die Probleme zum überwiegenden Teil hausgemacht. Tsunami in Südostindien, Ozonloch, Klimakatastrophen oder Feinstaubhölle haben weltweit die gleichen "Väter": Ignorante Politiker, Spekulanten und Umweltsünder, die nicht begreifen lernen, dass sich die Natur nicht länger vergewaltigen lässt und nun (keinesfalls unerwartet) zurückschlägt.

Umwelt-Experten warnten in den USA seit Jahren, dass durch die Begradigung des Mississippi und den Bau von Siedlungen in einstigen Sumpfgebieten der natürliche Schutz gegenüber dem Hochwasser stark verringert würde. Noch 100 Jahre zuvor war New Orleans ein schmaler, halbmondförmiger Streifen Land in gehörigem Abstand zum Mississippi bebaut.
Ein Konzept, das ein Abpumpen und Trockenlegen der Sümpfe in den frühen 90er Jahren gestattete, ermöglichte die Bebauung der weit unter dem Wasserspiegel liegenden Gebiete, wodurch es gleichzeitig zu einem zusätzlichen Absinken des Grundwasserspiegels der Stadt um jährlich einige Zentimeter kommt.

Durch hohe Dämme, die verhindern, dass der fruchtbare Schlick des Mississippi in sein Delta gespült würde, fehlt es an natürlichen Ablagerungen, durch die ansonsten immer wieder "neues Land" entsteht, so aber "frisst" das Meer

jährlich bis zu 60 Quadratkilometer des Bundesstaates Louisiana.
Die Wiederherstellung der natürlichen Sümpfe, die nach der Katastrophe bereits erwogen wird, beläuft sich auf geschätzte 14 Milliarden Dollar. (Kurier 1.9.2005)
Rechnet man die prognostizierten, rund 85 Milliarden Dollar an Schäden dazu, die der Hurrikan dort verursacht hat, kommt man auf läppische hundert Milliarden Dollar, die geldgierige Hasardeure zu verantworten haben. Statt aber Städteplaner, Baumultis und Profithaie zur Verantwortung zu ziehen, spricht man seitens der Verantwortlichen von einem "nicht vorhersehbarem Unglück."

Dazu der treffende Kommentar aus der Financial Times (Deutschland):

"Der Hurrikan hat nicht nur offen gelegt, wie inkompetent die Regierung Bush gelegentlich sein kann. Deutlich wird auch, dass das amerikanische Regierungssystem, also das Zusammenwirken von lokalen und zentralen Behörden, zumindest im Falle großer Katastrophen extrem schlecht funktioniert. Drittens aber hat "Katrina" gezeigt, dass die in den USA noch schlimmer als in Europa wütende Doktrin des Laisser-faire der eigentliche Grund für die katastrophalen Wirkungen des Hurrikans sind. (...) Offensichtlich hat der Irak-Krieg Ressourcen von der Katastrophenbekämpfung abgezogen. Zudem hat die Bush-Regierung die Institutionen des Katastrophenschutzes ganz in den Dienst ihres "Krieges gegen den Terrorismus" gestellt. (...) Im öffentlich werdenden Elend wird plötzlich deutlich, dass die Vernachlässigung des armen Teils der Bevölkerung nicht ohne Folgen bleibt. Die kühne und falsche, aber stets wiederholte neoliberale These, es sei für die Gesellschaft besser, wenn man die Reichen beim Reicherwerden gewähren lasse, sie ist im Fall New Orleans drastisch widerlegt..."

Starker Tobak seitens der Presse für den Präsidenten, dass aber neben vielen Menschen auch noch Millionen von unschuldigen Tieren bei der Katastrophe den Tod gefunden haben, war den Medien - wie so oft bei ähnlichen Tragödien - keine Zeile wert.

„Irrtümer" der Wissenschaft

Das Abschieben der Verantwortung im Falle von Naturkatastrophen und das dabei immer wieder beliebte Zeichnen des "Feindbildes Natur" ohne aus eigenen Fehlern zu lernen, stellt eine der Hauptursachen für die derzeitige Umweltsituation auf unserer Erde dar.

Das Beschwichtigen und die Irreführung der Menschen mit Halbwahrheiten und falschen Informationen, sehr oft unter Berufung auf wissenschaftliche Fakten, ist die zweite, heute beliebte Methode, Menschen "dumm sterben zu lassen".

Dass dies nicht nur heute sondern bereits seit 2200 Jahren praktiziert wurde, mögen nachstehende Beispiele aufzeigen.

Es ist nichts groß als das Wahre
und das kleinste Wahre ist groß.

Johann Wolfgang von Goethe

Beispiel 1 - Die Sphinx - Weil nicht wahr ist, was nicht wahr sein darf!

Was im Buch von Drunvalo Melchizedek "Die Blume des Lebens" als wichtigste Entdeckung auf diesem Planeten beschrieben wird, stellt die heutige Geschichtsschreibung und die vergangener Generationen und Epochen schlichtweg auf den Kopf.

Die sich dabei sofort erhebende Frage lautet: Warum und weshalb hat man weltweit in der Fachwelt nicht auf diese Behauptungen, denen intensive und seriöse wissenschaftliche Forschungen zugrunde liegen, reagiert, diese als Unwahrheiten entlarvt und dementiert, wenn sie unrichtig sind?

Warum hüllen sich Archäologen, Völkerkundler und Geschichtsbeflissene in aller Welt in Schweigen, wo doch kaum anzunehmen ist, dass die Kunde dieses kaum fassbaren Ereignisses nicht zu ihnen durchgedrungen wäre?

Was aber ist passiert?

Vor etwa vierzig Jahren begannen der berühmte Archäologe R.A.Schwaller de Lubicz und seine Tochter Lucy de Lubicz mit umfangreichen Forschungen über das tatsächliche Alter der Cheopspyramide und der Sphinx. Grund dafür waren die bei Schwaller aufgekommenen Zweifel über das tatsächliche Alter der historischen Bauwerke.

Den drei Meter sechzig tiefen, in Richtung Rückseite eingekerbten und mit größter Wahrscheinlichkeit auf Wassereinfluss zurückzuführenden Erosionsspuren galt das vornehmliche Interesse der beiden Forscher.

Es erschien relativ einfach, die verschiedenen Erosionsspuren zu erkennen. Verlaufen diese halbwegs gerade und in vertikaler Richtung, stammen sie vom Wasser, sind sie waagrecht, wurden sie vom Sand verursacht.

Doch wie verlaufen die Erosionsspuren nun am Rumpf der Sphinx ? Sie verlaufen eindeutig vertikal und auch die Wände des sie umgebenen Grabens weisen dieselben Spuren auf.

Wie aber war das Wasser an die Sphinx gelangt und was hat diese starke Erosion verursacht und war es wirklich Wasser oder doch vielleicht Sand?

Vergleichen wir kurz die unterschiedlichen Erosionsspuren, die Sand und Wasser am Gestein hinterlassen.

1. Sand: Wird ein Felsen (oder auch Statuen aus Stein) von Sandstürmen umhüllt, entstehen durch die Erosion große Risse, die horizontal über das Gestein verlaufen. Das weichere Gestein wird abgeschliffen und deutlich sind dann die getrennten Schichten sichtbar.

2. Wasser: Wird dagegen Stein sehr heftigem und vor allem auch sehr lang anhaltendem Regen ausgesetzt, erodiert sogar dieser, aber nur, wenn es über Jahrtausende hinweg unbarmherzig regnet.

Die einstmals glatte Oberfläche wird dann genarbt und rissig, die Erosionsspuren verlaufen dabei vertikal.

Da es aber unwahrscheinlich ist, dass es tausend und mehr Jahre täglich 24 Stunden lang ununterbrochen wie aus Eimern gegossen haben soll, gingen die Schätzungen von Schwaller de Lubicz und seiner Tochter dahin, dass das tatsächliche Alter der Sphinx auf 10 -15.000 Jahre anzunehmen sei.

Wie aber war das möglich, wo doch weltweit das Alter der Sphinx mit vier- bis fünftausend Jahren angegeben wird und laut hergebrachter Meinung von Archäologen diese während ihrer gesamten Existenz niemals längere Zeit Kontakt mit Wasser gehabt haben und die meiste Zeit sogar unter Sand verborgen gewesen sein soll. Und trotzdem kann jeder auch heute noch jene eindeutigen Spuren sehen, die einst das Wasser hinterlassen hat.

Aber wann stand Ägypten das letzte Mal so unter Wasser dass diese Spuren entstehen konnten? Es war am Ende der letzten Eiszeit, so vor ca. 10000 - 13000 v. Chr., damals gab es das letzte Mal solche starken und vor allem langanhaltenden Regenfälle, die diese Erosion verursacht haben könnten.

Auch einige andere Wissenschafter hatten bereits vorher – allerdings ohne Erfolg – darauf hingewiesen, dass etwas mit dem Alter der Pyramiden nicht stimmen könnte:

Ein US-Archäologenteam der Universität Boston unter der Leitung von Robert M. Schoch stellte in den 70er Jahren anhand der Erosionsschäden an der Sphinx ebenfalls ein vermutlich wesentlich höheres Alter fest: Während der 4. Dynastie, in deren Epoche die Entstehung der Sphinx angeblich fallen soll, hatten keine derartigen Unwetter mit außergewöhnlichen Regenfällen stattgefunden. (Das Licht der Pharaonen – Herbig Verlag)

Die Ergebnisse der Untersuchungen von Schwaller de Lubicz und seiner Tochter stießen bei Geschichtsforschern und Ägyptologen in aller Welt aber nicht – wie angenommen - auf freudige Überraschung - sondern im Gegenteil durchwegs auf "taube Ohren". Für die Ägyptologen hätte dies bedeutet, das wahre Alter der Sphinx erheblich zurück zu datieren und dass weder Chephren, noch irgendein anderer dynastischer Pharao, die Baumeister der Sphinx gewesen sein können.

Andere Schätzungen gehen von einem noch wesentlich höheren Alter der Pyramiden aus. Es besteht die These, dass die Cheopspyramide zu einer Zeit errichtet worden sein könnte, als sich das Sternbild der Leier im Tierkreiszeichen des Krebses befand, womit ein Zeitpunkt gemeint ist, der zweimal 36.000 Jahre umfasst. Diese (hypothetische) Rechnung würde ein Alter von über 70.000 Jahren für die Pyramiden bedeuten. (Das Licht der Pharaonen – Herbig Verlag)

Erhebt sich die Frage?
Was kann ernst zu nehmende Forscher dazu bringen, wissenschaftlich fundierte Beweise dieser Art zu ignorieren? Zwei gewichtige Gründe mögen dafür den Ausschlag geben:

Erstens: Man muss sich darüber im Klaren sein, dass nach dem, was wir derzeit zu wissen glauben, die älteste Zivilisation, nämlich jene der Sumerer, auf etwa 3.800 Jahre vor Chr. zurückgehen soll. Davor - so der heutige Wissensstand - gab es angeblich keine Form von Zivilisation auf unserem Planeten. Hier haben wir es aber nun mit von Menschenhand errichteten Bauwerken und einer Zivilisation zu tun, die zehntausend oder fünfzehntausend Jahre zurückreichen soll.

Zweitens: Der Großteil der rund 5.000 Archäologen weltweit, die sich mit Ägyptologie befassen, sind Moslems, ihre Heilige Schrift ist der Koran. Im Koran aber heißt es, der traditionellen Auslegung zu Folge, dass die Schöpfung vor etwa 6.000 Jahren begann. Würde ein Moslem also behaupten, ein Bauwerk wäre 8.000 oder 10.000 Jahre alt, würde er damit seiner eigenen "Bibel" widersprechen, das aber ist unmöglich. Er wäre damit unrein und Zeit seines Lebens geächtet.

Also hält man lieber wie bisher an der auch in allen Schulbüchern manifestierten Theorie fest, ägyptische Zeugen der Vergangenheit auf vier- bis fünftausend Jahre einzustufen, obwohl es eindeutige Beweise für ein wesentlich höheres Alter gibt.

Stellt sich die Frage: Wie tragisch ist es für unsere Geschichte, mit einer bewusst in Kauf genommenen Unwahrheit dieser Dimension über unsere Vergangenheit weiterhin durchs Leben zu gehen, als wäre nichts geschehen?

Beispiel 2 - Pythagoras' „tödliches Geheimnis"

Pythagoras und seine Nachfolger sahen Zahlen als das wahre Wesen der Dinge. Das Numerische war ihnen ein Symbol für die wahre Bedeutung des Weltalls. Während wir es gewöhnt sind, Zahlen als Beschreibungen von Menschen und Dingen oder Beziehungen zwischen den Dingen zu sehen, waren die Pythagoreer zutiefst einem älteren mystischen Glauben an die Sinnhaftigkeit der Zahlen selbst verpflichtet.

Eine Zahl wie 4 hatte sowohl eine symbolische Darstellung als auch symbolische Bedeutung. Pythagoras und seine Schüler machten die Mathematik zu einer mystischen Religion; in ihrer Welt waren die Zahlen selbst Zeichen und Symbole eines okkulten Wissens hinter der Welt der Erscheinungen, das sich nur durch besondere Einsichten und Deutung gewinnen ließ. Die Gründung der ersten Geheimbünde geht auf diese Zeit zurück.

Schließlich aber trat eine bizarre Krise ein, die die Grundlagen der Sekte erschütterte. Sie hatte geglaubt, alle Zahlen seien von zweierlei Art, entweder ganze Zahlen (wie 1, 2, 3 ... und so weiter) oder Bruchteile (wie 1/2, 4/5, 2/7 ... und so weiter), die durch Division zweier Zahlen entstanden.

Dieses waren so genannte rationale Zahlen. Der berühmte Satz über Dreiecke, der den Namen des Pythagoras trägt, zeigt jedoch, dass die Diagonale eines Quadrates mit der Seitenlänge 1, also die Verbindungslinie zweier gegenüber liegender Ecken des Quadrates, gleich einer Größe ist, die wir die Quadratwurzel aus 2 nennen.

Trotz aller Bemühungen bei der Anwendung ihrer wohlerprobten systematischen Verfahren gelang es ihnen nicht, diese Zahl als ein Verhältnis zweier ganzer Zahlen, also als Bruch, auszudrücken. Es war eine neue und besondere Art von Zahl, von den Pythagoreern zuerst arrheton genannt, was besagt, sie sei nicht durch ein Verhältnis auszudrücken.

Später wurden diese verblüffenden Zahlen irrational genannt, was dasselbe ausdrücken sollte. Zahlen wie die Quadratwurzel aus 2 waren für die Pythagoreer schockierend, weil sie sich nicht genau mit einem Maßstab ausmessen ließen. Dies stellte die Überzeugung der Pythagoreer von der Allmacht der Zahlen in Frage.

Wenn sie schon dabei versagten, etwas so Profanes wie die Diagonale eines Quadrates einzufangen, dann war ihre ganze Religion bedroht.

Das Ergebnis war für sie deshalb ein Problem, weil sie, angefangen mit den Quadratwurzeln von 3, 5, 6 und 7, eine unendliche Liste anderer irrationaler Zahlen konstruieren konnten. Es riss auch eine Kluft zwischen der Arithmetik, die diese seltsamen "irrationalen" Zahlen erschaffen konnte, und der Geometrie, die sie nicht messen konnte.

Die Überlieferung behauptet, die Entdeckung dieser irrationalen Zahlen sei von der Bruderschaft zunächst geheim gehalten worden; es sollte nicht bekannt werden, dass es Zahlen gab, die ihre Lehre in Frage stellten. Und jetzt kommt das Unfassbare an der Geschichte: Als Hippasus die Sünde beging, seinen Schwur der Geheimhaltung zu brechen, und diese "schreckliche Wahrheit" verbreitete, wurde er ertränkt.

Ein späterer Kommentar besagte: "das Unsagbare und Formlose müsse verborgen werden; jene, die dieses Bild des Lebens offenbaren und in Frage stellten, sollten augenblicklich zerstört und dem Spiel der ewigen Wellen übergeben werden". Man argwöhnt jedoch, dass die Pythagoreer wie viele Geheimbünde sich selbst viel wichtiger nahmen als Nichtmitglieder.
(Ein Himmel voller Zahlen, John D. Barrow, Rowohlt Verlag)

Die Zeit

Bevor wir uns dem Hauptteil des Buches "Die Visionäre" zuwenden, möchte ich Ihnen noch eine nicht von der Hand zu weisende Überlegung nahe bringen: Einen Großteil unseres Lebens vergeuden wir mit Dingen, die für uns und unser Leben weder besonders bedeutend noch wichtig sind. Viele davon sind aber nicht nur unwichtig sondern darüber hinaus noch krankmachend und Lebenszeit-verkürzend.

Wir selbst haben – wenn wir wirklich wollen – auch heute noch sehr viele Möglichkeiten, über Gesundheit oder Krankheit zu entscheiden, wenn wir überlegen, bevor wir einkaufen, kochen und essen, was uns bekommt und gut tut. Das aber erfordert Zeit, eine Zeit die viele von uns meinen, nicht mehr zu haben.

Der Bauernmarkt, der nächste Bio-Bauer ist nicht immer um die Ecke gelegen. Viele davon haben aber bereits einen Zustellservice, wenn nicht, muss uns unser Leben und unsere Gesundheit dieses "mehr an Zeit" eben wert sein.
Je mehr Kontakt Sie mit "Ihrem Bauern" haben, desto leichter werden Sie zu ihren Produkten kommen, desto mehr Durchblick haben Sie über die, von ihm erzeugten Produkte.
Lassen Sie sich ruhig in den Stall oder auf die Weide führen, sehen Sie nach, wie er seine Tiere füttert und hält, ob sie ausreichend Auslauf haben. Nehmen

Sie auch Ihre Familie, Ihre Kinder wenigstens gelegentlich dazu mit und treten Sie der Natur damit wieder ein Stück näher. Das macht auch das Wissen um die Probleme der Bauern von heute besser verständlich .

Natürliche Nahrung ist nicht nur gesund, sie aktiviert auch Ihr Gehirn und Ihr Bewusstsein. Schlechte Nahrungsmittel sind nicht nur ungesund, sondern auch für moralische Schwächen mitverantwortlich, sie blockieren Ihre Entscheidungskraft, trüben Ihr Urteilsvermögen und reduzieren Ihre Liebesfähigkeit durch die Beeinträchtigung Ihres Gefühlvermögens.
Geben Sie der Ernährung wieder jenen Stellenwert zurück, den diese vor Hunderten von Jahren für uns hatte, nehmen Sie sich Zeit zum Essen und genießen Sie jeden Bissen.

Mindere Nahrungsmittelqualität, eilig verschlungenes Essen, Stress und schlechte Verdauung gehören auch zu den Hauptursachen für den weltweiten Abfall von Moral und Ethik.
Es sind Eigenschaften, die die Gier nach Besitz und höherem (unnötigen) Wohlstand schüren und uns vorgaukeln, das Streben nach immer mehr wäre der Inbegriff der Erfüllung. Dass dabei die Familie zu kurz kommt, die Ehe oder Partnerschaft in Brüche geht, ist das alles das auch wirklich wert?
Wir müssen uns beim Essen deshalb keineswegs kasteien und man kann auch einmal oder zweimal im Monat "über die Stränge schlagen". Jeden Tag aber Industriemüll hastig in sich hineinzustopfen und damit Senilität, Diabetes und Alzheimer (um nur einige zu nennen) Tür und Tor zu öffnen und vorzeitig zum Pflegefall zu werden, kann nicht das erklärte Ziel unserer Gesellschaft sein.

Die weltweite Hetzjagd nach "immer mehr" hat uns bis heute lediglich einen Tiefstand an Lebensqualität, alljährlich höhere Krebsraten und die höchsten Scheidungsraten aller Zeiten beschert, wir sollten daraus endlich lernen und uns auf neue (alte) Werte besinnen.

Und wenn wir auch nicht jene Erleuchtung erreichen werden wie tibetanische Mönche, deren Asche nach dem Verbrennen weiß bleibt, weil sie ein Leben lang nichts Tierisches oder Verunreinigtes zu sich genommen hatten, können wir doch in unserem Leben eine Stufe der Erkenntnis höher steigen.
Nämlich jene, zu erkennen, dass jede Minute und Stunde, die wir im Leben unserer Gesundheit widmen, normalerweise unser Leben um eben diese Zeit verlängert und diese Zeit somit keine vergeudete Zeit darstellt.

Während vereinzelt immer wieder die Kunde von Menschen zu uns dringt, die aus unserer Sicht ein fast unvorstellbar hohes Alter erreicht haben, stehen wir mit unserem Durchschnittsalter in Europa gerade etwas über der Halbzeit solcher Methusalems.

Dass wir ebenfalls die Chance hätten, in Gesundheit so alt zu werden und Jahrzehnte unseres Lebens "verschwenden", darauf soll sie mein "Lebenszeitkalender" samt "Gesundheitslotterie" aufmerksam machen.

Zeit zu leben?

Wir, Sie und ich, sind Hochgeschwindigkeitsmenschen geworden. Wir kommunizieren über Satelliten mit Lichtgeschwindigkeit, hetzen durch den Alltag und entschuldigen uns immer öfter mit der Formel "Tut mir Leid, keine Zeit". Während uns aber die Zeit davon läuft, rast die Zukunft auf uns zu. Schon wieder ein neuer Computer auf dem Markt, obwohl der eigene erst drei Monate alt ist.

Mehr und mehr wird unser Leben zu einem Wettlauf mit der Zeit und obwohl wir keine Zeit mehr haben, brauchen wir immer mehr Zeit, um über den Zeitmangel und den Druck, der dahintersteht, zu klagen oder ihn mit Zeitmanagementseminaren zu bekämpfen.

Kein ernstzunehmender Wissenschafter weltweit würde heute mehr bestreiten, dass unser Mangel an Zeit, der uns ein hektisches, stressreiches Leben mit hastigem Essen und immer kürzeren Regenerationsphasen beschert, untrennbar mit dem Faktor Krebs verbunden ist.

Die Zeit war und ist eine Erfindung des Menschen. Als die Zeit noch kein Datum hatte war diese am Himmel über uns zu beobachten, im Gleichklang von Natur und Kosmos: Alles hatte "seine Zeit".
Die Zyklen der Natur, der Wechsel von Tag und Nacht, Regenzeit und Dürre und der Umlauf der Erde um die Sonne.
Der Rhythmus des tierischen und pflanzlichen Entstehens prägte das Leben und auch als der "homo sapiens" die Erde zu bevölkern begann, benötigte die Einheit von Arbeit und Leben noch kein abstraktes Maß wie das der Uhrzeit. Zeiterfahrung war naturgemäß gegeben.

Homer rechnete nach Morgenröten, Cäsar nach Nachtwachen und christliche Mönche nach Gebetszeiten, die sich weitgehend am Sonnenzeitmaß orientierten. Zeit wurde im Alltag nicht gemessen und demzufolge war kaum jemand imstande, sein Geburtsdatum anzugeben.
Der Fluch der Zeit begann mit Uhren und Glocken. Nach der Erfindung des Stundenzeigers kam jene des Minuten- und Sekundenzeigers. Heute rechnen wir in Tausendstel Sekunden und leben mit und nach Zeitplansystemen, als gäbe es kein Dasein ohne sie.
Diese, uns von den Uhren diktierte Zeit, brachte zwar anfangs eine Fülle von Vorteilen, gereicht uns aber jetzt mehr und mehr zum Nachteil. Wir verlieren die natürliche Zeit in uns und um uns aus den Augen, ein Zeitkollaps ist - wenn wir weiterhin beschleunigen - in greifbarer Nähe.

In einer inzwischen flächendeckenden "Hab' keine Zeit-Gesellschaft" ist es gut, gelegentlich daran zu erinnern, dass die Zustellung einer der ersten uns bekannten Eilmeldungen - nämlich die Kunde vom Sieg der Athener in der Schlacht von Marathon - letztlich mit dem Tod des sich hetzenden Nachrichtenübermittlers endete.

Dass immer schnellere Zeiteinheiten uns zu immer größerem materiellen Erfolg führen, war für uns selbstverständlich. Dass dabei Qualitäten unseres Lebens wie Liebe, Zuneigung, Freundschaft, Würde, Moral, Ethik, Dankbarkeit auf der Strecke bleiben, rückt plötzlich in unser Bewusstsein. Und die Vermutung, dass die gewonnene Zeit ein Mehr an Lebensqualität bedeuten würde, hat sich längst als Trugschluss herausgestellt.
Die Sehnsucht, ab und zu zurückblicken zu können, einmal aufzuatmen und den Dauergalopp nach oft fragwürdigen Zielen zu unterbrechen, nimmt deshalb ständig zu.

Der Mensch betreibt zwar seit mehr als 400 Jahren Zeitgeschichte, scheint aber nicht zu erkennen, welche Folgen ihm daraus erwachsen.

Wo lebt man am schnellsten ?
Ein US-Sozialforscher bereiste 31 Staaten um herauszufinden, wo sich die Lebens-Uhren am schnellsten drehen. Wie schnell gehen Passanten, wie lange benötigen Postbeamte zum Verkauf einer Briefmarke und wie lange dauert es im Cafe, um zu Kuchen oder einem Getränk zu gelangen und wie rasch stellen Taxifahrer eine Quittung aus.
Das höchste Lebenstempo haben demnach die Schweizer, an zweiter Stelle folgen die Iren, dann die Deutschen und danach die Japaner.
Österreich liegt am siebten Platz, die USA dagegen "nur" im Mittelfeld, auf Platz 16.

Die letzten Plätze nehmen Länder aus Fernost wie z.B. Indonesien oder Burundi ein. Die Wahrscheinlichkeit einen Herztod zu erleiden oder einer Krebserkrankung zum Opfer zu fallen ist an "schnellen Orten" wesentlich höher als in Agrarstaaten, die "der Langsamkeit" frönen.
Der Grund: Eine produktivere Wirtschaft führt zu mehr Stress, höherem Lebensstandard, was heute gleichzeitig mit ungesünderer Ernährung und größerer Lebensunzufriedenheit verbunden ist.

Kein Wunder also, dass es bereits "einen Verein zum Anhalten der Zeit gibt"
Der gemeinnützige Verein zur Verzögerung der Zeit wurde 1990 von O.Univ.-Prof. Dr. Peter Heintel aus Klagenfurt gegründet.

Seit dem Jahr 2003 ist RA Erwin Heller aus München Obmann des international tätigen Vereins, Prof. Dr. Peter Heintel wurde zum Ehrenvorsitzenden ernannt. Der Vorstand besteht aus 5 Personen; beratend wirkt der Beirat des Vereins mit, dem mehrere prominente Personen aus Wissenschaft, Politik und Wirtschaft angehören.

Prof. Heintel sah in der Vereinsgründung einen Ansatz, einen reflektierten Umgang mit Zeit auf kollektiver Basis anzuregen und neue Formen des Umgangs mit dem Phänomen Zeit anzustreben.

Der Vereinsname soll ein wenig provozieren. Aber cr will auch darauf hinweisen, dass in unserer Kultur und in der heutigen Zeit der Entschleunigung wesentlich mehr Beachtung geschenkt werden sollte, als der ohnehin fast automatisch auf uns eindrängenden Beschleunigung.

Der gemeinnützige und außerparteiliche Verein zur Verzögerung der Zeit ist an die Fakultät für interdisziplinäre Forschung und Fortbildung (IFF) der Alpen-Adria Universität in Klagenfurt angegliedert.
Mehr dazu: info@zeitverein.com

Lebenszeit

Es gibt Statistiken, die nutzlos sind oder unsinnig. Auch solche, die einen bestürzen oder sogar wahr sind. Diese hier ist so eine ! Sie ist ziemlich wahr und bestürzend genug, da sie uns offenbart, wie wenig Zeit wir im Leben "sinnvoll" verwenden. Vielleicht ist sie für viele nutzlos, weil sie aus ihrem Lebenstrott ohnehin nicht ausbrechen wollen - aber unsinnig ist sie - für mich jedenfalls nicht ! Wenn man resümierend seine bisher auf Erden verbrachte Lebenszeit betrachtet, sollte man unbedingt auch über seinen Gesundheitszustand nachdenken und darüber, wie sehr man in der hinter einem liegenden Lebenszeit, Körper und Seele gesundheitlich geschädigt hat.

Die Summe all dieser Faktoren - egal ob sie von außen kamen oder selbst verursacht wurden - bestimmen in erster Linie die Dauer jener Lebensjahre, die noch vor einem liegen. Eine Lebensbilanz von Zeit zu Zeit zu ziehen ist deshalb so wichtig, da man im Trubel der Alltagshektik oftmals übersieht, dass man in Bezug auf seine Gesundheit Raubbau betreibt und dass es später sein könnte, als man denkt.

Zirka 76 Jahre bei Männern und 78 Jahre bei Frauen liegen vor einem Neugeborenen in Europa, wenn es sich aus dem Mutterschoß gekämpft hat. Diese uns statistisch zugemessene Lebenszeit erscheint für die einen bedrückend begrenzt, andererseits unvorstellbar lang für den, dem sie noch bevorsteht: Das Phänomen Zeit ist paradox. Nie zuvor lebten Menschen so zeitintensiv wie heute, kaum jemals zuvor haben sie ihre Existenz mit so vielen Aktivitäten gefüllt.

Und doch: Je stärker wir die Zeit fesseln, desto schneller scheint sie uns zu entfliehen. Dabei erleben wir nur knapp zwei Drittel unserer Lebensspanne bei vollem Bewusstsein.

Den Rest von 26,7 Jahren verschlafen wir, ganze Jahre vergehen dabei im Traum.

Während die Mühsal des Haushaltes rund 13 Jahre eines Frauenlebens verschlingt, (bei Männer sind es nur 3,6 Jahre), werden für den Broterwerb, etwa 27,6 Jahre bei Männern und 22,8 Jahre bei Frauen aufgewendet.

In ihrer Freizeit greifen die meisten Menschen nach der Infrarotbedienung: Rechnet man die Stunden vor dem Bildschirm zusammen, hat am Ende seines Lebens jeder Europäer fast 6 Jahre lang ferngesehen.

Nur lebensnotwendige Tätigkeiten können der Hingabe an den Flimmerkasten einigermaßen Konkurrenz machen: Mit Ernährung und Essensbeschaffung befassen wir uns gut 4,3 Jahre. Für das Lebensgefühl vieler von Bedeutung ist auch jene Beschäftigung, die immerhin knapp 4 Jahre in Anspruch nimmt: Nämlich unterwegs zu sein.

Allein 2 - 4 Jahre sitzt durchschnittlich jeder im Auto, mindestens eines davon zum bloßen Vergnügen. Ein reines ist das allerdings nicht: Ausflüge und Berufsverkehr zusammengenommen werden wir am Ende unseres Lebens 1,3 Jahre mit Stopp and Go oder totalem Stillstand im Stau verbraucht haben.

Selbst für die wichtigsten sozialen Kontakte verwenden wir weniger Zeit als fürs Autofahren. Nur etwa 1 Jahr werden wir bis zu unserem Tod mit Verwandten und Freunden verbracht haben, exakt doppelt so lange hat sich ein Europäer im Schnitt mit Erziehung und Beaufsichtigung seiner Kinder beschäftigt.

Behörden, Ärzte, Ämter und Steuerberater "fressen" ca. 6 Lebensmonate, eine Zeit die im Hinblick auf die Lebensqualität sinnlos verstreicht, außer man ist selbst Arzt oder Steuerberater.

Einfach nur gar nichts tun wir statistisch nachweisbar lediglich etwa 4 Monate unseres Lebens, drei bis sechsmal so lange, nämlich ein bis zwei Jahre unseres Lebens, hängen wir am Telefon.

Die aufregendsten Augenblicke im Menschenleben hingegen entziehen sich der messbaren Zeit, da niemand sagen kann, wie lange sie schon vorher herbeigesehnt worden sind und wie lange sie danach noch unsere Erinnerungen gefangen nehmen.

So kommen selbst nach optimistischen Schätzungen weder Mann noch Frau auf mehr als 300 Stunden höchster sexueller Ekstase im Leben - und doch hat die Vorstellung davon uns jahre- oder jahrzehntelang beschäftigt.

Lebenszeitkalender

Wie viel Zeit lebt man wirklich ?
Bei dieser Berechnung geht man davon aus, dass unter "echter Lebenszeit" nur jene Zeit verstanden werden kann, in der man Dinge tut, die einen positiv beeinflussen oder einem angenehm und lebenswert erscheinen.

Nachstehend beliebig konstruiertes Beispiel, das wahrscheinlich auf viele von uns mehr oder weniger zutreffen wird, mag Ihnen bewusst machen, wie wenig Zeit man sich im Leben für wirklich wichtige, lebenswerte Dinge nimmt.

BEISPIEL:

Ampelstehzeiten	**131**	**Tage**
Tankstelle	**42**	**Tage**
Autofahren (ungern)	**3.800**	**Tage**
Bahnschranken	**3**	**Tage**
Lift fahren	**23**	**Tage**
Unnotwendiges Fernsehen	**6.400**	**Tage**
Ämter, Post, Behörden etc.	**423**	**Tage**
Schlafen	**8.800**	**Tage**
Krankheiten	**730**	**Tage**
Anderes (Unwichtiges)	**800**	**Tage**
	21.252	**Tage**

21.252 Tage: 365 = ca. 58 Jahre

Durchschnittsalter (angenommen)	**76 Jahre**
vergeudete Zeit	**58 Jahre**
lebenswerte Zeit	**18 Jahre**

Wenn man jetzt davon noch sechs bis zehn Jahre für jene Zeit abrechnet, die man am Ende seines Lebens eventuell im Altersheim oder unter anderen, nicht gerade lebenswerten Umständen verbringen muss, bleibt eine tatsächlich lohnenswerte Lebenszeit von maximal 8 bis 12 Jahren übrig.

Diese Zeit bleibt für die wirklich lebenswerten Dinge im Leben, wie Liebe, Freizeit, Sport und Erholung. Ist das wirklich Zeit genug, um den Fußabdruck Deines Seins für alle Zeiten zu verewigen?

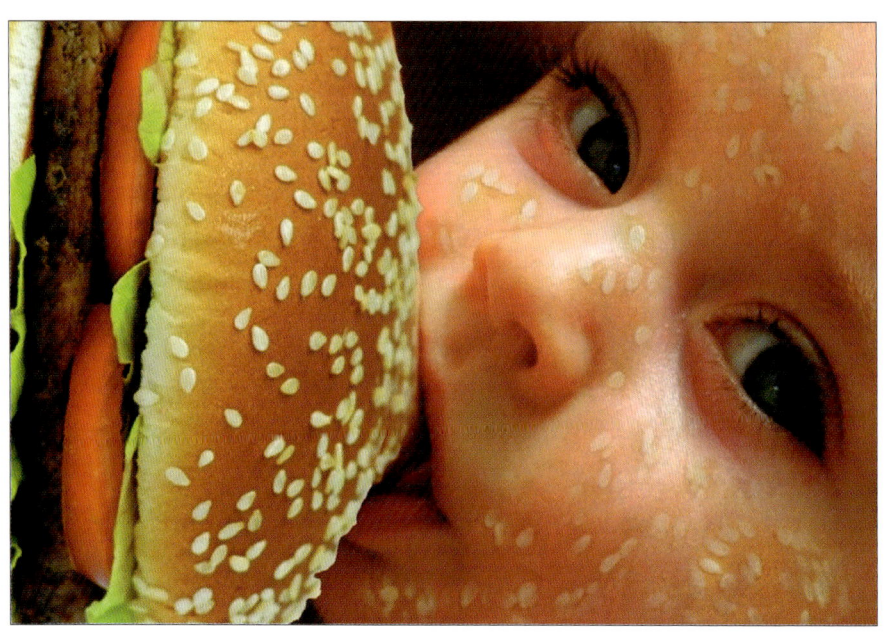

Gesundheitslotterie

Diese Ergänzung des Lebenszeitkalenders soll verdeutlichen, wie sehr man mehr oder weniger die Dauer seines Daseins auf Erden mitbestimmen kann. Abschalten, Ausspannen und sich in Ruhe der eigentlichen Werte des Lebens zu besinnen, kann das Leben - genau wie sinnvolle Aktivitäten - verlängern und inhaltsvoller machen.

Minus-Zeit :

Mögliches, zu erreichendes Lebensalter	ca.	120 Jahre
Tatsächliches Lebensalter in Westeuropa (Durchschnitt)	ca.	76 Jahre
Differenz		44 Jahre

Diese Differenz an Lebensjahren "killt" der Mensch u.a. selbst, wie folgender Tabelle zu entnehmen ist. Durch negative Lebensweise und andere Einflüsse könnten sich in etwa folgende Minuszeiten ergeben (angenommene Werte)

Minus-Zeiten

13.800 x	Essen von Süßigkeiten	a minus	240 Minuten =	2.300 Tage
8.400 x	Essen minderwertiger Fette	a minus	180 Minuten =	1.050 Tage
9.600 x	übermäßiges Essen	a minus	160 Minuten ≈	1.067 Tage
18.800 x	Rauchen (täglich)	a minus	300 Minuten ≈	3.917 Tage
6.600 x	mitrauchen (passiv) etwa	a minus	180 Minuten =	825 Tage
22.400 x	Großstadtluft (entspr. 40 Zigaretten)	a minus	125 Minuten	1.944 Tage
8.600 x	Stresssituationen	a minus	180 Minuten =	1.075 Tage
6.100 x	Ärger	a minus	240 Minuten ≈	1.017 Tage
1.480 x	Streit	a minus	150 Minuten =	154 Tage
3.250 x	übermäßiger Alkoholgenuss	a minus	120 Minuten ≈	271 Tage
24 x	kein Urlaub (jährlich)	a minus	14 Tage =	336 Tage
3.800 x	Überarbeitung (täglich)	a minus	12 Stunden =	1.900 Tage
480 x	Krankheiten	a minus	8 Tage =	3.840 Tage
4.800 x	Stundenlanges Autofahren	a minus	160 Minuten ≈	533 Tage
1.100 x	Rasen (erhöhter Blutdruck)	a minus	80 Minuten ≈	61 Tage
38.650 x	Kaffee trinken pro Tasse	a minus	40 Minuten ≈	1.073 Tage
820 x	Medikamentenmissbrauch	a minus	300 Minuten ≈	171 Tage
12.400 x	mangelnde Bewegung /täglich)	a minus	80 Minuten ≈	689 Tage
27.600 x	falsche Atmung (täglich)	a minus	60 Minuten =	1.150 Tage
4.200 x	zu wenig Schlaf	a minus	80 Minuten ≈	233 Tage
			Summe:	23.606 Tage = 64,7 Jahre

Plus-Zeiten

6.400 x	Betätigung an frischer Luft	je Einheit	plus	300 Minuten ≈	1.333 Tage
3.820 x	gesundes Essen	je Einheit	plus	240 Minuten =	637 Tage
2.650 x	Liebesglück	je Einheit	plus	600 Minuten ≈	1.104 Tage
8.800 x	freudige Ereignisse	je Einheit	plus	360 Minuten =	2.200 Tage
44 x	Urlaube (je 18 Tage)	je Einheit	plus	2.200 Minuten =	1.210 Tage
7.960 x	Erfolgserlebnisse	je Einheit	plus	180 Minuten =	995 Tage
					7.479 Tage = 20,4 Jahre

Bilanz:

Minuszeit (theor.)	64,7 Jahre
Pluszeit (theor.)	20,4 Jahre

Lebenszeitdifferenz	44,3 Jahre, zahlt sich das alles wirklich aus?

Wasserkristall "Stille", ein Foto des japanischen Wasserkünstlers Masaru Emoto, der Wasser in absoluter Stille fotografierte.

Die Visionäre

Nach den vorangegangenen Ausführungen, die die Entartung unserer Lebensweise und die derzeit eingeschlagenen Wege in eine verhängnisvolle Zukunft deutlich machen, soll der weitere und überwiegende Teil des Buches jene Wege aufzeigen, die aus der Sackgasse von Umweltchaos, Gesundheitsbedrohung und verminderter Lebensqualität führen könnten.

Jene Visionäre, die ich Ihnen dabei vorstellen werde, vermitteln uns ein wunderbares Konzept erleb- und erreichbarer Visionen. Was wir selbst dazu beitragen müssen, ist die Änderung unseres derzeitigen persönlichen Lebensstils, etwas weniger Egoismus, etwas mehr Körperverständnis, Menschlichkeit, Umwelt- und Gesundheitsbewusstsein.

Unter den Visionären befinden sich Persönlichkeiten aus allen Bereichen unseres Lebens, darunter hochdekorierte Wissenschafter, Mediziner, Wirtschaftstreibende, Bauern, Pioniere und Vordenker, die alle ein gemeinsames Ziel, nämlich "eine lebenswertere Welt" vor Augen haben.
Nicht Titel oder eine speziell wissenschaftliche Vorbelastung waren die Auswahlkriterien, sondern deren Lebenseinstellung und ihr bisheriges Handeln und Tun.

Denn wie heißt es so schön? "Nicht was du bist ist was dich ehrt, sondern wie du es bist, bestimmt deinen Wert!"

Nur dann, wenn wir uns gegen lebensfeindliche Einflüsse zur Wehr setzen, uns wieder Zeit für unsere Kinder, Familie und Freunde nehmen, erneut Ehrfurcht vor Alter, Erfahrung und Weisheit erlangen, statt mit Stolz auf neue Altenheime und Tageskindergärten zu verweisen, wenn wir unseren Tieren eine artgerechte Behandlung angedeihen lassen, unsere Nahrung wieder mit Sorgfalt auswählen und die Natur mit Würde behandeln, werden wir wieder zu Menschen im Sinne von Menschlichkeit.

Erst wenn wir von einer lebenswerteren Welt, statt von Wirtschaftswachstum, Cashflow und höheren Profiten träumen und begreifen, dass billig und preiswert speziell im Falle von Lebensmitteln nicht zugleich auch gesund ist, wird es eine Gesundung unseres Körpers und unserer Seele geben.

Visionäre – wer sind sie?

Was ist das Besondere an "Visionären", an Persönlichkeiten, die eigentlich Menschen sind wie du und ich? Fast jedenfalls!
Ich behaupte, dass es Menschen mit außergewöhnlichen Fähigkeiten sind, die im Großen und Ganzen über drei herausragende Eigenschaften verfügen:
Es ist zum Ersten ihr Weitblick, der sie mit fast seherischen Fähigkeiten in die Zukunft blicken und erkennen lässt, was an Bedrohungen auf uns zukommt und die wissen, wie wir es abwenden könnten.

Es ist zum Zweiten ihre gelebte Menschlichkeit, die ihr Ego in den Hintergrund treten lässt und drittens ihre Sensibilität für das Feinstoffliche, das fast immer unsichtbar, vielen Menschen ein Leben lang verborgen bleibt, da sie meinen, ununterbrochen in Hektik hinter Geld und Besitz her sein zu müssen. Viele meinen auch, keine Zeit für derlei "Spinnereien" zu haben, übersehen dabei, dass ohne feinstoffliches Leben wahrscheinlich gar kein Leben möglich wäre.

Auch für viele Menschen, die der Meinung sind, gesund zu essen und zu leben, die gesundheitsbewusst einkaufen und biologisch hergestellte Produkte verkochen ist die Welt damit bereits in Ordnung. Und beinahe wär's auch so, wenn, ja wenn da nicht noch etwas ganz Gravierendes zu berücksichtigen wäre.

Tiere und Pflanzen besitzen über ihre sichtbaren Eigenschaften hinaus noch so etwas wie eine Seele, oftmals belächelt oder als "übersinnlich" abgetan. Jeder kennt die Geschichten, nach denen Schweine, von Mozartsenaten im Stall berieselt angeblich glücklicher sind und Blumen, mit denen man spricht, wesentlich besser gedeihen sollen.

Während man das Vorhandensein einer "Seele" beim Menschen bereits relativ lange als gegeben akzeptiert, sind sich Theologen, Wissenschafter, Mediziner und Esoteriker seit jeher darüber uneins, ob dies auch für andere Lebewesen auf unserem Planeten, für Wasser, Bäume oder vielleicht sogar für tote Materie (die es in Wahrheit - ausgenommen eine mikrowellenbestrahlte "Gentechnikmahlzeit" - nicht gibt), wie z. B. Steine, gelten könnte.

Wie stark Feinstofflichkeit unser Leben bestimmt, wie wir diese erkennen und damit umgehen können, wird ebenfalls Thema dieses Buches sein.

Sepp Holzer
Agrar-Rebell

Bauern - die Seele jedes Volkes

Ein Besuch am Krameterhof im Lungau, ein Tag mit Sepp Holzer dem "Agrar-Rebell", danach ist nichts mehr, wie noch am Tage davor.

Dabei war er für mich auch bis dahin schon alles andere als ein Unbekannter. Ein gemeinsames Buchprojekt, bei dem ich ihn als Mitautor gewinnen konnte und eine gemeinsam unternommene, abenteuerliche Russland-Reise brachten mich dem Wesen und der Persönlichkeit Sepp Holzers in all seiner Ehrlichkeit und Kompetenz um Vieles näher.

Sein immenses Wissen um die Zusammenhänge in der Natur, seine Studien, Selbstversuche und Forschungen über Jahrzehnte hinweg am eigenen Hof, sein unbeugsamer Wille, die klare, unmissverständliche und für viele eben zu ehrliche Sprache machen ihn – nicht nur für mich – sondern für Hunderttausende Menschen in Europa und Übersee zu einem der weltweit besten und erfahrensten Agrar-Experten schlechthin.

Die Geschichte um Sepp Holzer, mit all ihren Facetten, sprengt für mich, der ich über fünfundzwanzig Jahre im Journalismus tätig bin und in verschiedensten Ländern der Erde recherchiert habe, jede Dimension. Im Buch "Die Visionäre" möchte und werde ich sagen warum - und ich denke, dass jeder verstehen wird, warum ich solches behaupte.
Ich werde dabei versuchen, der Wahrheit möglichst nahe zu kommen, Sepp Holzers deutliche, ungeschminkte Sprache zu sprechen und ebenso wie er, unnötige Floskeln und "Tritsch-Tratsch" zu vermeiden.

Und auch wenn ich weiß, dass ich darin niemals jene Fertigkeit erlangen werde - die bereits Zehntausende Menschen zu gebannten Zuhörern seiner Vorträge und Seminare werden ließ – will ich es dennoch versuchen.

Zwei "Holzer-Generationen" mit Karl Ludwig Schweisfurth (Rücken)

Im Garten Eden

Sepp Holzer, hat - wie nur wenige Menschen vor ihm - Geschichte geschrieben, ohne dafür von den "Geschichtsschreibern" ausreichend gewürdigt zu werden, er hat unzähligen Menschen die Freude an der Natur vermittelt oder wiedergegeben, hat beraten, geholfen und aufgeklärt, wer immer seines Rates bedurfte.

Er hat die Landwirtschaft revolutioniert und jenen die Hände zu reichen versucht, die - ohne im Einklang mit der Natur zu wirtschaften - längst überholten Schulbuchweisheiten anhingen, ohne dabei auf Gegenliebe zu stoßen.

Er wurde zum Feindbild von Wissenschaftern, die althergebrachte, längst widerlegte Thesen in Gefahr gebracht sahen und mangels selbstkritischer Überlegungen und falschem Ehrgeiz das "Phänomen Holzer" verteufelten.

Und obwohl er durch seinen Ruf als Legende eine ganze Region durch unzählige Menschen, die alljährlich zum Krameterhof pilgerten, zum Blühen brachte, wurde er in der eigenen Gemeinde geschmäht und missverstanden.

Man wurde nicht müde Holzer Stolpersteine für dessen Bemühungen in den Weg zu legen, wann und wo immer es ging, obwohl gerade der "Agrar-Rebell" den Ort Ramingstein in aller Welt bekannt gemacht hatte und zum Synonym für ökologische Landwirtschaft werden ließ.

Fallstricke und Bürokratie ohne Ende, bis Sepp Holzer mit Oktober 2005 die Führungen am Krameterhof – der Schikanen müde - für immer einstellte. Damit hatte man weder dem Tourismus der Gemeinde noch den vielen Tausenden Naturliebhabern in aller Welt Gutes getan.

Die Neid- und Spaßgesellschaft, uns allen täglich vom Fernsehen vorexerziert, hat damit wieder einmal ein Beispiel ihrer Dummheit und Ignoranz zum Nachteil unserer Gesellschaft gesetzt.

Sepp Holzers Wissen ist unermesslich tiefgründig und universell, egal ob es um die Zusammenhänge der Natur, das Wissen um Saatgut und dessen Vermehrung, die Vielfalt von Fauna und Flora, um Tierzucht, Teich- oder Forstwirtschaft geht.

Der Krameterhof, auf rund 1100 - 1500 Metern Seehöhe, im "Kälteloch Österreichs" gelegen (4 Grad durchschnittliche Jahrestemperatur), gleicht einer blühenden, fruchtbaren Oase, sehr zum Unterschied, zu seiner ihn teilweise umgebenden Landschaft.

Bereits auf der Fahrt von Murau Richtung Ramingstein wird man von kahlrasierten Hängen und Bergrücken begleitet, beim Anblick dieses Infernos, das ein Wirbelsturm im Jahr 2002 angerichtet hat, entstehen unangenehme Ahnungen, was uns allen noch bevorstehen könnte.

Damals fegte der Sturm in wenigen Stunden 800.000 Festmeter zu Boden und Hunderttausende Bäume lagen, ähnlich einem Mikadospiel kreuz und quer übereinander. Sepp Holzer hatte all dies bereits lange vorher vorausgesehen und davor eindrücklich gewarnt.

Die Bundesforste aber, denen ein Grossteil der Waldgebiete um Ramingstein gehören, legten auf Holzers Rat genau so wenig Wert, wie einige seiner Nachbarn und Forstbesitzer. Was gilt schon die Meinung eines Agrar-Pioniers, wenn streng nach Lehrbüchern gehandelt werden soll, auch wenn die darin festgeschriebene Praxis längst überholt scheint.

Was zählt das Wissen eines Bauern gegen die Gutachten und Expertisen von Forsträten, Professoren und anderen "Forstexperten", die den Wald zu Tode behandeln auch wenn dabei unsere Kulturlandschaft zu Grunde geht.

Holzer, der es wagte, bereits in den 80er Jahren seine Meinung zu dem Wahnsinn zu sagen, der rund um ihn, aber auch in ganz Österreich und Europa tagtäglich auf Tausenden Hektar Wald praktiziert wird, wurde deswegen beschimpft, verfemt und missachtet. Weil nicht wahr ist, was nicht wahr sein darf!

Der Grund dafür, dass ein Sturm eine Verwüstung dieses Ausmaßes annehmen kann, liegt nicht in erster Linie an der Stärke des Sturmes.

Stürme dieser Windstärke hat es in unseren Breiten immer gegeben, ohne besondere Konsequenzen für Wald und Natur, als der Wald noch ein Wald war und nicht eine Monokultur aus Fichtenstangen, sondern eine vielfältige Symbiose von Bäumen verschiedenster Arten und einem Boden, der nicht durch planlose Forstwirtschaft zu Tode genutzt wurde.

Jahrelang hatte man den Wald mit Spritzmitteln behandelt, um Laubbäume und anderes Gehölz mit Gift zu vernichten, die beabsichtigte Monokultur wurde, trotz eines immer wieder zu beobachtenden Aufbäumens der Natur mit aller Gewalt und Konsequenz umgesetzt.

Und immer wieder muss die Natur dann zum Sündenbock herhalten, wenn das Fehlverhalten von uns Menschen zur Katastrophe geführt hat. Ohne selbstkritisch und im Hinblick auf weiteres Misswirtschaften nach eigenen Fehlern zu suchen, wird der "schwarze Peter" der Natur zugeschoben, was ja auch viel einfacher ist, als eigene Fehler einzustehen, oder daraus eine Lehre zu ziehen.

Die Natur selbst macht keine Fehler, sie regelt und reguliert zum Unterschied vom Menschen weise und verständig. "Naturkatastrophen" wie im Lungau oder sonst wo auf der Welt sind fast immer "menschliche Katastrophen", die - durch Raubbau, Ausbeutung und Vergewaltigung von Natur und Umwelt ausgelöst - von einer unersättlichen Wachstumsgesellschaft zu verantworten sind. Was macht es da schon, dass seit Jahrzehnten Forstexperten aus aller Welt vor Monokulturanlagen auch im Forstbereich warnen, was tut es, wenn das Internet voll ist von den katastrophalen Auswirkungen solch naturfeindlicher Bewirtschaftung?

Lesen wir doch einmal in Fachbüchern oder online unter fachlichen Plattformen nach, was kompetente Forstexperten über das Wirtschaften mit Monokulturen in der Wald- und Forstwirtschaft, über die Ursachen von "Windwurf" und die damit zusammenhängenden "Saumgesellschaften" (Übergangszonen) zu sagen haben:

Sepp Holzer besichtigt "Sturmschäden" an Forstwirtschafts-Monokulturen

Monokultur

Eine Monokultur besteht dann, wenn auf einer land- oder forstwirtschaftlich genutzten Fläche nur eine bestimmte Art von Nutzpflanzen angebaut wird.

Der intensive Anbau einer Kulturpflanze scheint zwar aus wirtschaftlicher Sicht zunächst billiger (Skaleneffekt), langfristig bringt er jedoch eine Reihe Risiken mit sich: So z.B. begünstigen Monokulturen die Invasion spezialisierter Schädlinge (Insekten, Keime, Pilze), wodurch Kosten für Insektizide, Pestizide bzw. Fungizide entstehen. Herbizide werden eingesetzt, um das Wachsen anderer Pflanzen zu unterbinden. Durch den einseitigen Nährstoffbedarf laugt der Boden schnell aus, was zusätzliche Kosten für Dünger verursacht.

Windwurf: Windwurf oder Windbruch ist eine Form des Windschadens an Wäldern. Windwurf kann auch bei niedrigen Windgeschwindigkeiten auftreten, wenn es sich um monokulturartige Forste oder von Schädlingen befallene Bäume bzw. Bestände handelt. Ebenso gefährdet sind Wälder, bei denen "Windmantel" und "Saumgesellschaft" fehlen. Besonders Flachwurzler wie z.B. Fichten sind vom Windwurf betroffen.

Saumgesellschaft: Auch Saumbiotop/ Saumökotop
Ein Saumgesellschaft ist ein ökologischer Übergangsbereich. Sie weist meistens eine schmale Ausdehnung auf und bildet sich beim Angrenzen zweier verschiedenartiger Lebensräume heraus. Dieser Übergangsbereich besitzt eine eigene charakteristische Artenkombination (= Saumbiozönose, Saumgemeinschaft). Beispiele dafür sind Hecken, Ufer und Waldränder. (www.biologie.de)

Interessant! Wenn all diese Informationen jedermann frei zugänglich sind und der warnende Zeigefinger bereits weltweit gestreckt zum Himmel ragt, warum tritt denn auch dann noch kein Gesinnungswandel ein? Warum werden immer aufs Neue und just genau jene Tausende Hektar Waldgebiet wieder mit Monofichtenkulturen im Lungau aufgeforstet, wo doch gerade dies die Ursache der Katastrophe im Jahr 2002 gewesen sein dürfte?
Möglicherweise lesen jene, die in der Forstwirtschaft das Sagen haben, keine Bücher, benutzen keinen Computeranschluss, kein Internet. Verschließen sich der kompetenten Meinung Andersgesinnter, handeln stur nach Vorschrift, auch wenn dabei die Natur zu Tode kommt.

Das Sterben der Wälder ist aber nicht die einzige Katastrophe im Lungau, denn die dadurch ausgelösten weiteren Folgen treffen die ganze Region auch heute noch, drei Jahre danach, mit voller Härte.
Die kahlrasierten Berghänge und fehlenden Bäume als Wasserspeicher des Bodens, lassen nun Regenwasser ungebremst und ohne in den Boden einzudringen zu Tal schießen, Muren und Humus mit sich reißend. Jeder größere Regen verwandelt die durch das Tal fließende Mur in ein reißendes Gewässer, das Hochwasseralarm auslösend, flussabwärts liegende Gemeinden verwüstet. In wenigen Jahren werden humuslose Hänge das Landschaftsbild des Lungau prägen.

Holzers Mahnung, mit der Natur im Einklang zu leben, stieß aber nicht nur im Lungau auf taube Ohren. Vieles, was er von seinem unerschöpflichen Wissen an offizielle Stellen speziell in Österreich weiterzugeben bereit war, wurde belächelt und angezweifelt.

Während man offiziell Sepp Holzer in unserer Heimat weitgehend ignoriert und ihn, um seine Kompetenz herunterzuspielen, eher in die Ecke der Sonderlinge und Außenseiter stellt, besitzt er jedenfalls unter Privatleuten eine große Fan-Gemeinde in Österreich.

Auch im Ausland reißt man sich weltweit um Sepp Holzer, der als Agrar-Guru in die ganze Welt geholt wird, um sich seine Erfahrungen zu Nutze zu machen.

Und überall dort, hat er Unglaubliches geleistet und möglich gemacht, was – nach der Meinung von Experten – bisher als unmöglich galt.

Gernot Langes-Swarovski mit Sepp Holzer in Schottland

Im Hochland Schottlands, wo seit Menschengedenken nur Heidekraut als Schafweide gedieh, wächst heute Weizen, trotzdem der PH-Wert des Bodens eine Vier aufweist, in der kolumbianischen Wüste keimt Getreide ohne Regen in Wüstengebieten, obwohl die Eingeborenen dies für unmöglich hielten und im Holzer'schen Wald im Lungau werden Waldpilze gezüchtet, was bisher stets als Utopie abgetan wurde.

Unmöglich aber gibt es nicht für Sepp Holzer. Er macht den Erfolg eines Experiments mit Pflanzen, einer Anbaumethode oder Züchtung davon abhängig, wie sehr man sich dabei mit den Vorgängen und Eigenheiten der betreffenden Pflanzen und ihres Lebensraumes befasst hat. "Jede Pflanze auf der Welt kann nachgezüchtet werden, meint er, das Aussterben von Arten ist unnötig und stellt ein Armutszeugnis für die Menschheit dar". Und wieder steht er mit dieser Meinung im Widerspruch zur "Fachwelt".

Uneingeschränkte Zustimmung erhält Sepp Holzer auch bei einem anderen, wahrhaft gigantischem Unternehmen: In Russland rund 400 km von Moskau entfernt, entsteht ein Großprojekt, das der so gut wie ausradierten und nicht mehr existenten Landwirtschaft Russlands wieder auf die Beine helfen soll. Alexander Brodowski, von Beruf Textilkaufmann, sucht seine bäuerlichen Wurzeln in der Erfüllung seines Lebenstraumes in einer nach streng nachhaltigen Kriterien betriebenen Landwirtschaft auf biologischer Basis. Zweimal 600 Hektar warten auf einen "Agrarprinzen", der "Russlands Dornröschen" biologisch wachküsst.

Als Alexander Brodowski auf der Suche nach einem geeigneten Konzept im Sommer 2004 in Russland das erste Mal von Holzer erfährt und sein Buch "Der Agrar-Rebell" liest, weiß er: "Das ist der von mir lange Gesuchte!"

Im Herbst des gleichen Jahres besucht Brodowski den Krameterhof und verbringt einige Tage bei Holzer, um mit ihm eine Umprojektierung der ehemaligen Kolchose „Leo Tolstoi" zu diskutieren. Er ist von dem, was er am Krameterhof sieht, begeistert und ist überzeugt, dass dies alles auch bei ihm auf seinen Besitztümern funktionieren wird.
Das Klima dort ist dem in Österreich sehr ähnlich, der Boden durch jahrelanges "Brachliegen" ausgeruht, die Erde gut und humusreich.

Als Alexander Brodowski nach drei Tagen abreist und in seine Heimat Russland zurückkehrt, nimmt er das Versprechen Sepp Holzers mit nach Hause, dass dieser ihn im folgenden Jahr auf „Leo Tolstoi" besucht, mit einem fertigen Konzept im Handgepäck.

„Duroc"- Schweine bei ihrem täglichen Wohlfühlprogramm auf „Leo Tolstoi"

Beim ersten gemeinsamen Besuch im April 2005 auf „Leo Tolstoi" bietet sich dem Experten Sepp Holzer, den am Projekt beteiligten Mitstreitern Karl Ludwig Schweisfurth aus München und Josef Andreas Holzer ein ungewöhnliches, kaum glaubhaftes Bild. Hunderttausende Hektar fruchtbarer Boden als Brachland und Menschen, die zum Unterschied unserer Breiten, mit Freude landwirtschaftliche Arbeit verrichten möchten und dabei noch fröhlich sind, wirken wie das Szenario zu einem gut "gecasteten" Spielfilm.

Eine unglaubliche Herausforderung, die kaum irgendwo sonst in Europa ähnliche Chancen für derartige Rahmenbedingungen besitzt.
Nach ausführlichen Rundgängen, Vermessungen, Entnahmen von Bodenproben und einer genauen Bestandsaufnahme sagen Holzer und Schweisfurth dem Besitzer des Gutes, Alexander Brodowski, ihre Mitarbeit zu und fassen den Beschluss, umgehend mit der Revitalisierung der Landwirtschaft zu beginnen.

Ein halbes Jahr vergeht mit der Planung und Projektierung des gewaltigen Vorhabens. Im August 2005 reisen Sepp Holzer, Karl Ludwig Schweisfurth und Josef Andreas Holzer zum zweiten Mal nach Russland. Dort hat sich inzwischen einiges getan. Nach den im Vorjahr von Holzer und Schweisfurth erstellten Konzepten haben die Mitarbeiter Alexander Brodowskis auf „Leo Tolstoi" damit begonnen, viele Hektar Brachland zu bearbeiten und kultivieren.

Die ersten fünf Schweine der Marke "Duroc" und ihr Eber "Boris" weiden bereits in einer der Koppeln, ihre Ohren sind wie Sägeblätter zerfranst, ein Indiz für zahlreiche Impfungen, die in Russland anhand der Ohren markiert werden. Für Sepp Holzer ein weiteres Indiz für die widernatürliche Haltung im Massenstall, woher die Jungschweine stammen. "Schweine, die im Freien leben, brauchen keine Impfungen", meint er, und fügt hinzu: "Die Fangzähne wurden ihnen auch gerissen, damit sie sich auf dem engen Raum ihres früheren Massenstalls nicht gegenseitig verletzen. Jetzt können sie keine Wurzeln mehr kauen. Ein Skandal ist das Ganze!"
Erst die nächste Generation von Schweinen auf „Leo Tolstoi" wird wieder mit intakten Zähnen und unverstümmelten Ohren ein Leben in Freiheit genießen können.

Als die Bagger die ersten Hügelbeete nach Sepp Holzers Angaben auftürmen und die Zusammenarbeit mit den freundlichen und lernwilligen russischen Mitarbeitern klaglos über die Bühne geht, scheint die Türe zu einem neuen Zeitalter in Russland aufgestoßen. Was noch fehlt, ist die endgültige Zusage Sepp Holzers für einen längeren Zusammenarbeitsvertrag, der aus seiner Sicht gewisse Grundlagen und Rahmenbedingungen beinhalten sollte. Darüber wird man später noch verhandeln.

Das Phänomen Sepp Holzer zieht aber nicht nur im Ausland sondern vor allem in Österreich jährlich mehr und mehr Menschen in seinen Bann.
Viele Jahre pilgerten unzählige Besucher zum Krameterhof, in Österreich alleine werden seine Anhänger auf 380.000 geschätzt, viele Besucher waren bereits zum zweiten, dritten und vierten Male am Krameterhof, um das "Paradies" zu schauen.
Es kommt einer Tragödie gleich, dass dieses Paradies infolge Behördenschikanen ab 2006 nicht mehr für Besucher allgemein zugänglich sein soll.

Wer den Rundgang in Holzers Refugium einmal mitgemacht hat, ist begeistert und erfährt am eigenen Leib, was es heißt, mit der Natur im Einklang zu wirtschaften.

Die Menschen hängen an Holzers Lippen, die wortgewaltig und doch für jedermann verständlich die Grundlagen der Holzer'schen Permakultur schildern und die Ursachen seiner Erfolge in der Landwirtschaft erklären.
Hobbygärtner, Landwirte, Tierzüchter, Jäger, Großgrundbesitzer und Naturliebhaber pilgern in Scharen herbei, um "ihren Sepp" sehen und ihm zuhören zu können.
Er, der nichts behauptet, von dem er nicht in der Lage wäre, es auch zu beweisen, führt am Krameterhof in einer Höhe von 1100 bis 1500 Metern so ziemlich alles ad absurdum, was seit jeher als "landwirtschaftliche Grundlagen" in unseren Breiten gegolten hatte.

Tiere sind keine Ware - am Krameterhof leben sie alle wie im Garten Eden

Trotzdem, oder gerade deswegen, baut er auf Althergebrachtem auf, wenn es um Naturverständnis, artgerechte Tierhaltung oder das Bewahren alten Saatguts geht. Was er anprangert, ist das in den letzten Jahrzehnten konstante Ausbeuten der Natur, die Bevormundung und Vernichtung des Bauernstandes und die unwürdige Behandlung von Tieren, die in der heutigen Landwirtschaft keinerlei artgerechte Behandlung erhalten.

Gerade das aber macht ihn zum Feindbild derer, die Profit über Naturverständnis stellen oder jener, die meinen, das Rad für alle Zeiten erfunden zu haben. So kommt es zur grotesken Situation, dass Sepp Holzer heute – von unzähligen Menschen in Österreich geliebt und verehrt – von Wirtschaft, Wissenschaft und Politik in Österreich aber ignoriert und verkannt – von honorigen Persönlichkeiten und höchsten Stellen in die ganze Welt geholt wird, um sich seines Könnens und seiner Erfahrung zu bedienen.
Wir aber, die wir ihn und sein unschätzbares Können "vor der Haustüre" hätten, mit einem Wissen, das zehn Universitätsbibliotheken und mehr füllen würde, versagen ihm eine Wertschätzung, die mit Gold nicht aufzuwiegen ist. Der Prophet, der im eigenen Lande nichts gilt, so wie es überall auf dieser Welt gehandhabt wird.

Die Message Holzers ist klar und leicht verständlich, seine Gleichnisse treffend und oftmals gepaart mit feinem Humor. Wandelt man durch seine Plantagen, die vom Tal bis auf die Almen reichen, scheint es, als gäbe es weder Klimazonen noch Bodenvorbehalte. Überall wächst "alles" und noch viel mehr. Für ihn gibt es keine Ungunstlagen, keine schlechten Böden und damit auch keine Ausreden, dass dies oder jenes schlecht gedeiht oder unmachbar ist.

"Vielfalt statt Einfalt" ist eine von Holzers Devisen, eine Botschaft, die jeder versteht und die er gerne den Besuchern des Krameterhofs lautstark verkündet.

Auch die Grundlagen seiner Philosophie ist der Sepp eindrucksvoll in der Lage zu erklären: "Versetzt's euch einmal in die Pflanze oder das Tier, mit dem ihr zu tun habt's und denkt's darüber nach: Was wäre, wenn ich jetzt das Schwammerl, der Apfelbaum, der Regenwurm oder das Schwein wär? Und wenn's das könnt's, dann wisst's auch, was zu tun ist".

Durch diese Perspektive wird klar, was Holzer damit meint. Wenn du ein Schwein als Mensch betrachtest und ein Unmensch bist, sperrst du das Schwein ein und lässt es in einem Betonstall dahinvegetieren. Bist du aber das Schwein, würdest du ins Freie wollen und mit deinen Artgenossen im Schlamm suhlen, den Boden umackern oder leckere Schnecken, Larven, Kartoffel oder Äpfel verzehren und nicht den antibiotika-versetzten Siloschlatz, Tag für Tag dasselbe.

Und wenn du ein Regenwurm wärst, hättest du wohl keine Freude, wenn du erlebst, wie die Böden ausgehungert und ihrer natürlichen Feuchtigkeit beraubt werden. Und du dazu noch allwöchentlich ein unfreiwilliges Bad in einer Dusche von Gülle oder Spritzmittel nimmst, die deine Mahlzeiten – das Erdreich – vergiften.

Und wärst du eine Maus, hättest du mehr Verständnis dafür, wie es ist, an einem Giftköder, der deine Eingeweide und Organe zersetzt, zu krepieren oder was du fühlst, wenn die aufgestellten Fallen Dein Genick zertrümmern, da du dir hungrig den ausgelegten Speckköder einverleiben möchtest.

Und bist du gar eine Ameise, ein Schnecke, Grille, Heuschreck' oder ein Maulwurf im Garten eines Hobbygärtners, der alles andere als ein "Garten Eden" ist, bist du vom Glück verlassen und sind deine Tage gezählt. Da wird gesprüht, verstreut und vergiftet, was das Zeug hält. Giftige, ätzende und tödliche Substanzen, wohin du kriechst oder trittst.

Sie, die auf ihrem Stück Land Muße und Erholung suchen, die Natur erleben und ausspannen wollen, führen Krieg in ihrem Garten, ein Krieg, der für den, der ihn führt, im Vorhinein verloren ist, da er selbst das letzte Glied in der Kette des täglichen "Giftwahnsinns" darstellt.

"Gärtners Waffen" sind hochgiftiges Schneckenkorn, tödlich wirkendes Ameisenpulver, ätzendes Salz, giftige Pestizide und Flaschenfallen mit Bier, in denen Bienen, Wespen und Hornissen qualvoll ersäuft werden.

Sepp Holzer inmitten seiner Mischkulturen am Krameterhof - dort wo die Sonnenblumen auf "schlechtem" felsigen Boden, gemischt mit Gurken, Tomaten, Kürbissen, Artischocken, Salat, Kartoffeln, Paprika und Pfefferoni, vier Meter hoch wachsen

Wenn du all das aber überlebt haben solltest, zerhäckseln dich die Messer des Rasenmähers, oder zerschmettert dich das Seil eines Kreiselmähers, die allwöchentlich den Rasen zu Tode trimmen und mit ihm alles an "Unkraut und so genannten Schädlingen", die es laut Holzer nicht gibt, da jedes Kraut für etwas gut ist und der einzig wirkliche Schädling auf unserem Planeten der Mensch ist.

Und genau das ist Holzers Prinzip: Keine Pflanze gilt als minderwertig oder Unkraut, sondern lebt in Symbiose mit anderen. Jede davon erfüllt eine wichtige Funktion als Nahrungsmittel, Wasserspeicher, Luftreiniger, Insektenweide, Bodenverbesserer oder schützt andere Pflanzen vor Befall.

* Die Landschaft einer Permakultur ist so gestaltet, dass ein Miteinander aller Lebewesen möglich wird. Nur so kann eine nachhaltige und stabile Landbe-

wirtschaftung erreicht werden. Alle vorhandenen Ressourcen – seien es nun Quellen, Teiche, Sümpfe, Felsen, Wald oder Gebäude – werden in die Planung miteinbezogen und genutzt.

* Nicht so bei vielen, heute allerorts angewandten Projekten. Die meisten in Landwirtschaft und Gartenbau derzeit praktizierten Methoden wären nach Holzers Erkenntnissen gründlich zu überdenken und führen sich teilweise selbst ad absurdum, darunter:

* Das häufig praktizierte, tiefe Umackern im Herbst und das damit verbundene Ausfrieren des Bodens, wodurch das Bodenleben zerstört und die natürliche Humusaufbauschicht ruiniert wird.

* Vielfalt statt Monokultur: Jede Pflanze hat bestimmte Ansprüche und Wirkungen auf ihr Umfeld und den Boden. Wird auf einer Fläche nur eine Pflanzenart angebaut, ist klar, dass der Boden einseitig beansprucht wird. Wenn dann auch noch alle Früchte abgeerntet werden, wird der Boden immer nährstoffärmer, bis er schließlich komplett ausläugt, und er schließlich nur noch mit massivem Düngereinsatz kurzfristige Erträge bringen kann.

* Bei Regeneration schlechter, durch Chemie und Übernutzung ausgelaugter Böden muss man zuallererst für ein intaktes Bodenleben sorgen. Die Bodenlebewesen, wie z.B. Regenwürmer, Bakterien, Pilze und viele andere sind der Schlüssel zur Bodengesundheit. Um ihnen einen guten, gesunden Lebensraum zu schaffen, ist es wichtig, künftig auf den Einsatz von Kunstdünger und Spritzmitteln zu verzichten.

* Ein "sauberer und ordentlicher" Garten, wie großteils gehandhabt, ist ein "künstlicher Garten" ohne Vielfalt und Natürlichkeit. Regelmäßig kurz geschnittener Rasen, von "Unkraut" befreite Pflanzenbeete und gejätete Baumscheiben lassen Beete und Bäume austrocknen, die Humusnährstoffe werden ausgeschwemmt, nützliches Kleingetier vertrieben.

* Das Saatgut der stärksten Pflanzen von den schlechtesten Böden ist am besten für die Vermehrung und Wiederaussaat geeignet, da diese Pflanzen dann am robustesten sind.

* Hochwachsende Pflanzen, wie z.B. Mais, Sonnenblumen, Topinambur und Hanf können zusammen mit Erbsen, Bohnen, Kürbis und Gurken angebaut werden, da sie ihnen als "Klettergerüst" dienen können.

* Schweine sind wertvolle und liebenswerte Mitarbeiter. Durch die Grabungsaktivitäten der Schweine kann der Boden wesentlich verbessert werden. Auf der Nahrungssuche durchwühlen sie die obersten Bodenschichten, lockern und durchlüften die Erde und düngen sie noch dazu.
* (Aus dem Buch: Sepp Holzers Permakultur, Leopold Stocker Verlag)

Erdstall nach Sepp Holzer - im Winter warm im Sommer kühl

Alle Tiere leben am Krameterhof in Freiheit und können ihren natürlichen Gewohnheiten nachgehen. Rehe, Schweine, Hasen, Hühner, Füchse, Igel, Vögel und sämtliches Kleingetier schlemmen sich täglich durchs Holzer'sche Schlaraffenland, das Angebot ist das ganze Jahr überreich, der Tisch für alle gedeckt.

Holzers Credo: "Ich lasse die Natur für mich arbeiten, die Schweine und Regenwürmer sind meine Mitarbeiter" wird so am besten verständlich. Und das tut er in der Tat, sonst würde er bei seinem Grundbesitz von 60 Hektar in extremer Hanglage eine Vielzahl von Mitarbeitern brauchen.
Beobachtet man die Schweine, die den Boden, nach Leckerbissen suchend, großräumig aufwühlen, versteht man auch Holzers ernstgemeinten Urwitz, wenn er über die Schweine und deren Gebaren spricht: "Vorne hab'ns den Pflug und hinten den Miststreuer dran" meint er augenzwinkernd und hat die Lacher auf seiner Seite.

Wenn es den Begriff von "glücklichen Schweinen" geben sollte, dann wird er bei Sepp Holzer am Krameterhof wahr. In natürlichen Erdställen, die im Winter warm sind und im Sommer Kühle verheißen, finden die Tiere, die die meiste Zeit im Freien herumlaufen, Schutz vor Hitze, Regen und Kälte. Wenn es draußen schneit, liegt es sich im Erdstall gemütlich in der Gruppe, eng aneinandergekuschelt wärmt jedes Tier das andere, behagliches Grunzen erfüllt den Stall, es ist die "Wohlfühlmusik" der Schweine, die den meisten heutigen Bauern nur mehr selten gegrunzt wird.

Mahlzeiten werden den Schweinen am Krameterhof nicht "serviert", Selbstbedienung ist angesagt. Sommer und Winter wird nach Erdäpfeln, Topinambur und Rüben gewühlt oder am Getreideacker das in die Erde eingetretene und wieder angekeimte, vitaminreiche Getreide ausgegraben. So wird selbst der Winter für die Schweine am Krameterhof zur erlebnisreichen Jahreszeit.

Oftmals wird Sepp Holzer von Besuchern nach der Begehung des Anwesens damit konfrontiert, dass sie der Meinung sind, ein Projekt dieser Vielfalt ließe sich eben nicht überall umsetzen. Gerade aber dies ist ein völliger Irrtum. Was am kargen Boden des Krameterhofs in der "kältesten Ecke" Österreichs und in einer Höhe von über 1000 Meter gedeiht, wächst auch wo anders mindestens genauso gut und produktiv.
Auch die Frage: "Was wäre, wenn das jeder machen würde" ist Sepp Holzer gewohnt. Seine Antwort darauf:" Dann könn't ma die goanze Welt dreimal ernährn"! Wie recht er damit hat!

Holzers österreichische Projekte sind teilweise einzigartige Pilotprojekte, bei denen nicht nur die Natur wiederbelebt wird sondern auch die Zusammenführung von drei Generationen im Gemeinschaftsverband der Familie eine Renaissance erfährt. Holzers treffender Kommentar: "Damit schließt sich der Kreislauf von Großeltern, Eltern und Kindern, bei dem die "Alten" nicht ins Altersheim abgeschoben werden müssen, wo sie sich dann "zu Tode langweilen", die Kinder von ihrer Erfahrung und Weisheit profitieren können und die Enkerln – ohne Tagesmütter und Heime in Anspruch nehmen zu müssen - von den Großeltern betreut werden können.
Somit ist die Gefahr geringer, dass die Kinder – wie heute allgemein üblich – durch stundenlangen, täglichen Fernsehkonsum verblödet und der Natur völlig entfremdet werden".

Beim Projekt "BERTA" der Lebenshilfe Bad Aussee ging es zusätzlich darum, Menschen mit besonderen Bedürfnissen eine Integration der besonderen Art zu ermöglichen und durch gezielte Maßnahmen zu einer effizienten Entlastung von Familien mit behinderten Angehörigen beizutragen.
Sepp Holzer war damit nicht nur der Ideengeber für die erste "rollstuhlgerechte Holzer`sche Permakultur", er hat auch wesentlich zum guten Gelingen der gesamten Anlage beigetragen und seine Dienste dabei immer wieder unentgeltlich zur Verfügung gestellt. Die behinderten Mitmenschen wurden von Beginn an in das Projekt miteinbezogen und in die Arbeiten bei der Bepflanzung diverser Teilbereiche, beim Wegbau und der Gestaltung von Wohlfühlbereichen integriert.
Das Visionäre und ganz Besondere daran: Nicht nur die meisten Grünanlagen und Kulturen werden rollstuhlgerecht erreichbar sein, es werden auch Bereiche der Bearbeitung, wie das Bepflanzen und Ernten (z. B. von Hochbeeten) vom Rollstuhl aus ermöglicht werden.

Josef Andreas Holzer am Krameterhof mit selbstgezüchteten Krebsen

Sepp Holzer als "Agrar-Feuerwehr" wird aber auch immer öfter bei international auftretenden Problemen in verschiedenste Regionen der Erde gerufen, wo man seine großen Kenntnisse um die Vorgänge in der Natur, sein fachkundiges Urteil und seine rasche Art, immer wieder Probleme losen zu können, überaus zu schätzen weiß.

Holzer spart dabei weder mit harschen Worten noch mit herber Kritik. Bauern, Landwirtschaftsexperten, Professoren und Wissenschafter müssen zur Kenntnis nehmen, dass der von ihnen eingeschlagene Weg Natur und Umwelt zum Nachteil gereicht und sind Holzers fachkundiger Kritik und Sachverständnis zumeist aufgeschlossen.

Jüngst nach Spanien gerufen, um den Untergang eines uralten Steineichenbestandes zu verhindern, bot sich Holzer ein Bild des Schreckens und unfassbarem Tierleid. Auf mit 700 bis 1000-jährigen Steineichen bestückten, hundert und mehr Hektar großen Heideflächen weideten Zig-Tausende Schafe, ohne ausreichend über Wasser und Schatten zu verfügen.

Die Tiere lagen – vor Hitze mit offenem Maul hechelnd - gleich Schlangen an den Boden gepresst, um wenigstens noch etwas an Erdkühle mitzubekommen.

Ungeschoren mit dichtem Pelz brennt die Sonne unbarmherzig mit über 50 Grad auf sie nieder, einige Wellblechbaracken als Unterstand geraten zur Gro-

teske, die Backofentemperaturen in ihrem Inneren sind unerträglich. Die Ausfälle sind dementsprechend.
Fernsehbilder aus der Region zeigten später das Aufladen tausender verendeter Tiere durch Kräne auf Lkws auf dem Weg zur Tierkörperverwertung. Mitursache der Tragödie: Eine unbarmherzige, fehlgeleitete EU-Subventionswirtschaft, die zuerst das Halten großer Schafherden fördert und dann den Landwirten noch Ausfallsförderungen für die verendeten Tiere gewährt.

Die Begehung der Weiden und Sichtung der bedrohten Eichenbestände durch die Grundbesitzer und Sepp Holzer erfolgte im Beisein zweier Hochschulprofessoren und einiger Agrarsachverständiger. Ein Wurm sollte ihrer Meinung nach der Urheber des bedrohlichen Baumsterbens sein, eine Behauptung, die sich durch den Lokalaugenschein für Sepp Holzer als völlig verfehlte Diagnose darstellte. Überweidung durch zu viele Schafe, Planierung des Geländes mit schwerem Gerät und die Verdichtung des Bodens durch Einebnung und Walzen, was das Einsickern und Speichern des Wassers verhindert und den Abfluss des Regenwassers beschleunigt, war die wahre Ursache.

Die Eichen, von einem Boden, glatt und hart wie Asphalt bedeckt, verdursten auf diese Art, der Wurm stellt lediglich eine Folgeerscheinung des landwirtschaftlichen Desasters dar.
Auf die Frage der Experten an Sepp Holzer um das "weshalb und warum" meinte dieser trocken: "Die Steineichen halten vieles über Jahrhunderte lang aus, aber Euch in den letzten Jahren 40 Jahren - das ist selbst den Bäumen zu viel".

Zu einem weiteren Großprojekt wird Sepp Holzer im Frühjahr 2003 nach Schottland gerufen. Blühendes Heidekraut und nichts anderes bedeckt das schottische Hochland, so weit das Auge reicht. Über Generationen hat es hier nie eine andere Bewirtschaftung gegeben, die Weideflächen dienen der Schafzucht, die Einheimischen stehen Holzers Plänen skeptisch gegenüber. Getreide soll hier großflächig angebaut werden, niemand in der Bevölkerung kann sich an Derartiges erinnern. Der Boden mit PH-Wert 4 scheint dafür völlig ungeeignet, das aber lässt Sepp Holzer nicht gelten, er sieht sich herausgefordert, den Gegenbeweis anzutreten.

Gepflügt und geeggt ist schnell, als Holzer mit der Aussaat beginnt, schauen unzählige Einwohner fassungslos zu. Es ist, als würde man versuchen, auf dem Mond Erdbeeren zu pflanzen, meint ein alter Schotte auf englisch augenzwinkernd, wünscht Sepp Holzer alles Gute, klopft ihm auf die Schulter und stiefelt verschmitzt lächelnd davon. Wetten werden abgeschlossen, die meisten zu Gunsten des zu erwartenden Misserfolgs.

Sepp Holzer mit Mag. Christan Koidl in Schottland: Im Hintergrund wächst Weizen auf Land, das vorher noch nie mit Getreide bebaut war, bis über zwei Meter hoch

Ein Jahr später treffen Fotos der Anbauflächen und ein Bericht der Besitzer aus Schottland am Krameterhof ein. Urkorn (eine Weizenart) und Roggen sind mittlerweile auf zwei bis zweieinhalb Meter hoch gewachsen, das ist um einen guten halben Meter größer als dieser in unseren Breiten wächst, die Halme sind stark und die Ähren rund 30 Zentimeter lang.

Die meisten der Einheimischen hatten ihre Wetten verloren und wohl auch schon bezahlt, Holzer hat wieder einmal gewonnen und Recht gehabt – wie so viele Male vorher.

Auch Ungarn, Argentinien, Russland und Thailand ruft nach Sepp Holzer. Was Holzer in Bangkok sieht und am eigenen Leib erlebt, ist die Hölle. Riesige Müllberge, groß wie stockhohe Häuser, bilden den Lebensraum Zehntausender Verarmter, Kranker und Bettler, die die Gesellschaft ausgeschieden hat.

Täglich werden aufs Neue Kinder und Alte auf den riesigen Halden wie Restmüll abgeladen. Der Gestank ist bestialisch, die Menschen graben mit bloßen Händen nach Essbarem. Neu angekommene Kinder und Alte werden mit Bauchtritten vertrieben, die Gesetze der Müllmenschen sind unbarmherzig, ihre Hierarchie unmenschlich streng.

Neuankömmlinge müssen sich mit bereits aussortiertem Müll zufrieden geben, was ihnen bleibt ist bestenfalls Verfaultes. Viele essen Erde oder Stoffreste alter Kleidungsstücke, Würmer gelten als Delikatesse. Wer sich nicht als der Stärkere behaupten kann, nicht brutal genug ist, schlägt sich, stiehlt oder verhungert.

Selbst mit Organen der Ärmsten wird gehandelt, oft bleibt der Verkauf einer Niere zum Broterwerb der letzte Ausweg für hungernde Familien.

Sogar für diese Regionen, in denen die Ärmsten der Armen um ihr tägliches Überleben kämpfen müssen, hat Sepp Holzer ein Überlebens-Rezept. Als er uns dieses anschaulich und praktisch demonstriert, sind wir über dessen Logik und Einfachheit völlig überrascht.
Damit könnten sich Tausende, Zehntausende, Hunderttausende, nein sogar Millionen von hungernden Menschen problemlos und so gut wie ohne Kosten und fremde Hilfe quasi über Nacht wieder selbst ernähren, ohne dafür Geld oder fremde Hilfe in Anspruch nehmen zu müssen.
Das von ihm Gezeigte ist so grandios, visionär und einfach in der Umsetzung, dass uns fast der Atem in Bezug auf die Tragweite des Gesehenen stockt.
Die Antwort auf die sofort aufgetretene Frage, warum dieses System nicht längst Einzug in die Dritte Welt gehalten hat, ist ebenso simpel wie das System selbst: Lobbyismus und Multikapitalismus verhindern die Rettung der Menschen, die in ihrer Not Abhängige sind, deren Elend sie zu willfährigen und leicht zu manipulierbaren Individuen macht. Spielball verschiedenster Interessensgruppen, die sie weltweit als Mitleid- und Spendendruckmittel vermarkten.

In Bezug auf Ernährung unabhängig zu sein, würde für diese Menschen bedeuten, vom System, in dem sie gefangen sind, unabhängig zu werden und das kann und darf nicht sein!
Die Müllmenschen der Dritten Welt, sind – auch wenn man es nicht glauben würde – genau wie die Millionen von AIDS-Kranken in Afrika oder die unterdrückten Menschen in Afghanistan und dem Irak ein Wirtschaftsfaktor multinationaler Interessen. Sie aus der Abhängigkeit zu entlassen, würde bedeuten, die Macht über sie zu verlieren und sie zu mündigen Wählern zu machen.

Auch die Bilder der Vogelpest-Tragödie in Asien bleiben Sepp Holzer unvergessen. Zur "Hochblüte" der Krankheit ist er dort und muss zusehen, wie Hunderttausende Hühner, lebend in Säcke gestopft und verschnürt in riesigen, ausgehobenen Gruben landen. Benzin darüber und angezündet, das Flammeninferno ist entsetzlich. Brennende Hühner flattern, laufen kreuz und quer und versuchen kreischend unter dem Gegröle und Gelächter unzähliger Zuseher, die ähnlich wie zu einem Volksfest gekommen sind, der Baggerschaufel zu entkommen, die Tonnen von Erdmassen über die lebenden Tiere schiebt.
Die Bestie Mensch zeigt ihr wahres Gesicht, der Albtraum ist – zumindest für die Tiere - noch lange nicht vorbei. Sepp Holzer ist angewidert, was er gesehen hat, ist ihm, der sein Leben lang für die Würde der Tiere eingetreten ist, ein Gräuel und bestärkt ihn, vorläufig nicht mehr in dieses Land zu kommen.

Heilkraut Löwenzahn, ein wertvolles Naturheilmittel als "Unkraut" abgewertet

Zurück am Krameterhof ist Holzer wieder für seine, ihn täglich in Überzahl besuchende Fan-Gemeinde da. Der tägliche Vortrag, die unzähligen Fragen und Antworten, alles ist wie immer. Fast alles, wäre da nicht eine neue Publikation, ein Büchlein, das Holzer seinen Besuchern zu Gemüte führt. Was dort geschrieben steht, ist für mich und viele andere, die sich einlesen, ein Skandal. Schon der Titel spricht für sich: "Unkräuter auf Kulturland". Eine Broschüre, herausgegeben vom Bundesamt und Forschungszentrum für Landwirtschaft in Wien, Institut für Phytomedizin.

Wer hier am Werke war, ist bestenfalls in die Kategorie unverständiger Bürokraten und Naturfremdlinge einzuordnen, sollte aber nicht den Anspruch erheben, etwas von Pflanzen oder Natur zu verstehen.

Kamille, Schafgarbe, Holunder, Minze, Taubnessel, Mohn, Brennnessel und Löwenzahn, alles Pflanzen die heute in Apotheken um teures Geld verkauft werden und deren Heilkraft seit Jahrhunderten überliefert ist, werden als zu bekämpfendes "Unkraut" bezeichnet und durch eine genaue Anleitung, wie man mit Gift dagegen ankommen sollte, illustriert und beschrieben. Und natürlich gibt es darin auch die Auflistung einer Unmenge von Herbiziden (Toxine), um

alles, was Paracelsus und Co verschrieben hatten, samt der darunter befindlichen Erde und ihrer Lebewesen zu vergiften.

Es mutet unfassbar an, zu einer Zeit, wo eine Vielzahl an Pflanzenarten welt-
weit bedroht sind, einen Aufruf für die Vernichtung wertvoller heimischer
Wild- und Heilpflanzen herauszugeben.
Das wäre ungefähr so, als würde man seitens der Ärztekammer eine Broschü-
re herausgeben die DDT, Contergan und E 605 bewirbt oder im Bereiche von
Tierzucht Werbung für Schweinepest, BSE und Vogelgrippe zu betreiben.

Man kann nur hoffen, dass jene, die unsere Heimat noch der letzten Vielfalt berauben wollen, nicht auch noch die Kompetenz erhalten, derlei zu exekutieren
und unsere Bauern von sich aus genügend Naturverständnis aufbringen, solche
Druckwerke dorthin zu entsorgen, wo sie hingehören, nämlich in den Papier-
müllcontainer.

Diese, in der Broschüre angeführten "Unkräuter" wirken als solche nur dann,
wenn man die Natur durch Monokulturen, wie sie heute landauf, landab
(ab)bewirtschaftet werden, vergewaltigt. Wer einmal Sepp Holzers Krameterhof oder andere Permakulturen in aller Welt besichtigt hat, weiß, dass diese
"Arten von Unkraut" im Kreislauf der Natur eine wichtige Rolle in Symbiose
zueinander und untereinander darstellen.
Die im Vorwort der Autoren der Broschüre getätigte Aussage:"...herbizidre-
sistente Pflanzen verursachen Probleme", sei insofern korrigiert, als die Probleme nicht von den Pflanzen oder der Natur her kommen, sondern von denen,
die Herbizide bedenkenlos Jahr für Jahr versprühen und unsere Umwelt zu
Grunde richten. Den Pflanzen dabei noch ihre Resistenz gegen Spritzmittelgif-
te vorzuhalten, heißt ihnen die Schuld daran zu geben, dass sie nicht ohne "auf-
zumucken" krepieren wollen.

Auch Sepp Holzer führt seit Jahrzehnten einen Kampf gegen derlei Umwelt-
frevel und Beamtenwillkür. Was er und seine Frau Veronika in über zwei Jahrzehnten an Bescheiden und Verwaltungsstrafen mitzumachen hatten, geht "auf
keine Kuhhaut" und ergäbe Stoff für ein eigenes Buch.

Bestraft wurde er stets dafür, nicht "wider die Natur" gearbeitet oder gesetzliche Auflagen, die einer artgerechten Tierhaltung oder dem Verständnis für Na-
turnähe widersprechen, nicht erfüllt zu haben. Etliche der an ihn ergangenen
Bescheide und Auflagen standen in genau so klarem Widerspruch gegen ver-
nünftiges ökologisches Wirtschaften, wie die o.a. Informationsbroschüre über
auszurottende "Unkräuter".
So zum Beispiel widersetzte sich Holzer stets gegen Bescheide, die das Anbringen von Ohrmarken bei Schweinen einfordern. Neben einem beträcht-
lichen zusätzlichen Arbeitsaufwand verbunden mit unnötigen Kosten, stellt
diese Maßnahme auch einen Akt unnötiger Tierquälerei dar. Nach jahrelangem
Behördenstreit und bezahlten Geldstrafen konnte Holzer die "Markenfreiheit"
seiner Schweine allerdings durchsetzen.

EU-Wunschdenken - Kühe ohne Hörner

Auch eine Auflage in Bezug auf das Entfernen von Schwalbennestern aus dem Stall Holzers "aus Hygienegründen", der Holzer nicht Rechnung tragen wollte, ging letztlich zu seinen Gunsten aus. Schwalben gibt es deshalb auch heute noch am Krameterhof.

Hiezu ist zu bemerken, dass neben vielen unsinnigen und naturfremden, verordneten Maßnahmen, wie z.B. das "Schwalbenverbot" einen Schildbürgerstreich ohne gleichen darstellt. Hausschwalben und Mauersegler, die früher bei jedem Haus geradezu "zur Familie gehörten", erfreuten Jahrhunderte lang die Menschen und sorgten für ein ausgewogenes Verhältnis von Insekten, vor allem der Haus- und Stubenfliege, die Rindern und Schweinen heute oft zur Plage gereichen.

Mit dem massiven Rückgang der Vögel, bedingt durch den überhöhten Einsatz von Pestiziden und den in der Schweiz und Italien gesetzlich genehmigten Vogelfang, tritt auch die Fliegenplage heute wieder mehr und mehr in den Vordergrund. Die restlichen, bei uns noch wiederkehrenden Schwalben aus "hygienischen Gründen" aus den Ställen zu verbannen, ist nicht nur dumm sondern auch kurzsichtig. Schwalben sind und waren nie ein Umweltproblem, eher sind es die heute in der Landwirtschaft üblichen, modernen "Hygienemaßnahmen", wie z.B. das regelmäßige Desinfizieren der Stallungen mit Formaldehyd, das

94

als gefährliches Gift heute bereits weltweit verboten sein sollte, dessen ungeachtet aber immer noch in Gebrauch ist.

Auch das Entfernen der Hörner bei Rindern durch Abschneiden derselben ist genau wie das Anbringen von Ohrmarken bei Schweinen und Rindern ein unnatürliches und tierquälerisches Prozedere. Hörner bei Tieren erfüllen - auch wenn sich dies bisher nicht herumgesprochen haben sollte - genetisch vorgegebene Funktionen, die mit Rangordnung im Herdeverband, Selbstbewusstseinsbildung der Tiere und Gesundheitsaspekten zu tun haben.

Testungen eines Arztes aus Deutschland zeigen eindrucksvoll, daß Milch und Milchprodukten von Kühen OHNE Hörnern eine allergene Wirkung haben. Verschiedenste Allergien, Darm- und Lungenerkrankungen sind auf diese allergischen Reaktionen des Körpers zurückzuführen. Im Gegensatz dazu werden Milchprodukte von Kühen MIT Hörnern bestens vertragen. Die gilt nicht bei einer Milchunverträglichkeit z.B. aufgrund eines Enzymmangels (wie z.B. bei der Laktoseintoleranz). Ursache könnte durch das fehlende Horn eine gestörte Eiweißsynthese sein. Das stark durchblutete Horn stellt wohl in der Micheiweißsynthe ein wichtiges Organ dar, bei dessen Fehlen das Milcheiweiß zum Allergen wird, so die Hypothese des deutschen Arztes.

Für den feinstofflichen, in der Wissenschaft so gut wie nicht existenten Bereich gibt es auch eine logische Erklärung dafür, dass durch die Enthornung von Rindern eine Störung deren Gesamtbefindens und der von ihnen erzeugten Produkte eintritt. Welcher?
Probieren Sie doch einmal ihre Fernsehantenne zu kappen und gucken Sie auf ihr Fernsehbild. Dann werden Sie wissen, wie's den Tieren ohne Hörnern geht!
Die Ohrmarken bei Rindern hingegen erhöhen die Infektionsgefahr und nehmen dem aufmerksamen Landwirt die Möglichkeit, durch die Ohrenstellung seiner Tiere, deren Gesundheits- und Gemütszustand abzulesen, wie es früher auf jedem Bauernhof selbstverständlich war.

Vorfälle, wie die oben angeführten, bei denen das Recht der Vernunft immer auf Sepp Holzers Seite war, brachten ihm auch den Ruf eines "Agrar-Rebells" ein. "Es ist traurig, dass es überhaupt nötig ist, ein Rebell zu werden, um einen Bauernhof im Einklang mit der Natur bewirtschaften zu können", meint Sepp Holzer, auf seinen Beinamen angesprochen.

Trotzdem würde er keinen Beruf der Welt gegen den des Bauern eintauschen und meint: "Da bist du wenigstens noch einigermaßen dein eigener Herr, werkst den ganzen Tag in frischer Luft und Gottes freier Natur und schläfst in der Nacht so tief wie ein Dachs".

Er, der heute noch als einer der wenigen für den Bauernstand wirbt und dessen Fahne hochhält, der gegen die Abhängigkeit seiner Berufskollegen eintritt und zu Selbständigkeit, Mut und Eigeninitiative aufruft, findet oft im eigenen Metier wenig Befürworter.

Nachdem es keine wirklichen fachlichen Kritikpunkte gegen seine Art, die Natur "zu leben und zu erleben" gibt, geht man verschiedenerseits den beliebten Weg des "Ausrichtens", indem man die Person und nicht seine Arbeit in Frage stellt.

Da sich aber auch menschlich wenig Angriffspunkte bei ihm ergaben, er ist fleißig, führt ein beispiellos harmonisches Familienleben, wird von seinen Kindern geliebt und hat seine Frau – zum Unterschied vieler seiner Kritiker – nicht gegen eine wesentlich Jüngere ausgetauscht, war es relativ schwierig, ihn zu "vernadern". Was blieb, war Missgunst und Neid auf Holzers wirtschaftlichen Erfolg, den er Dank seines unermüdlichen Forschens und seiner über 40 Jahre währenden, unermüdlichen Arbeit zu Recht erlangen konnte.

Was man Holzer nachsagt und vorhält, er wäre geschäftstüchtig, zu erfolgreich und hätte sich einen gewissen Wohlstand erworben, sind merkwürdigerweise genau jene Punkte die bei Frank Stronach oder Bill Gates als herausragende Eigenschaften gepriesen werden.

Sepp Holzer mit Sohn Josef Andreas auf „Leo Tolstoi"

Eine eventuell täglich verdiente "Stronach-Million" zeugt von erfolgreichem Unternehmertum und innovativem Persönlichkeitsprofil, Sepp Holzers Eintritt von 30.- Euro für eine Ganztagsführung am Krameterhof dagegen bewies für die Neider dessen Geldgier und Gewinnsucht.

Dass ein Betrieb, der nicht auf ökonomisches Wirtschaften ausgerichtet ist, und wenigstens seine Selbstkosten erwirtschaftet, in kürzester Zeit pleite wäre (wie es jährlich bei derzeit rund 12.000 Betrieben im Jahr in Österreich der Fall ist), darüber verlieren Ehrabschneider und Co. allerdings kein Wort.

Auch das Gerücht, er hätte die Permakultur kopiert und alles wäre nicht seine Erfindung, kursiert immer wieder mal, wenn es darum geht, ihn und seine Erfolge zu mißkreditieren. Aber auch dazu hat Sepp Holzer in seinem Buch: "Sepp Holzers Permakultur" eindeutig Stellung genommen.

Sein Wirken und Schaffen am Krameterhof und das dort entstandene Projekt der Vielfalt entstand ohne das Wissen um den Begriff "Permakultur"! Als Sepp Holzer 1995 anlässlich einer Delegation der Wiener Universität für Bodenkultur erstmals davon erfuhr, dass seine Art zu wirtschaften als "Permakultur" bezeichnet würde, und der Erfinder dieses Begriffs Bill Mollison aus Australien wäre, war er nicht sonderlich überrascht.

Permakultur - auf englisch "permanent agriculture" - bedeutet nämlich nichts anderes, als "dauerhafte und nachhaltige Landwirtschaft" und das konnte ja wohl nicht die weltweite Erfindung einer Person sein, da es rund um den Erdball etliche Beispiele für solche Bewirtschaftungsmethoden gibt.

Jede dieser "Permakulturformen unterscheidet sich auf Grund des Klimas, der Bodenstruktur, heimischen Pflanzensorten und Anbaumethoden etwas von der anderen. Was Sepp Holzer entwickelte und heute als "Holzer'sche Permakultur" seinen Namen trägt, stellt ein einmaliges Modell dar, das in dieser Form einzig und alleine von ihm und seiner Familie entwickelt wurde, ohne irgendetwas dabei von jemand anderen kopiert zu haben.

Bereits als kleiner Junge experimentierte er mit Haue und Krampen auf zwei Quadratmetern Grund, auf einer Fläche, die seine Eltern selbst zum Mähen "für zu schlecht" erachteten. Erste Erfolge mit wesentlich größeren Erdbeeren, die bedingt durch die Abstrahlungswärme einiger Steine dort besonders gut gediehen und die er in der Schule gegen Karl-May-Bücher und Radiergummis eintauschte, erweckten damals schon seine Neugier und seinen Pioniergeist.

Die "Holzersche Permakultur" ist keine Wissenschaft, keine patentierte Forschungsmethode und keine Lehrbuchstrategie. Sie ist gelebtes Naturverständnis unter Einbindung der Weisheit der Natur, der natürlichen evolutionären Rahmenbedingungen, dem Respekt vor allen Tieren, der Achtung vor der Schöpfung, von hoher Sensibilität für das Übersinnliche und Schöne, getrieben und geschaffen von einem genialen Forschergeist, der zum Unterschied dem seiner Kritiker die Annalen der Geschichtsbücher fernerer Generationen füllen wird.

Ein "vielbelesener" Sepp Holzer

**Einige seiner Aussprüche und Zitate seien zu guter Letzt hier festge-
schrieben, sind dies doch ausnahmslos Aussagen von großer Bedeutung,
hohem Wahrheitsgehalt und weiser Voraussicht. Vieles würde sich in unserer Welt zum Besseren verändern, würde man wenigstens einen Teil dieser seiner Weisheiten befolgen:**

"Jedes Kind sollte die Natur erfahren und sie verstehen lernen, denn die Natur
ist unser bester Lehrer"

"Die allgemein bekannte Binsenweisheit, der Obstbau in Österreich höre bei
1.000 Meter Seehöhe auf, ist Blödsinn. Bei mir gedeiht auf 1.300 Metern fast
jede Art von Obst und wird dazu auch noch reif."

"Wenn ich nur das machen würde, was in landwirtschaftlichen Lehrbüchern
steht, müsste ich verhungern. Das Beste ist, man nimmt diese zum Mulchen!"

"Tiere fressen - wenn sie erkranken - auch so genannte "giftige Pflanzen", die bei ihnen als Heilpflanzen wirken. Wenn der Mensch richtig mit der Natur und den Pflanzen umgeht, wird auch diese Nahrung zu seiner Medizin."

"Schweine brauchen keine computergesteuerten Stallungen mit Hi-Tech, ein einfacher Erdstall genügt, um sie gesund zu erhalten. Der ist im Sommer auch ohne Heizung angenehm kühl und im Winter kuschelig warm"

"Was das Wild, was Mäuse, Igel und Vögel fressen, sind stets die besten Sorten."

"Auf dem Krameterhof fressen die Rehe sogar das Erdäpfelkraut (einer bestimmten Sorte), obwohl es allgemein als giftig für Tier und Mensch gilt."

"Die praktizierte Kartoffelauswahl, immer wieder kleine Kartoffel für die Aussaat zu nehmen, ist falsch. Kleine Kartoffel sind mit Negativenergie erfüllt und müssen mit unnötigem Düngeaufwand hochgepäppelt werden. Nimmt man große Kartoffel, die Positiv-Energie in sich tragen, ist eine gute Ernte in Aussicht."

"Im Sommer 2005 sind im Juli zweimal etwa fünf Zentimeter Schnee gefallen. Ohne Auswirkungen auf Gurken, Tomaten, Artischocken, Zucchini, Paprika, Obstbäume oder andere Pflanzen. Richtig gezogene, gesunde Pflanzen sind bis zu einem gewissen Grad kälteresistent und entwickeln im Notfall ihr eigenes Frostschutzmittel."

"Es gibt keine Pflanze, keine Blume und keinen Schwamm, den man nicht züchten kann. Es ist ein Armutszeugnis für die Wissenschaft, wenn sie etwas anderes behauptet."

"Wir haben unser Hirn von der Schöpfung bekommen, um die Natur zu verstehen und sie dementsprechend zu lenken und nicht um diese zu bekämpfen, wie es die meisten von uns tun."

"Geh hin und lern' im Buch der Natur, dann wirst du sie erleben, statt erleiden!"

Der letzte Ausspruch Sepp Holzers könnte eigentlich für alles vorher Gesagte und Geschriebene stehen. Er beinhaltet all das, um was es geht in einem einzigen, simplen Satz. Kurz, klar und ohne Umschweife auf einen Nenner gebracht, so wie vieles, was von ihm kommt und gesagt wird.
Ungeachtet etlicher Anfeindungen von Mitgliedern der Neidgenossenschaft hat Sepp Holzer, bestärkt durch die Begeisterung seiner unzähligen Bewunderer, seinen Weg stets unbeirrt weiter beschritten. Seine Projektanleitungen und Thesen, die von ihm am Krameterhof und anderen Projekten vorgelebte Ökologie und sein beispielloses Erfolgsrezept, im Einklang mit der Natur zu leben und zu arbeiten, ließen ihn, den Bauernbuben aus dem Lungau zu dem werden, als das er heute in der ganzen Welt bewundert und geachtet wird: Der Sepp aus dem Lungau, der wie kein anderer auf dieser Welt die Natur verstehen, leben und lieben gelernt hat.

Sepp Holzer mit Karl Ludwig Schweisfurth auf „Leo Tolstoi"

Zitate von Sepp Holzer

- Aufgaben werden dir im Leben gestellt, dass du sie löst und nicht, dass du sie dramatisierst und damit unlösbar machst.

- Den Neidigen und Bösen brauchst du nicht zu bestrafen, er ist bestraft genug, weil er so ist, wie er ist. Du sollst ihm gute Besserung wünschen.

- Ein Hofrat ohne Hof ist wie eine Blattlaus ohne Blatt. Denn die Blattlaus kann ohne Blatt nicht leben, den Hofrat müssen wir versorgen.

- Das Lemmingverhalten breiter Bevölkerungsschichten führt zum Kollaps unseres Gesellschaftssystems.

- Vielfalt, nicht Einfalt erfüllt dein Leben

- Sag, was du dir denkst und glaub' nicht nur meinen zu dürfen, so findest du wieder zu einem ehrlichen Umgang miteinander.

- Ohne Rückgrat kann kein Mensch oder Tier leben, ohne Fundament kein Haus bestehen; ist dir das bewusst, erspart es dir viel Frust!

- Fällt dir was ein, so nimm es auf, zu dem ist es dir ja eingefallen, denn sonst wär's vorbei gefallen.

- Wer das Fundament der Familie zerstört, verantwortet, dass er zum Opfer der Gesellschaft wird.

- Wenn du eine Idee hast, dann suche nicht nach Gründen, warum sich diese nicht verwirklichen lässt, denke lieber darüber nach, was du tun kannst um diese umzusetzen.

Anfang 2006 erscheint das neue, hochintressante Buch von Sepp Holzer: "Wo ein Wille da ein Weg"
Erscheint im Kneipp - Verlag.

"Der Right Livelihood Award will dem Norden dabei helfen,
eine Weisheit für seine Wissenschaft zu finden, und dem Süden dabei,
eine Wissenschaft zu finden,
die zu seiner uralten Weisheit passt."

Jakob von Uexkull

Jakob von Uexkull jr.
Begründer des "Right Livelihood Award"

Der "Right Livelihood Award" wurde 1980 von dem deutsch-schwedischen Publizisten, Philatelisten und ehemaligen Europa-Abgeordneten Jakob von Uexkull gestiftet. Damals verkaufte er seine Sammlung seltener Briefmarken für die Gründung einer Stiftung von anfänglich ca. 1 Million US$. Seit damals erhielt die Right Livelihood Award Foundation zusätzliche Beträge von Privatpersonen und konnte somit bisher jährliche Preise im Ausmaß von 2 Millionen Schwedischen Kronen (ca. $270,000 USD) verleihen:

Jakob von Uexkull wurde in Uppsala, Schweden, als Sohn des Autors und Journalisten Gösta von Uexkull und Enkel des Biologen Professor Jakob von Uexkull geboren. Nach seiner Schulzeit in Schweden und Deutschland (Hamburg International School) erhielt er ein Stipendium für die Christ Church in Oxford, wo er mit Auszeichnung sein Studium als M.A. in Politik, Philosophie und Ökonomie beendete.

Der Nobelpreis an sich wird als höchste Auszeichnung angesehen, die unsere Gesellschaft einer Einzelperson verleihen kann. Aber diese Auszeichnungen sind relativ eng abgegrenzt und würdigen normalerweise nur das Wissen und die Arbeit der industrialisierten Länder.

Jakob von Uexkull war der Meinung, dass dies keine adäquate Antwort auf die großen Fragen sei, mit denen die Menschheit heute konfrontiert wird. Er stellte fest, dass bei der Bemühung, den Herausforderungen der heutigen Welt zu begegnen, die anregendste und bemerkenswerteste Arbeit oft keine standardmäßige Klassifikation aufweist. So finden sich z.B. Leute, die mit einem ökologischen Ziel beginnen, oft in die Belange von Gesundheit, Menschenrechte und/oder sozialer Gerechtigkeit hineingezogen. Ihre Arbeit wird zur ganzheitlichen Antwort auf gesellschaftliche Bedürfnisse, sodass die einzelnen Kategorien ihre Bedeutung verlieren.

Mit dem "RLA" wollte Jakob von Uexkull die Bemühungen jener anerkennen, "die diese Angelegenheiten direkter in Angriff nehmen und praktische Antworten zu den Problemen der Verschmutzung unserer Luft, Erde und unseres Wassers, den Gefahren eines Nuklearkrieges, der Missachtung der grundlegenden Menschenrechte, der Entbehrungen des Elends der Armen und der Über-Konsumation und geistigen Armut der Reichen aufzeigen."

Vorerst schlug von Uexkull der Nobelpreisstiftung die Schaffung zweier neuer Preise vor und zwar einen für Ökologie und einen für das Leben der armen Mehrheit der Weltbevölkerung. Er bot dazu auch einen finanziellen Beitrag an, sein Vorschlag wurde jedoch abgelehnt.

Daraufhin entschloss er sich zur Schaffung der Right Livelihood Awards, die im Schwedischen Parlament einen Tag vor den Nobelpreisen vergeben werden und oft als "Alternativer Nobelpreis" bezeichnet werden.

In Anerkennung seiner Initiative bei der Gründung des Right Livelihood Award haben die deutschen "Grünen" Jakob von Uexkull mehrmals für die Wahlen zum Europäischen Parlament nominiert. Als MEP arbeitete er im Political Affairs Committee und dem Science and Technology Committee. Außerdem war er Mitglied der Delegation for Relations mit dem Obersten Sowjet der USSR und der Baltic Intergroup (1987-89).

Von Uexkull ist außerdem Mitbegründer (1984) des Other Economic Summit (TOES) und Gründer des Estonian Renaissance Award (1993). Er ist ehemaliger Treuhänder der New Economics Foundation (London), Schirmherr der Friends of the Earth International und Mitglied der Global Commission to Fund the United Nations. Er war im Aufsichtsrat von Greenpeace, Deutschland, und ist derzeit Mitglied des Council of Governance of Transparency International. Er hält zahlreiche Vorträge und Beratungen und hat erst kürzlich ein "World Future Council" für planetarische Ältere, Pioniere und junge Führungskräfte vorgeschlagen, das als globales Gewissen für unsere ethischen Werte als globale Bürger und die Interessen künftiger Generationen eintreten soll. (siehe www.worldfuturecouncil.org)

Im Gegensatz zu den Nobelpreisen (für Physik, Medizin, Literatur, etc), gibt es für den "Right Livelihood Award" keine Kategorien.

Die folgende Liste zeigt die Hauptarbeitsgebiete der "RLA"-Preisträger in den 20 Jahren der Verleihung des Preises:

> **Frieden und Konfliktlösung**
> **Umwelt**
> **Menschen- und Bürgerrechte**
> **Entwicklung und Bevollmächtigung**
> **Visionen und alternative Zukunft**
> **Gesundheit & Rehabilitation**
> **Wissenschaft fürs Volk**
> **Kinder und Erziehung**
> **Kulturelle und spirituelle Werte**
> **Minderheitenschutz**
> **Energie**
> **Kernenergie und Strahlung**
> **Nahrung und nachhaltige Landwirtschaft**
> **Macht der Konsumenten**
> **Alternative Technologien**

Rede von Jakob von Uexkull jr. zur Eröffnung der öffentlichen Konferenz anlässlich 25 Jahre "Right Livelihood Award" (Alternativer Nobelpreis) am 11. Juni 2005 in Salzburg

> *Das Gebrüll der Diktatur ist nicht die einzige*
> *Tragödie der heutigen Völker, sondern*
> *auch die Stille der guten Menschen.*
>
> *Martin Luther King*

"Der Nobelpreis repräsentiert das Fortschrittsideal des vergangenen Jahrhunderts. Der "Right Livelihood Award" repräsentiert den Fortschritt des neuen Jahrtausends."

Was seine Preisträger machen und machen wollen, ist und wird sehr schwierig sein, aber was die Vertreter der jetzigen Ordnung versuchen, ist schlicht unmöglich, wenn man ihre Wachstumsphantasien auch nur einige Jahrzehnte in die Zukunft projiziert.

Die Industrialisierung der Welt nach dem jetzigen Modell würde das Ende der Biosphäre bedeuten. Es gibt sehr viel Arbeit, aber ein Drittel der arbeitsfähigen Weltbevölkerung ist un- oder unterbeschäftigt.

Auch die Ärmsten sind jetzt eingebunden in die Geldwirtschaft, d. h. in den Fängen von Geldverleihern. "Denn", so sagten mir Landarbeiter kürzlich im indischen Hyderabad, "vor fünf Jahren noch haben unsere Kinder gesagt: "Ich brauche neue Schuhe!" Jetzt sagen sie: "Ich brauche ein Paar Nike, sonst werde ich in der Schule gemobbt."

Die großen Städte der islamischen Welt sind voll von jungen Männern, die ihre Familienersparnisse für Marketing- und Management-Kurse ausgegeben haben, in dem Glauben, dass "the future is business". Sie haben in diesen Kursen gelernt, dass Versagen immer persönliche, nicht gesellschaftliche Gründe hat, und so laufen sie verbittert umher, bis Al Kaida sie rekrutiert ...

Letztes Jahr schrieb die Frankfurter Allgemeine Zeitung: "Osama Bin Laden ist der zweitmächtigste Mann der Welt. Und wenn heute weltweit Wahlen nach dem Prinzip "one man one vote" abgehalten würden, schlüge er den US-Präsidenten und vermutlich auch jeden anderen westlichen Staatsmann mit Leichtigkeit."

Man kann die Europäer nicht dafür gewinnen, Vorreiter für eine größere globale Gerechtigkeit zu werden, wenn sie das Gefühl haben, dass ihre eigene Gesellschaft immer ungerechter wird – durch eine Reform-Politik, die permanente Verunsicherung und Angst verursacht, statt Rahmenbedingungen für mehr Risikobereitschaft zu schaffen.

Schon Papst Paul VI. hat gewarnt vor dem unkontrollierten Neoliberalismus, der den Weg bereitet "für eine besondere Form der Tyrannei: dem internationalen Imperialismus des Geldes".
Eine winzige Elite kontrolliert spektakuläre Finanzströme von Trillionen Dollar, aber sie behaupten, es sei kein Geld da. Der Initiator des Global Marshall Plans, Prof. Rademacher, schreibt: "Es gibt nichts, was so profitabel ist in der heutigen Weltwirtschaft wie die Kontrolle über Regelwerke und Bestimmungen".

Es ist schwierig, schreibt der Begründer der transpersonellen Psychologie, Abraham Maslow, Werte wie Liebe, Großzügigkeit und Solidarität zu praktizieren in einer Gesellschaft, deren Institutionen, Regeln und Informationsströme auf geringere menschliche Qualitäten ausgerichtet sind.

Einer unserer Preisträger ging von Norwegen nach Samoa, um herauszufinden, ob die Menschen dort irgendwie anders wären, weil ihre Gesellschaftsordnung ihm so fremd erschien. Er fand, dass nur die Regeln anders sind. In Samoa wird respektiert und geehrt, wer etwas für andere und für die Gemeinschaft tut. Wer in erster Linie an das eigene Fortkommen denkt, gilt als komischer Kauz und wird aus der Gemeinschaft ausgeschlossen. Wäre es anders gewesen, hätten unsere Vorfahren so gelebt wie wir, so wären wir nicht hier, sondern längst ausgestorben.

Und der langjährige Vertreter der Weltbank in Genf, Alfredo Sfeir-Younis, sagte kürzlich: "Wir müssen uns mit der Frage beschäftigen, ob die Ökonomie, die wir heute praktizieren, auch die Ökonomie von morgen sein wird und ob es uns weiterhin möglich sein wird, eine Wirtschaftspolitik und Wirtschaftsprogramme zu formulieren, die leer sind (oder wenigstens gleichgültig sind) in Bezug auf die spirituellen Dimensionen des menschlichen Lebens."

Wir sind Gefangene einer eindimensionalen Fortschrittsideologie, die mit fundamentalistischem Eifer Alternativen blockiert. Sie behauptet, wissenschaftlich fundiert zu sein, aber in Wirklichkeit benutzt sie die Wissenschaften sehr selektiv, um ihre Dogmen zu untermauern.

Viele Untersuchungen zeigen, dass es weltweit quer durch Kulturen, Religionen und soziale Schichten einen breiten Konsens über menschliche Werte und Werte-Prioritäten gibt. Wir wollen alle unseren Kindern eine bessere und keine schlechtere Welt überlassen. Wir wollen respektiert werden und vertrauen können. Das Gebot der Reziprozität findet sich in allen Religionen.

Die Stimme unserer Werte als Bürger und Menschen wird aber heute immer mehr durch den Lärm der Konsum-Propaganda übertönt und eingeschüchtert, und dieses schon bei Vorschulkindern. Das Ergebnis ist eine Kultur der permanenten Unzufriedenheit, Unreife und Verantwortungslosigkeit.
Wie können wir von einer demokratischen Welt reden, solange 35.000 Menschen täglich an Hunger sterben, obwohl nach UN-Berechnungen die globale Nahrungsmittelproduktion ausreichen würde, die 1,5fache Weltbevölkerung zu ernähren?

Es wird behauptet, das derzeitige System diene der Wirtschaft. Aber sind Unternehmer wirklich so dumm, dass sie die Basis menschlichen Wirtschaftens, nämlich das ökologische und soziale Grundkapital zerstören? Wollen sie wirklich, wie es der britische Milliardär Sir James Goldsmith ausdrückte, "auf der Titanic im Poker gewinnen"?
Wir haben jetzt die Wahl. Wir können uns gegenseitig umbringen im Kampf um immer knappere globale Ressourcen oder wir können mit den nötigen Strukturanpassungen bei uns anfangen. Zum Glück bewerten die meisten Menschen viele Ecksteine eines guten Lebens - wie Mitgefühl, Freundschaft, Gerechtigkeit, Teilnahme, eine saubere Umwelt, stabile Gemeinschaften, Kultur, Großzügigkeit und gute Arbeit – höher als eine möglichst große Auswahl an Konsumgütern.
Die Ecksteine für eine gerechte und zukunftsgerechte Weltordnung können in wenigen Jahren gelegt werden, wenn wir es nur wollen. Aber wir haben in den letzten Jahrzehnten viel Zeit verschwendet, und je länger wir warten, desto schwieriger wird der Übergang.

"Die Lösungen sind da", hieß ein Film über die Right Livelihood Preisträger. Hier in Salzburg wollen wir in diesen Tagen beschließen, wie wir gemeinsam den Übergang zu diesen Lösungen erarbeiten, um das derzeitige Umsetzungsdefizit zu überwinden.

Jeder von uns steht jetzt an der Grenze, an der wir entscheiden, ob wir Teil des Problems bleiben oder Teil der Lösung werden wollen. Diese Grenze ist eine immaterielle, dramatischere Grenze als die Durchquerung fremder Kontinente oder die Eroberung anderer Planeten.
Denn es geht um die Wieder-Eroberung unseres Selbst als mündige Bürger dieser Erde, um das Erwachen aus dem verführerischen Traum des globalen Konsumenten!

Jakob von Uexkull jr.

Anton Moser
Univ. Prof. DI. Dr. Biotechnologe, Ökosoph, Ethiker und Visionär

Ethik und Moral - Grundlagen unseres Lebens

In Graz geboren, ist Professor Anton Moser das Paradebeispiel eines Natur-Wissenschafters im ursprünglichen Sinne des Wortes. Der Naturliebhaber und langjährige Vorstand des Institutes für Biotechnologie der TU Graz war lange Zeit im Vorstand der "European Federation of Biotechnology" und der "International Organisation of Biotechnology and Bioengineering" tätig. Er vereint eindrucksvoll Wissen mit Werten - also Ethik - und ist daher auch profunder Gentechnik-Kritiker.

Als Gastprofessor in Canada, Schweden, Frankreich, Belgien, Niederlande, DDR, Indien, China, Guatemala und Mexiko und Autor einiger Publikationen und Bücher zog er mit seinen klaren Aussagen und wissenschaftlich fundierten Thesen immer wieder seine Zuhörer und Leser in Bann.

Der Verfall der Ethik und die geistige Umweltverschmutzung stellen für Professor Moser die größten Probleme der Menschheit dar. Er kennt als Biotechnologe das Potenzial der Gentechnik aber auch ihre großen Gefahren. Prof. Moser: "Wissenschaft ist heute immer eine Frage des "Könnens", bei jeder Technologie sollte aber die Frage des "Sollens" im Vordergrund stehen, nämlich die Verantwortung: die Ehrfurcht vor dem Leben von Mensch & Natur = Ethik".

Eine ethisch vertretbare Gentechnik kann nur nach einem echten Vorsorgeprinzip freigesetzt werden, der "öko-sozialen" Konzeption entsprechend und "tiefer" Demokratie: langfristig und ganzheitlich sind die Folgen für Natur & Mensch vorher zu beforschen, um klar lebensgerecht zu sein!

Die Weisheit der Natur
Die Natur-Kultur

Der Begriff Kultur hat ursprünglich immer mit Natur zu tun gehabt. Dies ist verloren gegangen und soll in Zukunft wieder in einen direkten Zusammenhang gebracht werden (lit. 1, 2).

Wir brauchen Orientierung an echten Werten, um uns in der immer komplizierter werdenden Welt zurechtzufinden und wir brauchen die Innovation der "Natur-Kultur" auf Basis der Ökosophie, der Weisheit der Natur (lit. 3), die "Wissen & Werte" in sich integriert hat und damit eine Ethik & Verantwortung für die ganze Schöpfung inkl. Mensch beinhaltet.

Es stellt die endgültige Versöhnung zwischen "dem Wahren" und "dem Rechten" durch "das Schöne" dar, wie es schon Immanuel Kant 1791 angedacht hatte.

Der Begriff Kultur wird oft sehr unterschiedlich verstanden, meist nur auf die Künste bezogen. Man vergisst dabei aber, dass der Ausdruck Kultur von der Bewirtschaftung des Bodens her stammt und seit dem 17. Jh. sowohl die Pflege des Körpers als auch des Geistes bedeutet. Kultur umfasst also alle Äußerungen und Betätigungen des Menschen zur "Erhöhung des Glücks" über jenes

Stadium hinaus, das von "Natur aus" schon vorhanden war. Kultur hat demnach klar mit den schöpferischen Kräften des Menschen zu tun, sie steckt in allem und jedem, was der Mensch tut.

Der Konsument sieht die Natur oft schizophren, zumeist nur als Konsumgut für Rohmaterial & Freizeit und ist kaum bereit, etwas für sie zu tun.

Die Rolle der Ethik sei im Zusammenhang mit dem Begriff der Nachhaltigkeit kurz erläutert.

Nachhaltigkeit wird seit vielen Jahren verbal stark erörtert, auch und gerade in der großen Politik, bleibt aber in einigen durchaus lobenswerten regionalen Ansätzen an der Oberfläche stecken.

Der Hauptkonflikt findet sich in der Egozentrik des Menschen, die auch "Eurozentrik" genannt wird, obwohl Amerika darin größeren Anteil hat.

Der Markt in seinem Liberalismus (Effizienz-Prinzip) dominiert Mensch & Natur, mit Geld als dem Wert schlechthin. Alles muss berechnet werden können, materialistisch erfasst, effizienter gemacht werden.

Im eigentlich positiven Ansatz der Nachhaltigkeit findet sich daher die Gefahr wieder, dass reduktionistisch vorgegangen wird: es dominiert das Materielle, die Wirtschaft, aber die Sphäre des Menschen, das Soziale und besonders die Natur werden marginalisiert.

Das Resultat sind die üblichen win-win Erfolgsstories, in denen das Natürliche genauso wie das Menschliche nur soweit berücksichtigt werden als es der Profit erlaubt. Denn gerade nur dieses win-win ist in dieser liberalen Denkweise d.h. Weltsicht möglich!

Wissen und Ethik sind nun im Begriff der Weisheit vereint. Weisheit hat immer schon eine lebensbestimmende Kraft gehabt. Woher sollen wir sie nur heutzutage nehmen?

Aus der Natur - das ist die überraschende Antwort.

Das Verhältnis zwischen Mensch und Natur hat im Laufe der Menschheitsgeschichte einen tiefen Wandel durchgemacht: in der Vorzeit wurde die Natur als gefahrvoller, stärkerer Feind gesehen, dann als Gemisch von Gefahr und Geschenk in der Bauernkultur und wurde ab der Neuzeit (Renaissance) zu einem Objekt, das zum Nullwert - da sie unendlich schien - ausbeutbar ist, und ohne Achtung vor Tierleben. In der zukünftigen Sicht hingegen wird die Natur als Schöpfung gesehen, als Vorbild für die Neuschaffung unserer menschlichen Welt.

Es sei an dieser Stelle klargelegt, dass Zukunft nie voll voraussagbar sein wird, also auch nicht die Entwicklung der Kultur.

Eigentlich sollten wir Menschen uns nicht schwer tun, in der Natur mehr zu sehen als das, was uns Wissenschaft, Technik & Wirtschaft seit Jahrhunderten klarmachen wollen. Die Umwelt hat dem Menschen zu dienen: Bereitstellen der Rohstoffe und Aufnahme der Abfälle.
Im Buch der Weisheit, Kap. 13/5 steht jedoch klar:
"denn von der Größe und Schönheit der Schöpfung lässt sich auf ihren Schöpfer schließen". Das stimmt überein mit dem, was Naturvölker schon lange wussten: "Die Anweisungen des großen Geistes sind niedergeschrieben in den Schriften der Natur, die jeder selbst lesen kann" (Navajo-Indianer).

Weisheit bedeutet also nicht rein rationales Wissen, sondern auch "wissen, wozu das Wissen ist", da es immer um den "Ausgleich zwischen wissenschaftlicher & ethischer Wahrheit" geht!
Wahre, "tiefe" Kultur zeigt sich in einem Gefühl der Solidarität der Menschen für andere und für die Natur. Der Natur kommt eine viel größere Bedeutung zu, als der moderne Mensch weiß oder wissen will: der "Ruf der Wildnis" d.h. das Neuerleben im Abenteuer draußen ist ein Spiegel für das Abenteuer Leben im Alltag. Dadurch wird unser Leben intensiver, tiefer, höher, edler. Der Mensch sucht, meist unbewusst, das "Land jenseits".

Immer schon in allen Kulturen haben die Menschen in den Himmel geschaut und im Kosmos, in der Natur eine höhere geistige Autorität erkannt: "Der sternen-übersäte Himmel ist der wahrste Freund im Leben, immer ist er da, immer mahnt er uns: Unruhe, Zweifel, Schmerzen sind vorübergehende Kleinigkeiten".

Kultur bedarf permanent der Erneuerung mittels einer evolutionären Entwicklung. Der Respekt vor allem Lebenden ist zentral, vor allen Wesen, die Bewusstsein besitzen! Das ist nur möglich, wenn auch die Natur einer neuen Analyse unterzogen wird, wobei die sog. Makromuster der Ausgangspunkt sind, um daraus Erkenntnisse und Handlungen für den Menschen abzuleiten.

Diese "Natur-Kultur" genannte Form weist schöpfungsgerechte Funktionen & Strukturen in allen Bereichen wie Ethik, Wissenschaft, Theologie, Wirtschaft, Technik und Alltag etc. auf, sodass eine "tiefe", ganzheitliche Nachhaltigkeit in der Zukunft für Mensch, Natur & Gott erreichbar sein wird.

Natur und Technik - wie lange geht das noch gut?

1. Natur - wozu?
Vier Bereiche sind hier zu nennen:

1. der Eigenwert der Natur: ein Beziehungsgeflecht des Miteinander - Evolution
2. die Natur als materielle Lebensbasis des Menschen - Rohstoffe
3. die Beziehung zwischen Mensch & Mensch - Solidarität
4. die Beziehung zwischen Mensch & Gott bzw. zwischen Mensch & Natur - Spiritualität

Entscheidend ist die Sichtweise des Menschen, sein Bewusstsein bestimmt das, was er sieht, die Tiefe der Erkenntnisse. Bewusstseinsbildung wird also zur zentralen Frage in Zukunft!

2. Die "Öko-Prinzipien" der Natur: Natur ist effektiv nicht effizient

Die Weisheit der Natur zeigt sich summarisch als etwas, das weit mehr ist als Effizienz, die in der heutigen Zeit (Technik & Wirtschaft, fälschlicherweise auch im Leben, beim Gesundheitssystem und anderen öffentlichen Dienstleistungen) eine wichtige Rolle spielt. Natur ist ganzheitlich und umsichtig, ist also eine Art Multi-Effizienz mit einem Optimum statt Maximum! Diese als Effektivität bezeichnete Größe lässt sich mit Hilfe des Gleichnisses vom Kirschbaum klarlegen, der neben den Früchten viele andere Funktionen erfüllt (Lebensraum für Vögel & Insekten, Laub, Sauerstoff, Humus im Herbst, Holz etc). Die Natur als Schöpfung weist also ein bisher übersehenes Potential auf, das als Weisheit zu bezeichnen ist, Wissen & Werte sind integriert.

3. Wie kann der Mensch die Weisheit der Natur lernen?

Ethik bedeutet im Innersten immer ein In-Zweifel-Ziehen der herkömmlichen Moral. Jedoch darf die Ethik nicht dem Pluralismus in der Gesellschaft, dem Werterelativismus, überlassen werden, sodass eine falsch verstandene Toleranz nur ein großes Konventmanagement darstellt: Ethik ist nie eindeutig. Wir dürfen nicht von vornherein mit fundamentalistischen Vorurteilen veralteter Auffassungen den evolutionären Fortschritt behindern.

Ethik bzw. Moral hatte und hat oft mit Religion oder auch Ideologien zu tun, sie ist ein pragmatischer Aspekt davon, sie ist aber doch ein eigener Bereich! Wir kennen Ethik meist im Zusammenhang mit der Religion, wo immer mit dem Prinzip einer obersten Instanz Gott gedroht wird bzw. mit dem Staat und einem Rechtssystem, wo es immer heißt "du darfst nicht, du sollst".
Diese Zeiten sind aber nun fast vorbei, da alle diese Institutionen ihren Einfluss durch ihr eigenes Machtstreben fast zur Gänze verloren haben.

4. Werte

Äußere Werte, die lebensbestimmend sind, sind von den inneren Werten zu unterscheiden, die als Kern einer Ethik anzusehen sind:
Wer bin ich? Was fange ich mit mir an? Wie teile ich mir das Leben ein, welche Ziele habe ich? Stehe ich zu meinen Gefühlen? Bin ich ein selbstständiger freier Mensch?
Wie stehe ich zum Geistigen? Wie will ich zu meinem Nächsten sein?
Was bedeutet mir das Gemeinwohl? Wie stehe ich zum Prinzip Gott?
Wie verhalte ich mich zur Natur? Was bedeutet für mich Arbeit?
Welche Rolle spielt für mich die Familie? Wie stehe ich zur Obrigkeit?
Welche Rolle spielt für mich Ästhetik? Wie gestalte ich meine Gesundheit?
In welcher Welt will ich in Zukunft leben? Wie gestalte ich meine Weitergabe des Lebens?
Nicht zu vergessen sind die Werte, an denen wir festhalten wollen wie z.B. Menschenwürde.

Alle diese Fragen werden je nach Zeit und Bewusstsein der Menschen anders ausfallen. Eine Studie über "Die europäische Seele" (Denz H., Hrsgb., Czernin 2001) zeigt einige Punkte darüber auf:

Es besteht eine große Sehnsucht nach Wertordnung:
Für 91% ist Familie wichtig, 83% wollen einfacher leben, 61% legen weniger
Wert auf Geld, 59% wünschen sich mehr Selbstbestimmung, 77% glauben an
einen Gott, 24% an Reinkarnation, aber wenige an die Institution Kirche, Arbeit ist für 90% wichtig (aber nur 28% sind zufrieden in Schweden und nur 8%
in Deutschland!), 50% vertrauen den Institutionen, kaum 10% identifizieren
sich mit Europa, wir sind "unbewusste Europäer".
Wir sollten uns bewusst sein, dass die westliche Welt jetzt in eine "Ethik-Lee-
re" eingetreten ist, nachdem sie im 20. Jh. in Angst gelebt hat und vorher wis-
senschafts-bestimmt war.

5. Ethik und Gesetze

Oft ist uns nicht bewusst, dass kein Gesetz besser sein kann als die herrschende Moral.
Interessant in dem Zusammenhang ist die Aussage der Vorsitzenden des deutschen Obersten Gerichtshofes, Sibylle Thönies, aus dem Jahre 1996: "Die
Menschenrechte als göttliche Gesetze stehen über allen menschengemachten
Gesetzen der Gesellschaft" und "zurzeit tritt kein Denker gegen den Materia-
lismus, gegen den jetzt gängigen Werterelativismus auf und für den Geist ein".
Darum wird es immer eine Spannung geben zwischen der existierenden Moral
und den "göttlichen" Gesetzen.

Es sollte klar sein, "dass Gesetze - ebenso wie jede Ethik - an den Zeitenlauf
angepasst werden müssen, um kein Hemmschuh zu werden" wie der Vorsitzende a.D. des Österreichischen Richterverbandes W. Hauptmann 1999 in der
Österreichischen Richterzeitung (Heft 12, Seite 267) schrieb: "Recht ist das
Produkt kultureller Evolution"!
Daher fordert der Dalai Lama auch einen "Weltrat der Menschen", der ohne for-
melle Macht den Gang der Weltereignisse aus ethischer Sicht beobachten und
mit diesem "Weltgewissen" das Wort erheben soll.

6. Ethik in Abhängigkeit vom Bewusstsein im Laufe der Zeit

Die Ethik zeigt im Lauf der Menschheitsgeschichte nachfolgend behandeltes
grobes Bild. Früheres Wissen, das sich noch als Weisheit bezeichnen lässt,
weist mehrere Phasen auf.
Im Urzustand aller Kulturen waren die Pole Wissen und Werte/Ethik immer nahe zueinander, es bestand wenig Möglichkeit, diese Balance tiefer zu stören.

1) "Wissen und Werte sind eins" so formulierte noch Plato ca. 500 v.Chr.
   die Situation

2) "Wissen dient den Werten", galt im 12. Jh. (Thomas von Aquin) als die katholische Kirche versuchte, die griechische Philosophie und Wissenschaft in Einklang zu bringen: trotz zunehmender wissenschaftlicher Erkenntnisse war dies klar.

3) später dann, als über die nächsten Jahrhunderte das Wissen zunahm, wuchs auch die Kluft zwischen dem Wissen und den Werten d.h. der Ethik: es war Kant, der den berühmten Satz formulierte: "der gestirnte Himmel über mir und die moralischen Gesetz in mir". Das bedeutet, dass sich die beiden Bereiche deutlich getrennt hatten. Kant versuchte noch in seinem letzten Werk "Kritik der Urteilskraft" (1790), eine "Versöhnung" herbeizuführen, wobei die Ästhetik die verbindende Rolle spielen sollte.

4) in der modernen Zeit sah F. Nietzsche den Zustand, dass "Gott tot ist", was bald dazu führte dass J. Monod in seinem berühmten Buch "Zufall & Notwendigkeit" die neue Sicht zumindest des Westens festlegte, die es dann 1943 auch möglich machte, dass der Erbauer der Atombombe E. Teller vor dem Senat der US Regierung klar zum Ausdruck brachte: "Wir können die Bombe bauen, also müssen wir es tun".

Von Sollen ist keine Rede mehr! Da nütze es auch nichts, dass ein führender Wissenschafter dieser Zeit, Albert Einstein, noch meinte: "die Wissenschaft kann nicht klar sagen, ob die Explosion nicht auch den ganzen Luftraum und evtl. auch das Wasser der Meere erfasst"!
Die Bombe wurde geworfen.
Seitdem hat sich dieser Zeitgeist etabliert, dem auch die Gentechnik allgemein folgt: "Wenn man es kann, muss man es tun".

Blickt man zurück in die Fortschritte der Menschen betreffend Technologien erkennt man sofort, dass der sog. Fortschritt immer mit einer stets größeren Eingriffstiefe in die Natur und in unser Leben verbunden war: während die archaischen Kunstfertigkeiten aufgrund der naturnahen Lebensweise ziemlich wenig tief eingriffen (d.h. die evolutionäre Fähigkeit der Natur war nie gefährdet), so steigert sich die Eingriffstiefe bei der Chemischen Technik (z.B. DDT) stark, bei der Atomkraft (nicht nur Bombe!) noch stärker (Halbwertszeit 10.000 Jahre) und erreicht mit der Agrar-Gentechnik einen "wahnsinnigen" Höhepunkt: sie ist irreversibel und mit unbekannten Folgen für Natur & Mensch auf ewige Zeiten!

7. Ethik für die Natur

Es sei zur Klarheit vorausgeschickt, dass in der westlichen Kultur keinerlei Konzept für eine Ethik der nicht-menschlichen Natur existiert, wohl aber in anderen Kulturen (Indigene).

Gerade Europa war und ist aber bestimmt durch die Ansichten Aristoteles, dass nur der freie Mann moralischen Schutzes bedarf, weder Frauen noch Sklaven, und schon gar nicht die Natur, die nur zum Vorteil des Menschen (Mannes) sei! Sogar Kant formulierte noch, dass es keine Pflichten gegenüber Tieren gäbe, da diese kein Selbstbewusstsein hätten!
Daher war es "logisch", dass im 19. Jh. auf Basis der Entfremdung von der Natur deren Ausbeutung beginnen konnte.

8. Ganzheitliche Ethik – was ist das?

Was ist ganzheitlich und was ist das "Ganze"? Seit alters her findet die Anschauung in allen Kulturen, dass es im Prinzíp drei große Bereiche gibt: das "Rechte", das "Wahre" und das "Schöne". Das waren und sind die "großen Drei", die schon im alten Indien bekannt waren (dharma, die Basis, der Kosmos, das "tao" Laotse´s, - sankhya , die Lebensregeln, - yoga, die Handlungsweise) und auch in Europa seit Plato anerkannt.

Aber erst dem "Einstein der Geisteswissenschaft", dem Amerikaner Ken Wilber war es vorbehalten, den letzten Quadranten zu finden, der ein "Ganzes" formt: das "Soziale". So ist das "Schöne" der ICH- Bereich, das "Rechte" der WIR - Bereich, das "Wahre" der ES - Bereich und das Soziale der "ALL- ES"- Bereich.

9. Ethik des universellen Bewusstseins (vgl. Weltethos und Erdcharta)

Ethik und Moral wurden bisher meist im Zusammenhang mit Religionen abgeleitet und waren dadurch den Polaritäten der Verschiedenheit ausgesetzt, obwohl es eine allen alten Kulturen und Weisheitslehren zugrundeliegende gemeinsame Wurzel gibt.
Im Weltethos wurde ein neuerer Versuch unternommen, diese Quelle einer Ethik wieder zu beleben. Es wurde von allen großen Religionen unterzeichnet. Trotzdem besteht das Problem, dass es "nur" von Religionen vertreten wird, während doch die Mehrheit der Menschen ohne Religion lebt.

Diese Ethik ist im Prinzip identisch mit den Weisheitslehren aller Kulturen, leitet sich aber von für jedermann einsichtigen geistigen Funktionsprinzipien der Natur als Schöpfung ab!

Jene Ethik folgt dem Gesetz innerer Ordnung und Harmonie, wie es den alten Weisheits-Lehren entspricht: "dienen statt machen" ist das Motto, aus Einsicht in das Ganze "freiwillig Handeln durch Nichthandeln" (Lao-tse), um in eine mystische Beziehung einzutreten.

Dabei stehen dann immaterielle Werte über den materiellen und Zukunft spielt eine Rolle wie sie schon bei den Germanen war: "Zukunft ist die Schuldigkeit der Jetztlebenden".
(Skuld hieß die Norne unter dem Weltenbaum Yggdrasil, die für die Zukunft zuständig war)!
Lessing sagte in einem seiner Werke: es gibt 3 Stufen von Ethik:

- Die primitivste ist das Drohen mit Strafe,

- Besser ist die Verheißung von Belohnung,

- Aber am besten wäre die Einsicht in das Ganze zu vermitteln.

10. Bildung

Signifikant ist die Tatsache, dass wir Menschen insgesamt 6 Sinne haben, in den Schulen aber vorherrschend nur einer gefördert wird, die Rationalität, die linke Gehirnhälfte.
Beim Capra - System einer ganzheitlichen Bildung für einen tief - nachhaltigen Lebensstil geht es also darum, alle Sinne ausgewogen zu pflegen.

Die Konsequenzen sind für den modernen Menschen überraschend, es bedeutet nämlich, dass sich Bewusstsein nicht durch Reden und nicht in der linken Gehirnhälfte bildet, sondern im Unbewussten d.h. mittels der Sinne, die eine innere Hierarchie aufweisen, die wiederum den Chakren altindischer Weisheit entsprechen. hören, tasten, sehen, schmecken und riechen (das Stirn-Chakra beinhaltet alle Sinne und das oberste Scheitel-Chakra ist rein geistig orientiert).
Die moderne Hirnforschung zeigt klar, dass sich ca. 25 bits /sekunde regen, wenn die linke Gehirnhälfte tätig ist, aber mehrere Millionen bits /sekunde bei der rechten Gehirnhälfte, wie Fritjof Capra in seiner "eco-literacy" beschreibt.

11. Theorie des Lebens

Im Sinne der "Versöhnung" liegt auch das Verständnis des "Wunders Leben".
Lebewesen sind nicht nur ein Bündel Proteine, der Körper besteht nicht nur aus Materie, das Leben ist weit mehr als uns die Physik oder alle mechanistischen Wissenschaften erklären können.
Auch wenn die Gebiete der Geisteswissenschaften seit Descartes von den harten Wissenschaften getrennt gesehen werden, zumindest in unserem westlichen Kulturbereich, und zwischendurch doch Anerkennung fanden (Akupunktur, Homöopathie, Psychologie etc.), so muss man im Zeitalter des Neoliberalismus, also des Kapitalismus, doch feststellen, dass die Kluft wieder zunimmt: alles muss der Wirtschaft dienen, muss precompetitive sein, wie es in EU-Forschungsprojekten heißt.

Aber zumindest tauchen am Horizont die Umrisse eines umfassenden Bildes des Menschen auf, eine neue ganzheitliche Theorie des Lebens. Ohne auf Details einzugehen und auch ohne Literaturangaben zu machen, seien etliche signifikante innovative Erkenntnisse genannt:

- morphogenetische Felder nach Rupert Sheldrake, die alle Lebewesen verbinden
- Biophotonen nach A. Gurwitsch und F. Popp, die alle Lebewesen aussenden
- "Quantenmedizin", die mittels ebenderselben Wellenlänge heilen will
- Homöopathie, die Informationen beinhaltet und überträgt und so heilen kann
- Wunderbare Bilder von M. Emoto, die zeigen, dass Gedanken die Form beeinflussen
- Das Konzept vom "lebenden" Wasser nach Viktor Schauberger
- Lebensenergie, die schon in Indien (Prana) und China (Qi) bekannt war
- Resonanz bei Wechselwirkungen im Wunder des Lebens
- Lebensmittel nicht nur als Träger von Materie sondern auch von Informationen
- Biorhythmus des Menschen als Rückgrat des Lebens, die Chronobiologie
- Selbstheilungskräfte, Gesprächstherapie, Psychoonkologie u.ä.m.
- Positives Denken als Lebenskraft, der geheimnisvolle "Archäus" von Paracelsus
- Einfühlen in die Natur, wie bei Naturvölkern üblich.

Literatur:

(1) Moser A. Ehrenpaar M. (2005) Über das Geistige in der natur: die Natur-Kultur, Verlag Naturschutzbund Stmk, ISBN 3-9501292-2-7

(2) Moser A. (2005) Grazer Manifest zur Natur-Kultur: die öko-soziale Kompetenz Naturschutzbund & Ökosoziales Forum; bestellen bei anton.moser@chello.at

(3) Moser A., Riegler J. (2001) Konfrontation oder Versöhnung: ökosoziale Politik mit der Weisheit der Natur, Stocker Verlag Graz,
ISBN 3-7020-0938-8

Daraus ließe sich in naher Zukunft sicher ein notwendiges, neues Menschenbild formen!

Univ. Prof. Dr. Anton Moser

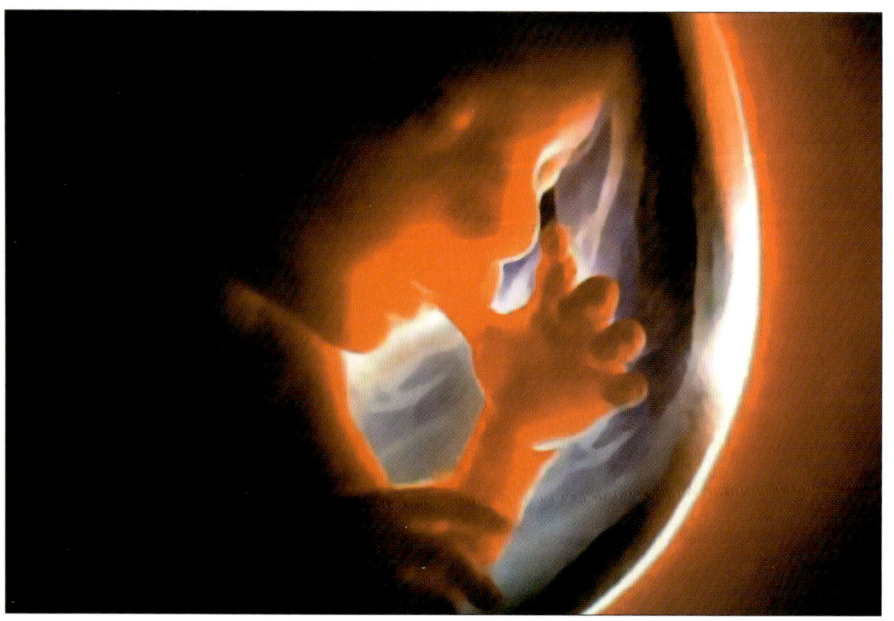

Josef Eichberger Dr. med.

Die Vorgeburtsphase – der wichtigste Abschnitt des Lebens

Die Forschungsarbeiten und Visionen Dr. Josef Eichbergers stellen so gut wie alle, in unserer Gesellschaft üblichen Ansichten und Praktiken mit dem Ungeborenen umzugehen, in Frage. Viel zu oberflächlich wird die Sensibilität und Wahrnehmungsfähigkeit des werdenden Menschleins beurteilt, für viele ist es damit abgetan, den Mutter-Kind-Pass (in Österreich gesetzlich verankert) gestempelt zu wissen.

Ob aber einige Untersuchungen innerhalb von neun Monaten ausreichen oder überhaupt nötig sind, inwieweit ein Embryo durch Ultraschallwellen gefährdet oder beeinträchtigt ist, wird viel zu wenig erforscht und diskutiert.

Wichtig wäre es auch, als Mutter darüber nachzudenken, ob sie im Sinne der Gesundheit ihres werdenden Kindes über ausreichend Schlaf verfügt und ob die Lärmpegel, die täglich von außen auf das Kind einwirken, sich noch im Toleranzbereich befinden. Wer kümmert sich darum, ob das Ungeborene über den "Wirt" Mutter ausreichend vital und nährstoffreich über den Essensweg versorgt wird?

Es gibt keinerlei umfassend ausgearbeitete Studien und Vorlagen, was, wann und wie viel eine schwangere Frau in den einzelnen Monaten ihrer Schwangerschaft an Vitaminen, Mineralstoffen, Enzymen, Eiweiß, Kohlehydraten, Spurenelementen u.v.m. zu sich nehmen sollte. Und zwar ausgehend von gesunden, biologisch hergestellten Nahrungsmitteln und nicht Fast Food und "Mikrowellenmampf". Wer sagt der zukünftigen Mutter heute schon, wie wichtig es wäre, ausreichend reines Wasser zu sich zu nehmen? Und wo sie das heute überhaupt noch erhalten kann (herkömmliches Leitungswasser ist abgesehen von Schadstoffen meist noch chloriert).

Wäre diese Aufklärung Aufgabe des Arztes, der Behörde oder gar die der Medien? Wer informiert sie über eventuelle Risken gentechnisch veränderter Nahrungsmittel für sie und ihr werdendes Baby, die heute zum Großteil noch völlig unerforscht sind? Wessen Verantwortung obliegt es, werdende Mütter auf die Gefährlichkeit des Rauchens in Bezug auf das Kind hinzuweisen? (etwa 45% der schwangeren Frauen rauchen in der Schwangerschaft).

Fragen über Fragen, die meisten davon ungeklärt.

Einer, der sich damit nicht zufrieden gab, war Dr. Josef Eichberger, der jahrelang vielen offenen Fragen nachgegangen ist. Was er über dieses komplexe Thema erforscht und herausgefunden hat ist visionär und bedeutet das komplette Überdenken des heute üblichen Umgangs mit dem Ungeborenen. Es bedeutet aber auch, dass wir uns darüber im Klaren sein müssen, dass jeder Mensch vom ersten Zeugungstag an ein schützenswürdiges Wesen darstellt, dem unsere Fürsorge und Achtung in jenem Maße gebührt, wie wir sie Erwachsenen üblicherweise erweisen.

Kinder – vom ersten Augenblick

Bereits in der Zeit der Schwangerschaft entsteht zwischen Mutter und Kind eine tiefe, emotionale Beziehung, die durch eine vorzeitige Geburt gestört werden kann.

In dieser Situation kommt es ganz besonders darauf an, auch den emotionalen Hunger des "Werdenden" zu stillen.

Es wäre ungeheuer wichtig, werdenden Müttern das Wissen um die Vorgänge in ihrem Bauch und die Bedeutung ihres Verhaltens vor und nach der Geburt zu vermitteln. Diese Erfahrungen und Informationen gibt es, nur gelangen sie selten an werdende Mütter heran.

Um die komplexen Vorgänge dieser Lebensphase zu verstehen, bedarf es eines großen Einfühlungsvermögens der Mutter, die der Beschaffung von Informationen und Aufklärung auch die nötige Zeit widmen sollte.

Unser Gehirn macht nur 2% des Körpergewichtes aus, verbraucht aber mindestens 20 Prozent der mit der Nahrung aufgenommenen Energie. Mit anderen Worten: Jedes Gramm unseres Gehirns verbrennt zehnmal so viel Energie, wie der übrige Körper, um in Gang zu bleiben.

Noch extremer sind die Verhältnisse bei kleinen Kindern und Ungeborenen, deren Gehirn nicht nur arbeitet, sondern auch noch wächst. Im letzten Stadium der Schwangerschaft nimmt das Gehirn des Ungeborenen sehr schnell an Größe zu und verbraucht dabei etwa 70 Prozent der gesamten Energie, die der mütterliche Organismus über die Nabelschnur in das Baby pumpt.

Dass es für das kleine Wesen zu katastrophalen Auswirkungen für dessen Gesundheit kommen kann, wenn der Organismus der Mutter selbst unterversorgt bleibt, liegt auf der Hand. Hier dürfte auch das Geheimnis für viele, bereits bei der Geburt erkennbare Defekte oder spätere gesundheitliche Probleme, wie z.B. Allergieanfälligkeit, Frühdiabetes, Sprachschwierigkeiten, Epilepsie, Sehstörungen, Blindheit, Schmetterlingskrankheit, vorzeitige Pubertät, Neurodermitis u.v.m. liegen.

Heute weiß man auch, dass jede Stimulation des Ungeborenen über dessen sensibles Empfindungsvermögen sein Immunsystem stärkt und die kognitive und emotionale Entwicklung fördert. So zum Beispiel genießt es ganz besonders, wenn die Mutter mit sanften Händen ihren Bauch streichelt, da sich die davon ausgehende Wärme und Vibration im Inneren auf das Ungeborene überträgt.
Auch später, kurz nach der Geburt, steht der Körperkontakt zwischen Mutter und Kind an erster Stelle, der genauso wichtig für das Kleine ist, wie von der Mutter gestillt zu werden.

Eine der wirksamsten Methoden dazu stellt das so genannte "Kangarooing" dar, bei dem das Baby auf der Brust von Mama oder Papa liegt, spürt und riecht die nackte Haut, lauscht dem vertrauten Herzschlag und genießt die streichelnden Hände.
Diese Methode wurde 1979 in Kolumbien von den Neonatologen Edgar Ray und Hector Martinez eher zufällig entdeckt und ließ die dortige Sterblichkeitsrate bei Neugeborenen von 70 auf 30 Prozent sinkt.

Weiters weiß man heute, dass Neugeborene unter starkem Stress stehen, wobei es plötzliche oder heftige Reize psychisch überfordern können. Die dazu entwickelte, "basale Stimulation" ist eine sanfte, körperliche Kontaktaufnahme mit dem Frühchen durch Eltern, Ärzte und Pflegepersonal, bei der das Kind an bestimmten Stellen zuerst berührt wird.
Der bewusste Stressabbau bei Neugeborenen gehört zu den wesentlichen Errungenschaften der Forschung und kann gesundheitliche Schäden bei Neugeborenen, wie z.B. Gehirnblutungen, verhindern. (SN 31.01.2004)

Kinder sind von Geburt an sanft, unverdorben, gelehrig, hilfsbereit, tierlieb und naturverständig. Gelebte Aggressionen der Eltern, Umweltbelastungen, Stress der Eltern und der Umgebung, Hektik, Lärm und denaturierte Nahrung ergeben bereits im Mutterleib ein Horrorszenario für das werdende Menschlein. Es ist heute längst kein Geheimnis mehr dass das Ungeborene vieles von dem, was sich "außen herum" abspielt, mitbekommt und davon zu mindestens 50% beeinflusst wird.

Das heißt im Klartext: Wie gesund Ihr Kind auf die Welt kommt und es nachher ist, ob es gut lernt, stets grantig ist oder jeden Tag lächelnd erlebt, haben Sie als Eltern zu einem Gutteil in der Hand und damit auch zu verantworten. Eltern die Nacht für Nacht fassungslos vor den Kinderbetten ihrer Kleinen stehen und den Kopf darüber schütteln, warum das Baby "so viel weint", wo doch sie selbst "so brave Kinder waren", und die ganze Nacht durchschliefen, sollten besser Bilanz über ihren Tagesablauf ziehen, als sich über ihre Kinder zu wundern.

Heißt aber auch: Ob Ihr Kind später ein Raufer wird, zu Brutalität neigt, weltoffen oder introvertiert ist, ob es Freundschaften aufbauen kann oder Einzelgänger wird, ob es Schmetterlinge bewundert oder diese aufspießt, ob es die Stärke zeigt Drogen zu widerstehen und in Bezug auf Partnerschaften beziehungsfähig ist, obliegt zu einem nicht unwesentlichem Teil IHRER Verantwortung.
Und obwohl dies allzu logisch ist, spricht man sehr wenig bis gar nicht über dieses wichtige Thema.

Nehmen Sie also die Chance wahr, zumindest in Zeiten der Kindheit und Jugend auf Ihr Kind, seine Gesundheit und Psyche einzuwirken, es benötigt diesen Beistand als dringend notwendiges Rüstzeug fürs spätere Leben.

Dr. Josef Eichberger, einer der bedeutendsten Forscher auf dem Gebiet der Vorgeburtphase in Europa, besitzt ein immenses Wissen um die Vorgänge des bedeutenden Lebensabschnittes von Mutter und Kind.

Sein Beitrag zum Buch "der Visionäre" ist ein Ausschnitt aus seinem derzeit entstehenden Buch über die Bedeutung der Vorgeburtsphase.

Die Bedeutung der Vorgeburtsphase für die Psyche des Menschen
Josef Eichberger Dr.med.

In einigen Wissenschaften, wie zum Beispiel der Physik, ist es selbstverständlich, sich mit der Materie auseinanderzusetzen, die man mit freiem Auge längst nicht mehr wahrnehmen kann.

Die Quanten-, Quaks-, oder Nanoebenen sind Ebenen, die zwar sehr interessant sind, aber nur mehr für Spezialisten, die daran forschen und experimentieren, überblickbar und verständlich erscheinen.

Die Entschlüsselung des menschlichen Erbcodes vor einiger Zeit spielt sich auf einer Mikroebene ab, die mit freiem Auge natürlich auch nicht mehr gesehen werden kann. Es gibt also sehr wichtige Bereiche, die wir nicht direkt wahrnehmen können und trotzdem berechtigt Grund zur Forschung sind.

Der Zeitraum von der Zeugung bis inklusive der Geburt stellt auf der seelischen Ebene einen ähnlichen Raum dar, den wir zwar biologisch-medizinisch zu kennen glauben, in dem sich aber auf der Bewusstseinsebene viel mehr ereignet, als die Wissenschaft bis jetzt für möglich gehalten hat. Aufgrund von Trancetherapien, in denen Menschen über diesen Zeitraum erzählten, wissen wir, dass die Seele oder das Bewusstsein sich schon ab der Zeugung im Körper der Mutter befindet und wahrnimmt.

Es ist ein besonderes Wahrnehmen, da es dazu kein voll entwickeltes Gehirn benötigt. Es ist auch eine besondere Zeit, eine Zeit der Einheit zwischen Mutter und Kind. In dieser Eins ist alles Weitere enthalten. Durch die Trancetherapie wurde sogar ein der Seelenkunde bis jetzt unbekanntes Gesetz deutlich, dass alles, was in dieser Vorgeburtsphase passiert und erlebt wird, vom Prinzip her später im weiteren Leben ausgelebt werden muss.

Ich spreche ganz absichtlich davon, dass es "ausgelebt werden muss", weil dies das entdeckte **Lebensgesetz des Anfangs** darstellt.

Im Anfang ist alles enthalten!

Es ist eine seelische Prägung des Menschen mit bestimmten Themen, mit denen sich der Mensch das ganze Leben über lernend auseinander zu setzen hat. Diese Themen wirken aus dem Unbewussten ins Leben, und können sich in verschiedenster Art und Weise bemerkbar machen.

Einige Beispiele mögen meine Behauptung veranschaulichen:

Die Schwangerschaft ist für Kind und werdende Mutter eine ganz besonders wichtige Zeit und die Erlebnisse, die in dieser Zeit stattfinden, **prägen** das Kind.

Es beginnt mit der Art und Weise und den weiteren Umständen der Zeugung, also ob das Kind von dem Paar bewusst gezeugt worden ist, in Liebe oder von einem Partner oder gar beiden abgelehnt wird, wenn es "passiert" ist.
"Unerwünscht sein" frustriert das Kind, Trauer, Minderwertigkeit und Wut bestimmen die übrige Zeit bis zur Geburt.

Meine Forschungen zeigten mir, dass eine Ablehnungssituation, wie vorher beschrieben, oft dazu führt, dass diese Situation im Bauch der Mutter zu Depression und Lebensverweigerung des Kindes führt, manche dieser Kinder kommen mit der Nabelschnur um den Hals auf die Welt.

Wie ernst diese Lebensverweigerung des Kindes aus Frust und Geringschätzung über die erlittene Ablehnung ist, ist von Mensch zu Mensch verschieden. Manche nehmen diesen inneren Frust durch Ablenkung nicht wahr, andere werden depressiv bis hin zur Selbstmordneigung.

Einige Menschen erlebten Abtreibungsversuche der Mutter, oder auch nur Gespräche über Abtreibung lassen im werdenden Menschen Bedrohung, Unsicherheit und Angst in dessen Seele Wurzeln schlagen, wo andere Geborgenheit, Sicherheit und Freude der Eltern als Basis für ihr Leben mitbekommen.
Seelische Erkrankungen mit paranoider Erlebnisverarbeitung haben dort ihren Ursprung.

Ein häufig zu beobachtendes Erlebnis des Kindes stellen Situationen dar, wo es zu Nabelschnurabklemmungen kommt, meistens in der Austreibungsphase einer Geburt, was mit massiven Erstickungsanfällen und Todesängsten einhergeht.

Als Erwachsene erlebt Mann/Frau diese durchgemachten Ängste oft in Form von unerklärlichen Panikattacken, die wieder ins Tagesbewusstsein drängen um erlöst zu werden.

Es kommt auch vor, dass in der Schwangerschaft zwei Embryonen zu wachsen beginnen, und einer stirbt aus irgendwelchen Gründen ab.

Dieser Verlust schon im Bauch der Mutter ist für den/die Überlebende/n emotional schwer zu verkraften, dieser Trauer will oder kann "der/die Überlebende" im Leben nicht begegnen, eine Emotionsverweigerung als Kompensation tritt unbewusst auf, der Mensch flüchtet in den "Kopf", um seinen Emotionen auszuweichen, denn jede Emotion schafft früher oder später einen Zugang zur Trauer der Vorgeburtsphase, die gespeichert ist.

Wenn es der Mensch schafft "nur" im Kopf zu leben, werden erlittene Schicksalsschläge im Leben dazu beitragen, die verborgene und verletzte Gefühlswelt wieder ans Tageslicht zu befördern, um sie dem Tagesbewusstsein anzugliedern und sie leben zu lernen.

Ein weiteres Beispiel für ein in der Vorgeburtsphase erlebtes Trauma ist mit der Geburt verbunden. Beim Geburtsvorgang, der noch genauer mit der Erklärung der Geburtsmatrizen nach Dr. Stanislav Grof beschrieben wird, tritt das Kind in den Geburtskanal ein, wird gewissermaßen "hineingequetscht", und kann, wenn der Muttermund noch geschlossen ist, wahrlich noch kein Licht am Ende des Tunnels erkennen.

Im Gegenteil, der Tunnel, der zuerst als Sackgasse erlebt wird, bedeutet eine traumatische Erfahrung des Steckenbleibens, der Todesangst, und der Hoffnungslosigkeit, wenn diese Erfahrung als zu lange erlebt wird.

Daher ist verständlich, dass manche Menschen das Hineinfahren in einen Tunnel als das unbewusste Aufleben ihres vorgeburtlichen Traumas erleben, eine analoge Wiederholung des Geburtstunnels, die Panik und Ängste auslösen kann.

Ebenso verhält es sich mit der Platzangst in Aufzügen, die analog mit der Enge im Bauch der Mutter assoziiert werden kann. An diesem Beispiel möchte ich auch aufzeigen, dass meiner Meinung nach die unbewussten Themen der Vorgeburtsphase **auch als Ursachen von Erkrankungen** angesehen werden können: Platzangst - Angst (lat.: Enge) - Enge des Bewusstseins - Bewusstseinserweiterung als eine Lebensaufgabe.

Wenn der Mensch diese Aufgabe nicht erkennt, "fällt" dieses Thema in den Körper und macht sich z.b. als Verengung von Blutgefäßen, Strikturen, Strangulationen anderer Organe oder in Form von Krämpfen (Verengungen) bemerkbar.

Es gilt also die analoge körperliche Ebene mit dem unbewussten Thema in Verbindung zu setzen.

So gibt es viele Erlebnisse für das Kind in der Schwangerschaft, die "außen" einfach nicht wahrgenommen werden, in der Seele des Menschen jedoch tief ihre Spuren hinterlassen und sie **geprägt** haben.

Ein Beispiel für die seelische Prägung durch eine Geburt soll der Kaiserschnitt sein:

Wie anschließend durch die Matrizen von Dr. Grof aufgezeigt wird, durchlaufen wir alle in der Schwangerschaft bestimmte Phasen, in denen man aber auch seelisch stecken bleiben kann, sollte eine davon traumatisch erlebt oder wie beim Kaiserschnitt, nicht erlebt und übergangen worden sein.

Der Embryo schwebt am Anfang in seiner Fruchtblase und wird von der Nabelschnur der Mutter mit allem was er braucht versorgt. In dieser ersten Phase geht es darum einfach "nur" zu sein, Vertrauen zu entwickeln, sich geborgen und beschützt zu fühlen.

Die meiste Zeit in der Schwangerschaft lebt das Kind in diesem Bewusstsein alles von selbst zu bekommen über die Nabelschnur, ganz eng symbiotisch mit der Mutter verbunden zu sein, keine Grenzen zu erleben.

Mit dem Beginn der Geburt, den Wehen, werden plötzlich körperliche Grenzen spürbar. Nachdem ein Kind eine Geburt hinter sich gebracht hat, muss es schmerzhaft die Trennung von der Mutter erleben, erlebt sich nachher jedoch als Individuum mit eigenen Grenzen.

Diese Erfahrung machen Kaiserschnittkinder jedoch nicht, sie leben, nachdem sie durch Kaiserschnitt aus dem Bauch der Mutter geholt worden sind, in einer unbewussten, symbiotischen Verbindung zur Mutter weiter. In ihrem Bewusstsein bleiben sie im Schlaraffenland des Uterus mit der Nabelschnur verbunden, leben wie ein Embryo weiter, der nichts leisten muss um existieren zu dürfen. Sie haben Probleme mit ihrem Willen und sich abzugrenzen, in Beziehungen übernimmt die Partnerin die Rolle des Uterus, es entsteht ein Gefälle, wie von einer Mutter zu einem Kind.

Kaiserschnittkinder erwarten unbewusst, dass die Umgebung alles für sie erledigt, sie hängen eben noch seelisch an der Nabelschnur und erwarten versorgt zu werden.

Die Amniocentese, die Fruchtwasseruntersuchung, bedeutet für den Embryo eine Überprüfung seiner Lebensberechtigung und es ist verständlich, dass ein Mensch, der dies erlebt hat, nur schwerlich bedingungslos vertrauen und lieben kann und jede Prüfung in seinem späteren Leben Existenzängste auslösen kann.

Bei der Fruchtwasseruntersuchung wird untersucht, ob das Baby mongoloid ist oder normal entwickelt. Wäre es mongoloid, hätte es keine Existenzberechtigung und würde abgetrieben. Auch die Angst bedroht zu werden, kann nach dieser Untersuchung als Trauma bestehen bleiben und im späteren Leben zu einer psychischen Erkrankung führen.

Es gibt sicherlich noch viele mögliche traumatische Erlebnisse, die ein Kind in der Vorgeburtsphase erleben kann und die sich erst im späteren Leben als Erwachsene/r auswirken und ins Bewusstsein drängen.
So zum Beispiel, dass ein Bub erwartet wird, aber ein Mädchen kommt und dieses Mädchen versucht oft Zeit seines Lebens unbewusst oder auch absichtlich, lieber männlich zu sein, den Erwartungen eines Elternteils oder beider Eltern gerecht zu werden. Dieses Streben, das gegenteilige Geschlecht leben zu wollen und das eigene - ich möchte es lieber drastisch formulieren als zu bagatellisieren - abzuwerten, kann in der Kindheit noch als etwas angesehen werden, was sich "auswächst", ist jedoch spätestens in der Pubertät auffällig und später oft mit Leiden verbunden, wenn es in Partnerschaften um die eigene geschlechtliche Identität, sexuelle Rolle und das Finden des eigenen Selbstwertes geht.

So gibt es meiner Erfahrung nach für alle Menschen bestimmte seelische Prägungen, die oft zuerst traumatisch imponieren, dann als Urmuster entdeckt werden können und mit Hilfe von Bewusstseinsarbeit erlöst und als Bereicherung ins eigene Leben integriert werden können.
Es muss aber deshalb, weil es vorgeburtliche Traumata gibt, kein Hadern oder Jammern losbrechen, oder Verzweiflung, im Gegenteil, die Beschäftigung und Erforschung der Vorgeburtsphase gibt uns einen Schlüssel in die Hand, um bis jetzt unerklärliche Ängste, Probleme und auch Erkrankungen aus einer anderen Perspektive zu sehen, zu verstehen und letztlich heilen zu können.
Es ist eine Aufforderung zur Selbstreflexion, zur Heilung durch Bewusstwerdung.

Mir geht es vor allem darum aufzuzeigen, dass es eine **menschliche, seelische Prägung** gibt, der wir alle unterworfen sind ob wir es glauben oder nicht.
Dies ist ein Lebensgesetz, ein Naturgesetz, das als Theorie nicht vom Menschen erfunden, sondern nur entdeckt werden konnte. Es gibt also nicht nur für

die Graugänse eine Prägung, wie Konrad Lorenz entdeckt hat, sondern auch für uns Menschen. Ein Lebensgesetz nimmt für sich in Anspruch, universell auf allen bekannten Ebenen vorhanden zu sein und zu wirken.

Es zeigt sich also zum Beispiel in der Natur im Samen, der nur eine bestimmte Pflanze zum Vorschein und Erblühen bringen kann. Im Samen ist quasi schon alles vorhanden, es braucht nur noch Zeit, um in Erscheinung zu treten. Die Gene und Stammzellen zeigen auch deutlich, welche Macht im Anfang liegt und wie sich die Qualität des Anfangs ausdrücken wird.
Das Ei stellt eine weitere Analogie dieses Gesetzes dar, aus dem nur das werden kann, was in ihm angelegt worden ist. Mir ist schon klar, dass das alles so simpel klingt, aber wahrscheinlich deshalb von der offiziellen Wissenschaft noch nicht als wichtig anerkannt worden ist.

Es ist wichtig einzusehen, dass im jeweiligen Anfang alles enthalten ist und wir unterliegen einer Macht oder sogar einem Zwang, uns mit den jeweiligen Themen des Anfangs im weiteren Leben zu beschäftigen, bewusst oder unbewusst. Bleiben diese Themen unbewusst, "fallen" sie in den Körper und Krankheit entsteht.

Der Psychiater Stan Grof, Bewusstseinsforscher und Pionier auf dem Gebiet der Erforschung der Schwangerschaftsphasen, beschreibt **4 Geburtsmatrizen:**

Urmeerhafte Erfahrung der Einheit des Embryos mit der Mutter.
Eine Zeit des paradiesischen Schlaraffenlandes, Grenzenlosigkeit, bedingungsloser Versorgung und Geborgenheit, des Urvertrauens, der Abhängigkeit und Sehnsucht nach Einheit, usw...

Die Erfahrung des kosmischen Verschlungenwerdens- Beginn der Geburt - Bedrohung durch Verengung - Wehen – Drängen - Hinaushaben wollen - selbst schon soweit sein? Bleiben wollen?
Druck wird ausgeübt, dagegen Ankämpfen oder Geschehen lassen? usw..

Die Erfahrung von Tod und Wiedergeburt
Tod: Trennung vom Innenraum der Mutter, Wiedergeburt in einen neuen Erlebnisraum.
Der Druck lässt nach, das Kind tritt in den Geburtskanal ein, (Tunnelerfahrung!) und ins Freie.
Einher geht ein gewaltiger Kampf ums Überleben - Gefahr zu ersticken - Panik, Todesangst!

Geburt: Kampf ist zu Ende, Entspannung und Erleichterung, Licht, Abnabelung, Trennung, Alleinsein…usw.
Jeder Mensch erlebt die eine oder andere Phase als "schwierig" und erlebt darin vom Prinzip her zuerst sein Trauma, womit er sich sein ganzes Leben, als Lebensaufgabe, zu beschäftigen hat.

Würde im Anfang nicht ein Zwang liegen sich damit zu beschäftigen, niemand würde es freiwillig tun und sich weiterentwickeln. Die Natur hat es so eingerichtet, dass wir diese Themen des Anfangs wiedererleben, als eine Lebensaufgabe, die wir, wenn wir uns damit bewusst beschäftigen, erlösen können, weil darin immer ganz wichtige Lernthemen enthalten sind. Auch Freud spricht davon, dass wir bestimmte Themen während unseres Lebens oft wiederholend erleben.

Dr. med. Josef Eichberger

Goethe formuliert das Lebensgesetz des Anfangs auf seine geniale Weise:

"Wie an dem Tag, der dich der Welt verliehen,
die Sonne stand zum Gruße der Planeten,

bist alsobald und fort und fort gediehen,
__nach dem Gesetz__, womit du angetreten.

So musst du sein, dir kannst du nicht entfliehen,
so sprachen schon Sybillen so Propheten,

und keine Zeit und keine Macht zerstückelt geprägte Form,
die lebend sich entwickelt.

Hans Hass
Prof. Dr. rer. nat., Meeresbiologe, Tauchpionier, Naturforscher und Visionär

Alles Leben aus dem Meer

Wer in unserer Generation kennt ihn nicht? Wer von uns hat nicht gebannt seine spannenden Tiefseeabenteuer, seine atemberaubenden Begegnungen mit Haien im Fernsehen verfolgt, seine Bücher gelesen. Die Rede ist von Hans Hass, der sich nach Jahrzehnten der Meeresforschung einer anderen, visionären Wissenschaft zuwandte, die davon ausgeht, dass alles Leben nur durch Energie und deren Bereitstellung - physiologisch, manuell oder aber auch im feinstofflichen Bereich - möglich wird.

Seine immer wieder geäußerte Besorgnis, die Umwelt und hier vor allem die Weltmeere vor einer drohenden Verseuchung zu bewahren, da dies das Ende der Menschheit bedeuten würde, verhallte bis heute genau so ungehört wie seine Forderung nach einem globalen Nullwachstum.

Niemand könne es, so Professor Hass, verantworten, weiterhin Industriegüter zu produzieren, die in Wahrheit niemand braucht und laufend in unverantwortlicher Weise Kinder in die Welt zu setzen, für deren Ernährung, Erziehung und Bildung sich niemand verantwortlich fühlt und nicht garantiert werden kann.

Heute am Beginn des dritten Jahrtausends erhalten die Worte von Hans Hass von Jahr zu Jahr mehr an Gewicht.

Vieles von dem, was er vor Jahrzehnten weissagte, wovor er gewarnt hatte, ist heute eingetreten. Die Natur - der täglichen millionenfachen Vergewaltigungen überdrüssig - scheint sich ihrer Stärke zu besinnen und schlägt erbarmungslos zurück.

Seine Visionen, unsere Welt wieder in einen lebenswerten Planeten mit reinen Weltmeeren zu verwandeln, sollten uns, die wir ihn als den größten Meeresbiologen aller Zeiten schätzen und bewundern gelernt haben, mehr als zu denken geben.

Er war Mitte Dreißig und höchst erfolgreich: Dr. Hans Hass, Jahrgang 1919, Meeresbiologe aus Wien, wo er Biologie, Zoologie und Verhaltensforschung studiert hatte. Von Jugend an fühlte er sich zu allem hingezogen, was unter Wasser geschah. Der Unterwasserwelt begegnete er zum ersten Mal 1937 auf seiner Maturareise, die ihn an die Klippen und Buchten der französischen Mittelmeerküste führte.

Dort beobachtete er zufälligerweise den amerikanischen Unterwasserjäger Guy Gilpatric, der, mit Dreimeterspeer und Perlentaucherbrille bewaffnet, nach Fischen jagte. Ihm wollte Hans Hass nicht nur nacheifern, er wollte ihn auch übertreffen. Noch 1937 entwickelte er die erste Unterwasser-Kamera, konstruierte wenig später die ersten brauchbaren Schwimmflossen und das erste wirklich praktikable Sauerstoffgerät. Mit diesem "Schwimmtauchgerät" konnte ein Mensch erstmals länger als vier Minuten unter Wasser bleiben und "zum Amphibium unter Fischen und Korallentieren" werden.

Hans Hass sattelte trotz väterlichen Protests vom Jusstudium auf Zoologie um und widmete die nächsten zwanzig Jahre gezielt der wissenschaftlichen Erforschung der Unterwasserwelt. Seine erste Expedition führte ihn bereits im Alter von neunzehn Jahren auf die Karibikinseln Bonaire und Curacao, wo er wagte, was niemand zuvor getan hatte: Er schwamm mit den Haien und studierte ihr Verhalten.

Mit seinen Dokumentarfilmen ("Pirsch unter Wasser", "Menschen unter Haien", "Abenteuer im Roten Meer"), den Büchern ("Unberührte Tiefen", "Unter Korallen und Haien") machte er den Unterwassersport weltweit schlagartig berühmt - und konnte mit den Tantiemen und den Honoraren seiner Vortragsreisen weitere Expeditionen finanzieren: Allein zweihundert Mal en suite referierte er im Berliner Planetarium vor ausverkauftem Haus.

1951 erhielt er für seinen Dokumentationsfilm "Abenteuer im Roten Meer" den Ersten Preis bei der Biennale in Venedig.

Bei den letzten Expeditionen in die Ägäis und ins Rote Meer hatte ihn bereits seine Sekretärin und spätere Frau Lotte begleitet. Nun, 1950/51, wollte sich Hans Hass endlich den Traum von einer groß angelegten Expedition mit einem eigenen Forschungsschiff erfüllen.

Als Ziele sah er die Azoren, die Karibik und Galapagos vor. Auf Einladung des Fürsten von Liechtenstein war er 1950 in das Fürstentum übersiedelt, um die dortigen Steuervorteile und günstigen Kredite zu nutzen.

Jetzt machte er sich auf die Suche nach einem geeigneten Schiff - und fand die "Xarifa".

Auch Jacques-Yves Cousteau griff auf die Erfahrungen von Hans Hass zurück, als er mit Ingenieur Emile Gagnan den vom Taucher Hans Hass entworfenen Lungenautomaten, die sogenannte "Aqualunge" weiterentwickelte und konstruierte. Außerdem entwickelte Hans Hass für die Taucher der "Marine Cousteau" den ersten Scooter, ein motorisiertes Fortbewegungsmittel unter Wasser. Es folgten U-Boote für die Unterwasserforschung sowie Gerätschaften für die Unterwasserfotografie, darunter eine tiefseetaugliche Kamera.

1989 zog sich Hans Hass vom Tiefseetauchen zurück, er hatte alles erreicht, was es in diesem Metier zu erreichen galt. Sein ungebrochener Wissensdurst strebte zu anderen Ufern. Ein anderes Wissenschaftsgebiet, die energetische Wissenschaft, das Suchen nach Energieströmen und verschwendeter Energie (Entropie) nahm ihn in den nächsten Jahren gefangen. Seine von ihm entwickelte Energon-Theorie setzte neue Maßstäbe in der physikalischen Quantenphysik und erregte weltweites Aufsehen in Fachkreisen.

Die Energon-Theorie bringt nicht nur Licht ins Dunkel der energetischen Vorgänge unseres Lebens sondern verdeutlicht auch in anschaulicher, wissenschaftlich fundierter Weise die Zusammenhänge unseres evolutionären Entwicklungsgeschehens.

Neben spannenden Kinofilmen drehte Hans Hass auch über 70 TV- Filme und veröffentlichte zahlreiche Bücher und Publikationen. Heute lebt er, der auf ein erfülltes Leben mit großen persönlichen und wissenschaftlichen Erfolgen zurückblickt, in Liechtenstein

Auszeichnungen und Würdigungen:

Goldene Medaille der österr. Photographischen Gesellschaft, Wien (1950)

Erster Preis für die beste Idee für einen "Österreich-Film", Wien (1950)

Erster Preis für große Dokumentarfilme auf der Biennale in Venedig für "Abenteuer im Roten Meer" (1951)

Filmpreis für "besten Dokumentarfilm" für "Unternehmen Xarifa" Los Angeles/USA, (1959)

Ehrung durch die französische Marine (1987)

Wissenschaftsmedaille der Stadt Linz (1987)

Goldene Ehrennadel des Verbandes Deutscher Sporttaucher VDST (1994)

Historical-Diving-Society-(UK)-Award für "Historical Diving Achievement", Whitstable/Kent (1994)

Österreichisches Ehrenzeichen für Wissenschaft und Kunst (1998)

DEMA-Reaching-out-Award, Orlando/USA (1998)

Historical-Diver-Award, Orlando/USA (1998)

Hans-Hass-Filmfestival, St. Barbara/USA (1998)

Zwei "Nogi-Awards" für Science und Distinguished Service, USA (1998)

"Goldene Medaille" der Stadt Wien (1999)

Konrad-Lorenz-Staatspreis (1999)

Donauland-Sachbuchpreisträger (1999)

Dieter-Plage-Lifetime Achievement Award, Jackson Hole / USA(2001)

Award of Excellence for humanity in Gold, World-Congress "Humanity in Medicine 2005"

Die ENERGON - Theorie
Prof. Dr. Hans Hass

Alle Lebewesen – Pflanzen, Tiere und Menschen – führen Eigenbewegungen durch und erbringen besondere Leistungen. Ihre Lebensdauer ist begrenzt. Aber da ihnen die Fähigkeit der Fortpflanzung innewohnt, setzt sich die Lebensentfaltung insgesamt fort.

Nach dem Stand der heutigen Wissenschaft (Physik) ist ohne Energie keinerlei Bewegung und Leistung möglich. Was Energie letztlich ist, kann bis heute nicht eindeutig erklärt werden. Energie tritt in sehr verschiedener Gestalt in Erscheinung und jede dieser Erscheinungsformen kann sich in jede der anderen umwandeln. Beispiele für verschiedene Erscheinungsformen der Energie sind etwa die kinetische Energie (Bewegungsenergie), die Massenanziehung (Gravitationsenergie), die elektromagnetische Energie (etwa das Licht), die Kernenergie (Bindungsenergie der Nukleonen innerhalb eines Atomkerns) und andere mehr.

Energie kann weder aus Nichts erschaffen, noch zerstört werden. Bei den Umwandlungen verschiedener Energieformen geht in der Regel stets ein Teil der arbeitsfähigen Energie verloren. Sie verwandelt sich in Wärme, die ins Weltall entweicht (Entropie).

Für sämtliche Lebewesen ist der Erwerb arbeitsfähiger Energie die wichtigste Voraussetzung ihrer Existenz. Da Energie nicht selbst erzeugt werden kann, ist es für alle Lebewesen Voraussetzung, dass sie die für sie notwendigen Energiemengen aus Umweltquellen gewinnen. Erlischt diese Fähigkeit, dann erlischt ihr Leben, sie sterben. Bei der Fortpflanzung wird soviel Energie weitergegeben, dass die Nachkommen die für ihr selbstständiges Leben notwendige Energie besitzen.

Da es 1970, als ich die Energontheorie veröffentlichte, keine gemeinsame Bezeichnung für energieerwerbende Systeme gab, benannte ich sie "Energone". Die Energontheorie behauptet, dass alle Lebewesen – notwendigerweise – die gemeinsame Eigenschaft haben, entsprechende Energiemengen aus Umweltquellen zu gewinnen. Bei den Pflanzen ist es die Energie des Sonnenlichtes, das sie durch den Vorgang der Photosynthese in ihren Dienst zwingen. Alle Tiere befleißigen sich einer räuberischen Erwerbsform.

Sie fallen Energonkollegen an, fressen ihre Teile, verdauen sie, und machen die gewonnene Energie den eigenen Zielen zugänglich. Bei den Menschen kam es zur Fähigkeit weitere mannigfache Energiequellen zu erschließen. Da alle Lebewesen aus zahlreichen Organen bestehen, die arbeitsteilig wirken, geht bei den verschiedenen Lebensäußerungen viel Energie über Entropie verloren. Deshalb müssen sie wesentlich mehr Energie gewinnen, als ihre Gesamttätigkeit an solcher verbraucht. Sie müssen also alle positive Energiebilanzen erwirtschaften. Bei höher entwickelten Lebewesen muss nicht selten bis 100mal mehr Energie gewonnen werden, als sie für ihre Lebensäußerungen benötigen.

1. Nach heutigem Forschungsstand nahm der Prozess Leben vor ca. 4 Milliarden Jahren in den damaligen Urmeeren seinen Anfang. Durch Zusammenschluss von Atomen und Molekülen bildeten sich größere strukturelle Einheiten, die die Eigenschaft hatten, Eigenbewegungen auszuführen und besondere Leistungen zu erbringen. Mehr als 3 Milliarden Jahre lang blieb die Lebensentfaltung auf die Meeresräume beschränkt.
Es dauerte mehr als 180 Millionen Jahre, bis die perfekte Struktur der Zelle entstand. Aus ihr entwickelten sich mannigfache Arten von "Einzellern", die fast die gesamten Meeresräume zu besiedeln vermochten. Vor mehr als 2 Milliarden Jahren entstanden dann aus den Einzellern die ersten Vielzeller. Sie entstanden, indem sich bei der Fortpflanzung die Zellen nicht mehr trennten, sondern immer größere Klumpen bildeten, bei denen es zur Arbeitsteilung und zur Ausbildung vielzelliger Organe kam. Dadurch steigerte sich die Entfaltung des Lebensstromes erheblich. Es kam zur Entstehung immer neuer und leistungsfähigerer Energone.

Professor Dr. Hans Hass mit Lisa Löhner Ph. D. (h.c.) und Tochter Antonia Löhner anlässlich der Würdigung seiner "Energon-Theorie" 2005 bei der Verleihung des "Award Of Excellence For Humanity In Gold"

Erst vor ca. 400 Millionen Jahren hatten sich die Vielzeller so weit entwickelt, dass es manchen Arten möglich wurde, auch auf das trockene Land vorzudringen. Es entstanden die Mollusken und Insekten, die Amphibien und Reptilien, die Vögel, die Säugetiere und schließlich auch die Menschen.

2. Der Mensch ist bis heute der Überzeugung, dass er Höhepunkt und Abschluss der Evolution des Lebens sei. Das stimmt jedoch nicht. Die Besonderheit des Menschen besteht darin, dass sich bei diesem Energon die geistigen Fähigkeiten so weit gesteigert hatten, dass es ihm möglich wurde, seinen Körper selbst zu verbessern. Während bei allen übrigen vielzelligen Organismen die Organe stets aus Zellen gebildet sind, wurde es dem Menschen möglich zusätzliche Organe künstlich herzustellen. Man denke etwa an das Messer, den Wurfspeer, das Boot und schützende Häuser.

Der immense Vorteil dieser zusätzlichen Organe besteht darin, dass sie abgelegt und gegen andere ausgetauscht werden können. Schon Darwin wies darauf hin, dass es nicht auf das äußere Erscheinungsbild der Organe, sondern auf ihre Leistungsfähigkeit ankommt. Gemäß der Energontheorie ist es sekundär, ob ein Organ mit dem übrigen Körper fest verwachsen ist oder nicht. Auf das Überleben des Bestgeeigneten kommt es an.

Der Mensch wurde so zu einem Spezialisten in vielseitiger Spezialisation.

Es entstand das Energon berufstätiger Mensch, der durch eigene Leistungen die Leistungen anderer erwerben und für sich nutzbar machen kann. Das erste Erwerbsprinzip war der Tausch, dann kam es zur Herstellung des Geldes, das zum Universalvermittler wurde.

Die Entstehung der verschiedenen Berufe verlief analog der Entstehung von immer neuen Arten bei den Ein- und Vielzellern. Bei den so entstehenden neuen Energonen ist der Mensch steuerndes Zentrum immer größerer Energone, die aus einer Vielheit zusätzlich gebildeter Organe bestehen. Im Weiteren entstanden Wirtschaftsunternehmen, Industrien und Konzerne.

3. Da es dem Menschen möglich wurde, seinen Energieerwerb immer mehr zu steigern, konnte er sich auch Fortschritte leisten, die seine Annehmlichkeit erhöhen. Sie stellen zwar Energieausgaben dar, die sich jedoch als Impuls für weitere Energonbildungen erwiesen. Im Anschluss an die Einzeller und Vielzeller entstand so die große Vielzahl von größeren Lebenseinheiten, die man, weil sie nur noch zum Teil aus Zellen bestehen, als "Hyperzeller" bezeichnen kann.

4. Die Machtsteigerungen der Hyperzeller führten allerdings auch zu erheblichen Nachteilen. Durch die vom Menschen entwickelte Technik, Kultur und Industrie, etc. wurden seine Energone den Tieren und Pflanzen so überlegen, dass sie diese immer mehr zurückdrängten, was bald auch das eigene Interesse schädigte.

Heute sind wir an dem gefährlichen Punkt gelangt, dass die immer weitere Steigerung der Energonbildung die Gesamtentwicklung des Lebensstromes gefährdet. Der Planet Erde hat nur eine beschränkte Größe und Kapazität. Schon bei den Pflanzen und Tieren bestand ein mörderischer Konkurrenzkampf, der sich bei den vom Menschen gebildeten Energonen noch wesentlich steigerte.

In den letzten Jahrzehnten kam es zu einer explosiven Vermehrung des Menschen und seiner Hyperzeller. Trotz seiner Intelligenz gelangt er nicht zur Erkenntnis, dass dies zu einer Selbstzerstörung der Lebensentfaltung führen kann. Eine Problematik auf die er in keiner Weise vorbereitet ist, da die gesamte Entwicklung des Lebens auf einem ständigen Drang nach Höherentwicklung, Luststreben und Machtsteigerung fußt. Es fehlt an einer adäquaten Bremse, die den Menschen zu einer größeren Bescheidenheit und Einschränkung seiner Wünsche führen muss.

5. Drei Hauptprobleme zeichnen sich ab:
Erstens, die nicht mehr vertretbare Zunahme der Weltbevölkerung,
zweitens, das zum Götzen gemachte Wirtschaftswachstum
und drittens die Nutzbarmachung von Kernenergie. Wie die Geschichte zeigte, treten immer wieder Individuen in Erscheinung, die auch zu sinnloser Zerstörung fähig sind.

Auf die Nutzbarmachung von Kernenergie muss ganz offensichtlich total verzichtet werden. Gelingt dies, besteht kein Grund, warum sich die Lebensentfaltung nicht über Jahrmillionen fortsetzen sollte. Gelingt dies nicht, dann besteht die deutlich erkennbare Gefahr einer Selbstvernichtung aller bisherigen technischen und kulturellen Fortschritte.

Prof. Dr. Hans Hass

Karl Ludwig Schweisfurth auf „Leo Tolstoi"
beim Aufschneiden der nach Russland vom "Gut Herrmannsdorf"
mitgebrachten Köstlichkeiten

Karl Ludwig Schweisfurth, Metzgermeister, Gutsbesitzer, Biobauer, Umweltpionier, Tierschützer und Visionär

Die Würde der Tiere

Karl Ludwig Schweisfurth war einer der größten industriellen Wurstfabrikanten Europas. Aufgrund eines persönlichen Bewusstseinswandels und der Überzeugung, dass kein Segen auf der Massentierhaltung liegt, verkaufte er seine Firma und sagte industrieller Automation, Discountern, Lidl und Co. "Lebewohl." Schweisfurth sieht sich aber nicht als Aus- sondern Umsteiger, der seinem erlernten Handwerk treu geblieben ist und lediglich die "Richtung geändert" hat.

Das von Karl Ludwig Schweisfurth nach seinem "Umstieg" erworbene Gut Herrmannsdorf bei München fungiert heute als Zentrum und Drehscheibe eines Netzwerkes zwischen Bauern und Konsumenten. Die "Herrmannsdorfer Landwerkstätten" befinden sich 30 km südöstlich von München im Landkreis Ebersberg und gehören zur Gemeinde Glonn.
Die Landwerkstätten sind ein ökologisches Unternehmen für Ackerbau und Viehzucht sowie zur Erzeugung und Vermarktung von frischen Lebens-Mitteln in handwerklich hergestellter, ökologischer Qualität aus der Region. Sie bilden damit eine Synthese aus landwirtschaftlicher Erzeugung von Pflanzen und Tieren, der Lebensmittelverarbeitung in Metzgerei, Bäckerei, Brauerei und Käserei und der Vermarktung im Hofmarkt in Herrmannsdorf.

Karl Ludwig Schweisfurth, der vom Saulus zum Paulus wurde, tritt heute erfolgreich und vehement dafür ein, dass den Tieren jene Achtung erwiesen wird, die ihnen auf Grund unserer Schöpfungsverantwortung zugestanden werden muss.

In seinen Büchern spricht er zum Leser in klarer, für alle verständlicher Sprache, die Botschaft dahinter ist immer dieselbe: Die Achtsamkeit beim Umgang mit der Natur und die Ehrfurcht vor der Schöpfung stehen für ihn als oberstes Gebot. Karl Ludwig Schweisfurths Sorge, dass die globale Umweltsituation eskalieren könnte, lässt ihn tun, was er tun muss.

Jenes Erlebnis, das ihn am stärksten geprägt hatte, sieht Schweisfurth als Leitfaden und Patentrezept für junge Menschen, die im Bewusstsein ihrer Verantwortung zur Selbständigkeit erzogen werden sollen: Als Karl Ludwig 1955 nach einjähriger Praxis als Metzger aus den Fleischwarenfabriken der USA nach Hause in den elterlichen Betrieb zurückkehrte, meinte er zu seinem Vater: " Wir leben hier ja noch im Mittelalter, guck mal, was ich alles gelernt habe" .

Einige Tage ließ der Vater den jungen Karl Ludwig im Betrieb seine Thesen und Vorstellungen über neue Arbeitstechnologien verkünden, meinte dann aber in einem persönlichen Gespräch zu ihm: "Sprich nicht davon, was wir besser machen sollten, mach es selbst! Du kannst es, streng dich an – ich helfe Dir dabei"!

Es waren schicksalsschwere Worte, die Karl Schweisfurths Leben rückblickend nachhaltig beeinflusst haben. Grundsätze, die er auch seinen Kindern als Basis für Disziplin und Eigenverantwortung auf ihren Lebensweg mitgegeben hat.

Sein immerwährendes Bemühen, einer Vielzahl junger Menschen berufliche Chancen einzuräumen und die Vision Karl Ludwig Schweisfurths, dass wir Menschen in harmonischem Gleichgewicht, Tiere und Pflanzen gleichermaßen achtend, in Frieden nebeneinander leben können und tagtäglich für dies Ziel einzustehen, machen ihn zu einem der bedeutendsten Visionäre unserer Zeit.

Karl Ludwig Schweisfurth mit Ehefrau Dorothee bei der "Parade der Tiere"
auf Gut Herrmannsdorf anlässlich seines 75. Geburtstages

Praktisch gelebte Schöpfungsverantwortung
Karl Ludwig Schweisfurth

Wenn Karl Ludwig Schweisfurth seinen Gästen im "Schweinsbräu", dem hofeigenen Gasthaus in den Hermannsdorfer Landwerkstätten ein saftiges Schweinekotelett serviert, dann ist das nicht einfach nur ein schönes, schmackhaftes Essen, sondern eine Zeremonie.

Wer meint, mit einem höflichen "guten Appetit" sei es getan, der irrt: Der Ex-Großwurstfabrikant und heutige Streiter für ökologischen Landbau und artgerechte Tierhaltung bittet die Hungrigen zunächst, ein wenig innezuhalten, bevor sie den ersten Bissen nehmen, und auch dann nicht gleich die Unterhaltung fortzusetzen, sondern genau auf den Geschmack zu achten.

In dieser Geste kommt der Stolz auf die sinnlich erfahrbare Qualität seiner Produkte zum Ausdruck, aber vor allem die Haltung, die der 75-Jährige zum Prinzip seiner Arbeit gemacht hat: die Achtung der Würde von Mensch und Tier.

Es war die fortwährende Missachtung dieses Prinzips, warum der so erfolgreiche Unternehmer am 6. Januar 1984 ("Es war am 7. Tag meiner Fastenkur") den Entschluss fasste, seinem Leben eine neue Richtung zu geben. Jahrzehnte hatte er das Familienunternehmen "Herta Wurstwaren" im westfälischen Herten geführt und dabei zu Europas größtem Fleischverarbeitungsbetrieb gemacht.

Er revolutionierte die Verarbeitungstechnik von Fleisch in Deutschland, war von 1966 bis 1979 Präsident des Bundesverbandes Deutsche Fleischwarenindustrie und Europas Fleischlobbyist Nummer Eins.

Doch die Zweifel wurden größer und die Fragen der eigenen Kinder bohrender. Nachdem er sich genau angesehen hatte, wie die Tiere, die pro Woche zu Tausenden in seinen Fabriken verarbeitet wurden, leben mussten, "bedrängte mich das atavistische Gefühl eines Frevels. Mir wurde schlagartig klar, dass Fleisch von derart gequälten Tieren keine lebensfördernde Nahrung für uns Menschen sein kann."

Und auf dem Höhepunkt seines Erfolges schaltete er diese Karriere wie mit einem Lichtschalter ab: Karl Ludwig Schweisfurth änderte im Alter von 54 Jahren sein Leben radikal, verkaufte 1984 den Milliardenkonzern "Herta" an Nestlé und erwarb das große "Gut Hermannsdorf", südlich von München, das er nach und nach zu einem ökologischen Vorzeigegut mit Bäckerei, Metzgerei, Käserei, Brauerei, Restaurant und Hofladen ausbaute.

Früher gehörte er zu den großen Industriellen Europas, heute ist er die „graue Eminenz", wenn es um Fragen artgerechter Tierhaltung, Biolandbau oder Fleischqualität geht.

Er gründete die "Schweisfurth-Stiftung", die die Agrar-Kultur fördern sollte. Karl Ludwig Schweisfurth wollte vor allem aber sehen, ob artgerechte Tierhaltung, gutes Futter und Schlachten direkt vor Ort ohne lange Transporte nicht auch zu einer besseren Fleischqualität führen kann.

Zunächst verspottet und ausgegrenzt ("Ich bin kein Bayer, kein Bauer - ich bin ja nicht mal katholisch."), wurde sein "Gut Hermannsdorf" in Zeiten von BSE, Antibiotika-Skandalen und Maul- und Klauenseuche zum Öko-Wallfahrtsort für ganz Europa.

Es bedeutete eine lange Durststrecke, dem Verbraucher immer wieder zu erklären, dass Kotelett nicht gleich Kotelett, Schinken nicht gleich Schinken und Brot nicht gleich Brot sei.

Seine Produkte, obwohl teurer, sind in seinen modernen Bio-Supermärkten quasi verkauft, bevor er sie produziert hat. Er zeigt, dass verantwortungsvoller Umgang nicht in sackleinener Langeweile daher kommen muss - und sich dennoch mit ökonomischem Erfolg verbinden lässt.

Natürlich gab es viele, die ihm abrieten und auf das Risiko verwiesen oder ihn gar für verrückt erklärten. Doch Schweisfurth war als westfälischer Dickkopf gewohnt, sich zwar die Meinungen anderer anzuhören, am Ende aber doch das zu tun, was er wollte – ohne dies lange zu begründen. "Hermannsdorf war nicht das Ergebnis analytischen Denkens. Es war eine Vision – und ich verließ mich dabei lediglich auf meine Intuition."

Außerdem hatte der Unternehmer bis dato reichlich Lebenserfahrung gesammelt, er war Mitte 50, verfügte über hohes Ansehen, war unabhängig und – er hatte das nötige Geld. Nicht alles investierte er aber effektiv.

Auch viel Lehrgeld musste der Pionier zahlen, denn er konnte damals noch nicht auf ausgefeiltes Erfahrungswissen über artgerechte Tierhaltung und die Erzeugung von natürlichem Fleisch, Schinken, Würsten, Brot, Käse und Bier zurückgreifen. "Wer konnte noch schlachtwarmes Fleisch verarbeiten? Wir mussten altes Wissen mit nicht mehr dafür ausgebildeten Menschen umsetzen und mit moderner Technik ohne Automation verbinden" so Schweisfurth. Da war die Enttäuschung groß, als er den Schweinen die Freiheit zurückgab, die - quasi zum Dank – ihre Ferkel auffraßen und totdrückten. Es dauerte auch einige Zeit, bis man jene Rasse fand, die sich zur Freilandhaltung am besten eignet.

Doch warum gerade Hermannsdorf? Warum dieses Ökotop? Warum krempelte er nicht seine Fleischfabrik um? Hätte das nicht einen viel größeren Effekt gebracht? "Das hätte ich nicht geschafft, dafür war und ist der Wettbewerbs-

druck zu groß" und meint weiter: "Und woher hätten wir die 20.000 Schweine nehmen sollen, die dort pro Woche verarbeitet wurden. Und wie die 5.000 Mitarbeiter beschäftigen?"
Schweisfurth ist zwar Visionär, aber mit klarem Realitätssinn. So weiß er auch, dass er zwar Anstöße zum Umdenken geben konnte, aber noch außer ihm bisher kein einziges Unternehmen der Fleischbranche den Betrieb umgestellt hat.

Angesichts des großen Drucks der agro-industriellen Lobby ist Schweisfurth mitunter unsicher, ob die Wende überhaupt zu schaffen ist. Doch er setzt auf die Impulse von Bürgerinnen und Bürgern und auf die Renaissance des Qualitäts-Handwerks. Dafür wirbt er unablässig. Und hat nun auch die Zeit dazu, denn die Geschäfte in Herrmannsdorf hat Sohn Karl übernommen, während Georg Schweisfurth die Öko-Supermärkte ("Basic") in großen Städten eröffnet und auf diese Weise die Idee des Vaters weiterentwickelt.

Die 1986 gegründeten Herrmannsdorfer Landwerkstätten bilden eine neue zukunftsweisende Synthese von landwirtschaftlicher Erzeugung, Lebensmittelverarbeitung und Lebensmittelvermarktung.
Auf diese Weise konnten die vielen Stufen der Verarbeitung unter einem Dach vereint werden. Es wird wieder Nähe hergestellt zwischen dem Ort, an dem die Tiere und Pflanzen wachsen und dem Ort, wo sie zu Lebens-Mitteln umgewandelt werden. Hinter diesem Verbund steht ein neues umfassendes Leitbild des achtsamen Umgangs mit allem Leben und Lebensnotwendigen, mit dem Boden, dem Wasser, der Luft, den Pflanzen, den Tieren und den Menschen.

Karl Ludwig Schweisfurth dazu: "Ich lade Sie ein, mit mir über den Wert unserer Lebens-Mittel nachzudenken. Sie sind die Basis unseres Lebens und unserer Lebensqualität. Das Wort Lebens-Mittel sagt uns, dass es dabei um Mittel zum Leben geht, um Gesundheit und Wohlergehen für ein gesundes und kraftvolles Leben".
Und im Bewusstsein, dass jede große Änderung eingefahrener Systeme nur von der Basis aus verändert werden können, ruft er die Konsumenten zu mehr Eigeninitiative auf und fordert eine neue "Agrar- und Esskultur": " Wir Verbraucher müssen lernen, Lebens-Mittel nach ihrer Qualität einzuschätzen und nicht nur nach dem Aussehen und dem billigsten Preis".
Seine Erfahrung ist: "Wichtiger als der äußere, schöne Schein und der tiefste Preis ist der "innere Wert" unserer Lebensmittel. Wo kommen Sie her? Wie ist die Pflanze gewachsen? Wie hat das Tier, von dem ich esse, gelebt, was hat es gefressen?"

Der Idealzustand: Bauern und Tiere in Harmonie und Einklang mit der Natur

Auch die Bauernschaft sei heute mehr denn je gefordert, meint Schweisfurth : "Wertvolle Pflanzen, in denen alles drin ist, was wir Menschern und unsere Tiere brauchen, gedeihen nicht in intensiv genutzten Monokulturen. Sie wachsen nur auf lebendigem, fruchtbaren Boden".

In seinem Buches: "Pures Leben – Die Gaben der Natur genießen" manifestiert sich einmal mehr Karl Ludwig Schweisfurths berechtigter Stolz auf das Erreichte und die Zufriedenheit über sein erfülltes Lebenswerk mit folgender Einladung: "Ich habe mir meinen Traum erfüllt und möchte, dass sie an ihm teilhaben können. "Pures Leben" führt sie auf den Weg, den ich viele Jahre gegangen bin und die Herrmannsdorfer Landwerkstätten verkörpern ein Ziel, das ich bereits erreicht habe: Im Einklang mit der Natur zu leben und achtsam im Umgang mit Pflanzen und Tieren zu sein.

Und meint dann im Vorwort weiter:

"Ich habe einen langen Weg hinter mich gebracht – vom industriellen Großunternehmer zum ökologisch wirtschaftenden Lebens-Mittel-Hersteller. Das beschreibt schon in großen Zügen den Traum, von dem ich spreche, der für mich Wirklichkeit geworden ist, verbunden mit viel Arbeit, hohem Einsatz, großem Enthusiasmus und der Begegnung vieler Menschen.

Ich selbst war auf dem Weg, die Bodenhaftung zu verlieren, aber glückliche Umstände haben es gefügt, dass ich die Vision eines neuen Verhältnisses zwischen Mensch und Umwelt verwirklichen konnte – den Aufbau der Herrmannsdorfer Landwerkstätten".

Und die ganze Seele eines großen Visionärs und Menschen, der sorgsam mit der Schöpfung umzugehen weiß, wird offenbar, wenn er mit den Sätzen schließt: "Mir sind so viele Möglichkeiten eröffnet worden, die Natur neu zu erkennen, den Wert des Alten zu begreifen, ohne dabei Neues abzulehnen, dass ich voller Dankbarkeit allen gegenüber bin, die dabei mitgeholfen haben.
Es soll die Achtsamkeit sichtbar werden lassen, die wir dem Leben und der Natur um uns herum schulden.
Die Achtsamkeit vor den Menschen, den Tieren, den Pflanzen, dem Wasser, der Luft und dem Boden.

Die Achtsamkeit vor dem puren Leben!"

Wie herrlich weit haben wir's gebracht / I

Wie die "Lidlisierung" unserer Wirtschaft immer mehr unser Leben bestimmt.

Im Epizentrum des wirtschaftlichen und sozialen Tsunami, der unsere westliche so genannte zivilisierte Welt zutiefst erschüttert, stehen weltweit einige große Handelsunternehmen. Sie haben im harten Wettbewerb um den Verbraucher den billigsten Preis in den Mittelpunkt ihrer Geschäftspolitik gestellt.

Stellvertretend für diese Unternehmen seien genannt:

> Lidl - Markenqualität immer billig!
> Aldi – Wieder Preise gesenkt!
> Wal-Mart – Die Preise bleiben unten. Immer!
> Saturn Hansa - Geiz ist geil!
> Media Markt - Ich bin doch nicht blöd!
> IKEA – Wohnst du noch oder lebst du schon?

Von den Handelsunternehmen geht ein ungeheurer Druck auf die ganze Wirtschaft aus bis in die letzten Verästelungen hinein. Mit äußerster Konsequenz und großer Härte wird die Niedrigpreispolitik durchgesetzt. Das spüren zuerst die eigenen Mitarbeiter. In den Lebensmitteldiscountern gibt es keine fachliche Beratung mehr, keinen Dialog zwischen Verkäufer und Käufer, nur noch Angelernte, die Regale einräumen und Packungen über den Kassenscanner schieben, langweilig, öde! Das spürt vor allem aber die Industrie, die die Produkte herstellt und an den großen Handelsunternehmen wegen ihrer Marktmacht nicht vorbeigehen kann.

So stehen die Unternehmen ständig unter Hochdruck. Das betrifft vor allem deren Mitarbeiter, die immer intensiver arbeiten müssen oder herausfliegen, um durch billige Hilfskräfte von irgendwoher ersetzt zu werden. Alle Möglichkeiten der Automatisation, die moderne Wissenschaft und Technik anbieten, werden genutzt, um teurere menschliche Arbeit durch billigere Automaten zu ersetzen, oder die Arbeitsplätze werden gleich in Niedriglohnländer verlagert. So geht "einfache" Arbeit für "einfache" Menschen unwiederbringlich verloren.
Die wenigen Handgriffe, die an den Fließbändern bleiben, werden immer dümmer und langweiliger und lassen die Menschen verblöden, bis auch die wegrationalisiert sind. Bei der Produktion von Lebensmitteln wird deren Zusammensetzung an die Grenze des gesetzlich Möglichen gebracht.

Alle Chancen weltweiten Einkaufs billigster Rohstoffe werden genutzt. Das alles führt zwangsläufig zu einer ständig schleichenden Verringerung der inneren Qualität. Das, was in den Lebensmitteln drin sein sollte an lebensfördernden Stoffen, Kräften und Wirkungen ist immer weniger vorhanden, dafür aber immer mehr Schadstoffe, die nicht hineingehören und deren Langzeitwirkung wir noch nicht kennen.

Die Produzenten von Lebensmitteln geben den Druck konsequent und in voller Härte an die Landwirte weiter. Diese wiederum nutzen alle Möglichkeiten von Technik, Chemie und immer mehr gentechnisch veränderten Futtermitteln aus aller Welt, um billiger zu produzieren und merken kaum, dass sie sich ihre Böden und ihre Tiere auslaugen und dass sie immer mehr in die Abhängigkeit des agro-industriellen Systems und der Banken geraten.

So wird unmerklich ein wesentlicher Teil unserer europäischen Kultur zerstört: die bäuerlich geprägte Lebens- und Arbeitsweise auf dem Lande und damit die vertraute Kulturlandschaft, die wir liebevoll Heimat nennen. Das Lebensmittelhandwerk mit seinem umfassenden Wissen und den in Jahrhunderten angesammelten Kenntnissen und Erfahrungen geht langsam verloren und damit Stück für Stück von der Vielfalt und dem Reichtum der Lebens-Mittel in den europäischen Regionen, auf die wir stolz sind.
Der ländliche Raum wird langweiliger und blutet aus. Die Bauern verladen ihre Tiere und ihre Milch und sehen sie, wunderschön verpackt mit schönen Bildern und Sprüchen versehen, im Discounter im Dorf wieder. Haben wir das gewollt? Macht das Sinn? Die auf Vertrauen und Zusammenarbeit aufgebauten lebendigen, regionalen Partnerschaften zwischen Bauern, Handwerkern, Gastwirten, etc. gehen langsam kaputt.

Das ist Marktwirtschaft pur und der Wesenskern der im Augenblick in Deutschland stattfindenden Kapitalismusdebatte. Dabei ist es schwer, Schuldige auszumachen. Alle müssen mitspielen in diesem harten, umbarmherzigen Spiel, in dem für Werte, Moral und Ethik kein Raum ist, auch wenn viele Teilnehmer innerlich schon "gekündigt" haben. Keine Regierung kann oder will wirkungsvoll etwas dagegen tun. Die Politik ist hilflos vor dieser vollkommen neuen Situation.

Die "Lidlisierung" unserer Wirtschaft wird noch eine Zeit lang weitergehen, denn sie ist auf den ersten Blick sehr effizient. Sie ist aber auch banal, lieblos, hässlich und menschlich kalt. Die Menschen, vor allem auch viele Reiche, die sich damit brüsten, sich als homo oeconomicus "vernünftig" zu verhalten, denken einfach nicht darüber nach, was sie da bewirken und unsichtbar anrichten.

Das ist vor allem ganz unverständlich für Bauern, die ständig Brüssel und die Regierungen beschuldigen und den Preisverfall beklagen, und dann bei ihren Existenzbedrohern "billig" einkaufen.

Aber der Vorteil billigster Preise wird sich langsam aber sicher als ein **scheinbarer Vorteil** erweisen, der nicht den wirklichen Interessen der Menschen entspricht, weder als Arbeiter im Räderwerk des wirtschaftlichen Getriebes, noch als Verbraucher. Immer mehr Menschen spüren, dass sie die vielen Produkte, die in Massen und in billiger Qualität angeboten werden, eigentlich gar nicht brauchen, dass die Überflutung mit materiellen Gütern nichts mit Leben, Lebensqualität und Lebens-Mittel-Qualität zu tun hat. Beim Kauf von Lebensmitteln spüren immer mehr Menschen, dass der äußere Schein sehr häufig nichts mehr mit dem inneren Wert zu tun hat, dass die vorgefertigte Nahrung immer unnatürlicher schmeckt und nicht mehr die Stoffe, Kräfte und Wirkungen vermittelt, die man für ein gutes, kraftvolles und langes Leben gebraucht. Die Nahrung ist nicht mehr "Lebens-Mittel" für Gesundheit und Wohlbefinden.

Immer mehr Menschen werden sich verweigern und versuchen, aus diesem System auszusteigen. Gegen die "Lidlisierung" bei Lebensmitteln gibt es immerhin die Möglichkeit, die altbewährte und teilweise noch vorhandene Partnerschaft zwischen bäuerlicher Landwirtschaft und regionalen Lebensmittelhandwerkern zu stärken oder wiederaufleben zu lassen und anstelle der wissenschaftlich-industrialisierten Lebensmittel eine bäuerlich-handwerkliche Lebens-Mittel-Qualität zu setzen, die sich in jeder Beziehung deutlich und konsequent unterscheidet.

Immer mehr Menschen werden "heile" und "unversehrte" Lebens-Mittel aus der Region wertschätzen. Bauern müssen Vielfalt und Qualität als Primat ihrer Arbeit verstehen und auf Höchstleistung beim Pflanzenbau und in der Tierhaltung verzichten. Handwerker müssen sich auf bewährte Herstellungsweisen, auf die gute alte "Handwerkskunst", rückbesinnen, die in den letzten Jahrzehnten durch die "Bequemlichkeit" mancher Spezialisierungen verlorengegangen sind. So muss der Mensch wieder spürbar in den Mittelpunkt des Wirtschaftens gesetzt werden und nicht der Automat.

Karl Ludwig Schweisfurth

Wie herrlich weit haben wir's gebracht / II

Warum uns die Arbeit ausgeht

Es war einmal, und das ist erst eine Generation her, ein stolzes und angesehenes Metzgerhandwerk. Über Hunderte von Jahren haben Meister durch Beobachtung und praktische Erfahrung eine Fülle an Wissen und Kenntnissen angesammelt, die von Generation zu Generation weitergegeben wurde. Das Handwerk in Europa entwickelte die große Vielfalt und Reichhaltigkeit von Schinken und Würsten, das, was wir Fleisch-Kultur nennen können. Gleiches gilt für das Bäckerhandwerk und die vielen anderen Lebens-Mittelhandwerke. Unsere Esskultur entstand in Europa vornehmlich durch das Lebens-Mittelhandwerk. Das hat es in keiner anderen Region der Welt so gegeben.

Es war einmal, und das ist erst eine Generation her, eine stolze und angesehene Bauernschaft. Bei ihr galt das Prinzip der Vielfalt und der Kreislaufwirtschaft. Der Bauer hatte über Jahrhunderte gelernt, mit seinem Standort optimal umzugehen. Es wurden nur so viele Tiere gehalten, wie man vom eigenen Boden füttern konnte mit dem, was in der Region gut wuchs. Der Dünger kam auf die Felder zurück. Die Vielfalt schützte vor Schädlingen, schwankendem Klima und schwankenden Märkten. Diese Art der bäuerlichen Landwirtschaft hat unsere europäische Kulturlandschaft maßgeblich geprägt, das, was wir liebevoll Heimat nennen.

Metzger und Bauern bildeten eine vertrauensvolle Partnerschaft. Der Metzger pflegte seine Bauern wie der Winzer seinen Weinberg, denn beide wussten, dass nur aus guten Trauben guter Wein und nur aus achtsam aufgezogenen und gut gefütterten Tieren gutes Fleisch, gute Schinken und gute Würste entstehen können. Die Tiere wurden auf kurzen Wegen geschlachtet, unmittelbar nach dem Schlachten zerlegt und noch schlachtwarm verarbeitet.
Alle ursprünglichen Stoffe, Kräfte und Wirkungen aus der Natur gingen über das Tier in das Fleisch und waren dann auch in den Schinken und Würsten enthalten. Die Kunst des Würzens war der ganze Stolz des Metzgers. Am Ende der Woche war alles verarbeitet. Frische war oberstes Gebot.

Dann kamen die großen Verführer, die den Meistern einflüsterten, es sich bequem zu machen und als erstes auf das umständliche eigene Schlachten zu verzichten. Man könne doch alle Fleischteile wunderbar standardisiert zukaufen! Der Meister könne doch auch fix und fertige Gewürzmischungen verwenden, in denen alle modernen Hilfsstoffe drin seien, die die Würste gut aussehen und gut schmecken ließen.

Ist die Zeit nicht auch reif für eine Renaissance der altbewährten Partnerschaft zwischen bäuerlichen Familienbetrieben und regionalen Lebens-Mittel-Handwerkern, die sich auf altbewährte Lebens- und Arbeitsweisen rückbesinnen und diese mit moderner Technik und zeitgemäßem Wissen sinnvoll verbinden? So entsteht wieder gute, sinnvolle Arbeit. Und so entstehen gute Lebens-Mittel, in denen wieder alles enthalten ist, was wir Menschen für ein gesundes und kraftvolles Leben brauchen.

Hier bieten sich Lösungsmöglichkeiten für die ausweglose Situation unserer Arbeitswelt. Landauf, landab schallt der Ruf "Schafft Arbeitsplätze!" oder "Gebt uns Arbeit!" oder "Mehr Innovationen!". Die Arbeit ist längst von Automaten abgeschafft und kommt nicht wieder. Innovationen bringen neue Güter, die wir meistens gar nicht brauchen - wie wir inzwischen jeden Tag lernen - oder sie schaffen neue Automaten, die Arbeit abschaffen.

Lassen wir all unsere Phantasie auf solche Visionen konzentrieren. Wir haben die Fähigkeiten und Möglichkeiten dazu.

Das wäre "des Schweißes der Edlen wert"!

April 2005

Karl L. Schweisfurth

Karl Ludwig Schweisfurth

*Karl Ludwig Schweisfurth mit Josef Andreas Holzer auf „Leo Tolstoi"
beim Vermessen*

Das Russland- Engagement

Als im Sommer 2004 Karl Ludwig Schweisfurth von Agrar-Rebell Sepp Holzer mit einem Projekt in Russland konfrontiert wird und er die gewaltige Dimension des Projektes erkennt, sagt er den Betreibern des Projektes spontan zu,
ihnen seine Erfahrung und Hilfe angedeihen zu lassen.
Über seine Eindrücke schreibt er dazu nach seiner Rückkehr folgendes:

Impressionen eines Russlandbesuches im April 2005

Erinnern wir uns: Mit der Oktoberrevolution 1917 begann eine für Russland
schreckliche Entwicklung; "Russland, ein verlorenes Jahrhundert?"

Erst haben die Kommunisten den Adel verjagt oder umgebracht. Sodann wurde ein Großteil des Klerus ausgelöscht, denn man betrachtete Religion als Opium für das Volk und bezeichnete den Klerus als Opiumhändler. Das Schlimmste aber, was die Kommunisten anrichteten, war das Auslöschen des russischen Bauernstandes. Wer sich nicht in die Kolchosen pressen ließ und dort als lohnabhängiger Spezialist arbeitete, wurde totgeschlagen oder kam in Sibirien um.

80 Jahre Kolchosen haben in den Dörfern einen Haufen Schrott, totes Land und kaputte Menschen hinterlassen, die nichts mehr können und sich nichts mehr zutrauen. Es ist tief beeindruckend und bedrückend, rechts und links der Straßen Felder zu sehen, auf denen Disteln wachsen und die nicht bestellt sind. Es macht traurig, durch verfallene Dörfer zu fahren, die von einer alten bäuerlichen Kultur zeugen, aber tot sind, in denen nur noch einige wenige Menschen wohnen, alte Frauen und betrunkene Männer.

Das erinnert an die biblische Beschreibung aus dem alten Testament: "Verflucht sei der Acker um deinetwillen! Mit Mühsal sollst du dich von ihm nähren dein Leben lang. Dornen und Disteln soll er dir tragen und du sollst das Kraut auf dem Felde essen. Im Schweiße deines Angesichts sollst du dein Brot essen, bis du wieder zu Erde werdest. Denn du bist Erde und sollst zu Erde werden." 1. Mose 3, 17-19 .

Mir hat sich bei diesem Besuch tief eingeprägt, dass ein Land ohne freie und selbständige Bauern ein trauriges und armes Land ist, ein Land ohne Hoffung, wie ein Haus ohne Fundament. Russland ist ein solches Land, das den Schöpfungsauftrag vergessen hat, nämlich "den Garten zu pflegen und das Land zu bebauen und zu bewahren".

Wenn ein Volk die Hälfte seines verzehrten Fleisches aus Brasilien, Thailand und anderen fernen Ländern importiert, weil es kaum noch Menschen gibt, die wissen, wie man einen Acker bestellt und Tiere großzieht, dann ahnt man, wie es um dieses Volk bestellt ist. Alle Kräfte des Volkes müssen sich darauf konzentrieren, diesen traurigen Zustand zu ändern und den Menschen helfen, wieder Bauern zu werden und den brachliegenden Acker zu bestellen und das Land neu zu beleben.

Dies ist die Stunde Null. Der Hektar Land ist nur einige Äpfel wert. Es wird in irgendeiner Form sicherlich und ganz bald etwas Neues entstehen. Es ist aber zu befürchten, dass dieses Neue genau unser agro-industrielles System sein wird: großflächig, mit Technik hochgerüsteter Ackerbau, mit einer automatisierten, hochspezialisierten Tierproduktion, Schlachtung und Fleischverarbeitung in Megafabriken, automatisierte Milchwerke, große Bäckereien und Brauereien usw. Das hilft den Menschen nicht! Die großen Verführer aus dem Westen werden voraussichtlich Gehör finden für die scheinbaren Vorteile einer technischen Hochrüstung.

Vorarbeiter Valerij und Sergej, der für die Schweine zuständige Mitarbeiter auf „Leo Tolstoi". Im Hintergrund Erdstall nach Sepp Holzer

Die Politiker können sich aufgrund ihrer Geschichte und Erfahrung gar nicht mehr vorstellen, dass Lebensmittelproduktion in kleinen, regionalen, bäuerlichen und handwerklichen Strukturen möglich ist, freien und selbständigen Bauern und freien und selbständigen Lebensmittelhandwerkern eine Chance bietet zu einem sinnvollen Leben.

So kann der Gesellschaft wieder eine stabile Basis gegeben werden mit selbstbewussten Bürgern. Durch den Aufbau kleiner, regionaler, bäuerlich-handwerklicher Strukturen kann den Menschen gezeigt werden, dass es auch anders geht.

Was Menschen wirklich brauchen sind einfache, überschaubare und verstehbare Strukturen des Zusammenlebens und des Zusammenarbeitens. Solche Beispiele müssen mit Bildung und Ausbildung junger Menschen verbunden sein und eine "Leuchtturm"- und "Leitbild"-Funktion bekommen.

Es gibt erste Ansätze für eine Wiedergeburt. Ein russischer Unternehmer mit Frau und Sohn haben südlich von Moskau in einem Dorf mit dem schönen Namen „Leo Tolstoi" ein Stück Land gekauft und den ernsthaften Willen, neu anzufangen, den Acker zu bestellen und Lebens-Mittel zu erzeugen und zu vermarkten nach den Ideen der Permakultur des Sepp Holzer, dem "Agrarrebell" aus dem Lungau im Salzburger Land sowie dem Vorbild der Herrmannsdorfer Landwerkstätten: bäuerlich – ökologisch – handwerklich – menschlich!

Die ersten Hügelbeete entstehen in Russland nach Sepp Holzers Angaben

Nach seinem zweiten Besuch auf „Leo Tolstoi" im August 2005 vermerkt Karl Ludwig Schweisfurth folgendes in seinen Impressionen:

Bei der zweiten Russland-Reise nach „Leo Tolstoi", etwa vier Stunden von Moskau entfernt, präsentierte sich das Land grün. Es war üppiger Sommer mit Sonnenschein, Licht, Wolken und Gewitter, ganz anders, als die graue Schnee und Matschsituation im April.
In „Leo Tolstoi" erleben wir eine fast unberührte, paradiesische Landschaft mit Flussauen, Bachläufen, Wald und weiten Feldern.

Der russische Textilunternehmer Alexander Brodowski hat beschlossen, Bauer zu werden und mit seiner Familie aus dem Nichts etwas Neues aufzubauen: Landwirtschaft nach dem Vorbild der "Permakultur" oder "symbiotischen Landwirtschaft" des Sepp Holzer, die Verarbeitung der Pflanzen und Tiere wie in Herrmannsdorf zu Lebens-Mitteln höchster bäuerlich-handwerklicher Qualität sowie Ver- und Entsorgungssysteme zu schaffen in weitgehend geschlossenen Stoffkreisläufen, die den Betrieb unabhängig machen von (meist nicht vorhandenen) Systemen von außen. Eine große Herausforderung, weil nichts da ist, aber auch eine große Chance, weil nichts da ist!

Während unseres Besuchs wird von Sepp Holzer das erste Hügelbeet angelegt und seine mitgebrachten vielfältigen Samen in die Erde gesät. Ein Augenblick großer Symbolkraft. Ich schlage die ersten Pflöcke in die Erde und deute an, wo die ersten Anlagen und Gebäude errichtet werden. Im Zentrum die Biogasanlage für die Entsorgung aller biologischen Abfälle (inklusive menschlicher Fäkalien) sowie die Erzeugung von Elektrizität, Wärme und Dünger in einem Blockheizkraftwerk.

Die ersten jugendlichen Duroc-Schweine waren schon da als Grundlage für die eigene Zucht, eine Erdhütte à la Holzer war errichtet. Dieser Bestand wird sich im Laufe der Zeit auf etwa 500 Tiere aufstocken. Das soll trotz eines langen, kalten russischen Winters mit viel Schnee überwiegend in Freilandhaltung geschehen.

Als nächstes wird eine Mutterkuhherde aufgebaut, mit einem Endbestand von etwa 130 Mutterkühen. Diese Bestände sind notwendig, um, langsamer als in der Hochleistungsmast, gute, gesunde Tiere heranzuziehen, um die Metzgerei mit etwa zehn schweren, ausgemästeten Schweinen und zwei ausgereiften Ochsen und Färsen pro Woche zu versorgen.

Die Freilandhaltung versorgt die Tiere mit reichhaltigem und vielfältigem Futter von über und unter der Erde, die in der heute üblichen Intensivhaltung gar nicht möglich ist und in der "Gen-Futter" von überall her immer üblicher wird. Die Fleisch- und Fettqualität verbessert sich deutlich. Der Anteil an mehrfach ungesättigten sowie Omega-3-Fettsäuren steigt. Das Fleisch schmeckt unvergleichlich besser.

Die Metzgerei wird nach der guten alten, bewährten Warmfleischtechnologie konzipiert. Es entsteht ein kleines, aber feines Sortiment von Fleisch, Schinken und Würsten von höchster ökologischer Qualität und mit bäuerlich handwerklichem Aussehen und Geschmack.
Wann und wo Brot gebacken wird, ist noch nicht klar; oberstes Ziel ist, mit jeder einzelnen Maßnahme dafür zu sorgen, dass heile, unversehrte Lebens-Mittel entstehen, die besonders gut schmecken und gut sind für Gesundheit und Wohlbefinden, Lebens-Mittel, in denen noch alles drin ist an Stoffen, Kräften und Wirkungen, die in echten Lebens-Mitteln drin sein müssen und in denen all die Schadstoffe nicht drin sind, die nicht hineingehören und in konventionellen Lebensmitteln immer vielfältiger vorhanden sind.

In dem kleinen Dorf „Leo Tolstoi" finden wir eine besondere Bauweise vor, die mit Materialien aus dem Umfeld arbeitet und von besonderer Schönheit ist. Bei der Konzipierung der neuen Gebäude versuchen wir, die alte Formen- und Materialsprache aufzunehmen und sie zu ergänzen mit den Notwendigkeiten und den Möglichkeiten unserer Zeit. Wenn alles gut geht, wird das erste Gebäude im Herbst errichtet.

Sepp Holzer mit „Duroc"-Schweinen auf „Leo Tolstoi"

Gleich von Anfang an soll eine Schule entstehen, die „Leo Tolstoi" - Landwirtschafts- und Lebens- Mittel-Schule, in der unsere besondere Art von Landbewirtschaftung und Tierhaltung in "Symbiose" von Mensch, Tier, Pflanze, Boden, Wasser und Luft sowie unsere Art von natürlicher, handwerklicher "Lebens-Mittel-Erzeugung" gelehrt und praktiziert wird.

Die Jugendlichen sollen in den Betrieben mitarbeiten und sich so den Unterricht "verdienen". Auch das Zubereiten von Lebens-Mitteln und das gemeinschaftliche Speisen gehören zum Alltag. Ein Unterrichtsplan muss dafür erarbeitet werden.

Es muss sehr sorgfältig überlegt werden, wie der Wissenstransfer gestaltet wird. Fachwissen unserer Art ist bei den russischen Mitarbeitern nicht vorhanden (bäuerliche und handwerkliche Fähigkeiten sind bekanntlich in den Dreißiger Jahren des letzten Jahrhunderts mit Stumpf und Stiel ausgerottet worden). Dazu kommt die sprachliche Barriere. Zeigen und vormachen wird wohl die wichtigste Methode sein. Reden und Erklären ist die ergänzende Methode.

Was ist es, was Sepp Holzer und mich motiviert, Zeit und Mühen auf uns zu nehmen und mitzuhelfen, in einem fernen Land, eine vernünftige, natürliche Land- und Ernährungswirtschaft aufzubauen? Vielleicht einen "Leuchtturm" zu schaffen.

Für mich sind es drei Motive:
- Zweimal sind im letzten Jahrhundert deutsche Armeen als Eroberer und Feinde in Russland eingefallen. Hass und Leid haben sich schrecklich eskaliert. Heute kommen wir als Freunde: können wir helfen, etwas wiederaufzubauen, was verlorengegangen ist?
- Ist es möglich, eine Renaissance von bäuerlicher Landwirtschaft in Partnerschaft mit einem regionalen Lebensmittelhandwerk zu bewirken und befördern – im Gegensatz zur heute vorherrschenden industriellen Automation?
- In Russland ist bisher nur wenig reglementiert. So gibt es die einmalige Chance, innovative, vernünftige Dinge zu machen, die hier durch Gesetze und Verordnungen bis ins kleinste Detail reglementiert, überhaupt nicht möglich sind.

Für Sepp Holzer ist das Hauptmotiv die Herzlichkeit und die Offenheit der Menschen, die er kennen gelernt hat und deren positive Haltung trotz aller bescheidener Lebensumstände. Das vermochte er zu spüren, auch ohne sprachliche Verständigung.

Karl Ludwig Schweisfurth

Die Schweisfurth - Stiftung

Die Schweisfurth - Stiftung fördert Wege in eine lebenswerte Zukunft. Nachhaltigkeit im Umgang mit der Natur ist dabei ebenso maßgeblich wie die kreative Gestaltung kultureller Zusammenhänge.

Daher fühlen wir uns Vordenkern der Zukunft ebenso verpflichtet wie Praktikern und Kunstschaffenden aus den Bereichen Ernährung, Gesundheit, Landwirtschaft, Tierzucht, Bildung und Erziehung.

Besonders wichtig ist uns innovatives Engagement für die Schaffung echter Lebensqualität.

Aufgaben und Aktivitäten

1. Die Förderung der Wissenschaft, insbesondere der Erforschung und Entwicklung von gesunder, naturgemäßer Ernährung, naturgemäßer und umweltfreundlicher Methoden des Landbaus und der natur- und artgemäßen Haltung von Tieren unter Berücksichtigung eines nachhaltigeren Umgangs mit den natürlichen Ressourcen, einschließlich der intelligenten Nutzung von Energie und einer den Menschen und der Natur gemäßen Bauweise sowie einer Arbeit, die Mensch und Natur achtet.

2. Die Förderung der Bildung

3. Die Förderung von Kunst und Kultur als Beitrag für einen kreativen und behutsamen Umgang mit der natürlichen und sozialen Mitwelt.
Besonders wichtig ist uns innovatives Engagement für die Schaffung echter Lebensqualität.

Karl Ludwig Schweisfurth und Alexander Brodowski auf "Leo Tolstoi"

Aussagen von Karl Ludwig Schweisfurth persönlich:

Was soll der Quatsch: Immer noch mehr Zentner pro Hektar, immer noch mehr Milch pro Kuh?

Ein Drittel der Lebensmittel wird heute weggeworfen.

Wir essen viel zu viel "tote Nahrung"

Wir müssen uns immer öfter die Frage stellen: Was essen wir und woher kommt es?

Niemand soll glauben, dass der Stress und die Angst der Tiere, die diese vom Bauernhof bis zum Schlachthof erleiden, sich nicht im Fleisch manifestiert.

Alles ist mit Allem verbunden.

Es ist eine Kette: Der Boden verarmt durch intensive Nutzung, die Pflanzen beinhalten immer weniger Nährstoffe, Kräfte und Wirkungen. Das Fleisch der Tiere, die diese Pflanzen fressen, wird immer ärmer an "inneren" Werten und langweiliger im Geschmack. Die Menschen, die dieses Fleisch essen, werden nicht mehr ausreichend versorgt. Was drin sein sollte ist nicht mehr drin, dafür immer mehr Schadstoffe. Und dazu kommt dann noch die Gentechnik!

Gentechnik? Nein! Beim Eingriff in die Erbsubstanz hört sich der Spaß auf!

Man braucht nicht 8 Semester zu studieren, um zu begreifen, dass da vieles nicht mehr stimmt und dass Gentechnik eine widernatürliche und menschenfeindliche Technologie ist.

Wenn alles industriell automatisiert wird, geht unsere Identität und Heimat verloren.

Die Zukunft liegt in der echten, handwerklichen Dorfmetzgerei, im ökologischen, nachhaltigen Landbau, in artgerechter Tierhaltung und qualitativ hochwertigen, biologisch hergestellten Lebens-Mitteln.

Das Symbol für Freiheit in den USA, eine Freiheit die immer mehr in Frage gestellt wird

**Andrew Kimbrell Dr.
Rechtsanwalt für Lebensmittelsicherheit
in den USA, Autor und einer der
"100 Visionäre der Welt"**

Das Spiel mit den Genen auf dem Rücken der Menschheit

Welt ohne Gentechnik - Welt ohne Hunger

Andrew Kimbrell ist ein besorgter Mann. Er ist besorgt um unsere Umwelt, die Gesundheit und Sicherheit unserer Ernährung und die Auswirkungen der Technologie auf die Natur und die Gesellschaft. Er befasst sich nicht mit den internen Problemen und Streitigkeiten von Personen sondern versteht sich als Rechtsanwalt für Ernährung, Natur und Umwelt. Kimbrell ist aber nicht nur Anwalt des öffentlichen Interesses sondern auch Aktivist und Autor, um den Menschen die Tragweite der auf sie zukommenden Probleme auch vermitteln zu können.

Am meisten sorgt er sich um den Fortbestand unseres Planeten und die Zukunft unserer Kinder, die - wenn wir so weitermachen, wie bisher – all ihrer Lebensbedingungen beraubt sein werden.
Kimbrell, der das "Center for Food Safety" und dessen Dachorganisation, das "International Center for Technology Assessment" in Washington DC, USA leitet, wird als Mann beschrieben, der "in sich die sinnliche Passion eines Konzertpianisten mit dem knallharten Intellekt eines aktivistischen Anwalts vereinigt".

Die Schilderung des schonungslosen Vorgehens mit der Bevölkerung in den USA in Bezug auf die ungekennzeichnete Verbreitung von gentechnisch veränderten Lebensmitteln im Handel und die daraus resultierenden Folgen für die Gesundheit wird ein Beitrag in diesem Buch sein. Zum anderen befasst sich der Bericht Dr. Kimbrells damit, dass das "Überschwappen" amerikanischer Verhältnisse nach Europa eine enorme Bedrohung für unseren Kontinent darstellt, da dieser in wenigen Jahren ebenso mit Gentechnik verseucht werden könnte, wie dies in Amerika, Kanada, Indien und anderswo bereits der Fall ist.

Auch wenn sich die meisten Europäischen Staaten zu einer gesetzlichen Kennzeichnungspflicht entschlossen haben, bleibt die Tatsache bestehen, dass wir jeden Tag eine Mehrzahl gentechnisch veränderter Produkte zu uns nehmen, da es folgende "Graubereiche" bei gentechnisch veränderten Lebensmitteln und Nutzpflanzen gibt:

1) Gentechnisch verändertes Tierfutter (wie. z.B. Soja) das einen Haupt-
bestandteil der Nahrung vor allem bei Schweinen darstellt (Österreich-
Importe jährlich 600.000 Tonnen), braucht nicht als "gentechnisch
verändert" deklariert zu werden, da die Auffassung vertreten wird, dass
die fremde DNA im Tiermagen durch den Verdauungsprozess abgebaut
wird. Eine These, die von seriösen, unabhängigen Wissenschaftern als
längst widerlegt gilt.
2) Gentechnisch veränderte Zusatzstoffe (wie z.B. Stärke, Glucose oder
Sojalecithin, Aspartam), die in über 70% unserer Nahrungsmittel
enthalten sind, entziehen sich ebenso der Kennzeichnungspflicht, da der
gentechnisch veränderte Anteil im Nahrungsmittel "als zu gering"
angesehen wird. Ein Anteil von 0,1 bis 0,9% Gentechnik in Lebensmitteln
gilt in Österreich als „Gentechnikfrei".
Das ist ungefähr dasselbe, als würde man einer Frau, die erst im zweiten
Monat "guter Hoffnung" ist, erklären, sie wäre ohnehin nicht schwanger.

Auch in der Schaffung gentechnikfreier Zonen sieht Andrew Kimbrell ein Problem für die Zukunft, da jede noch so große, von Gentechnik freigehaltene Region auf Dauer von umgrenzenden Gentechnik-Anbaugebieten hoffnungslos
kontaminiert wird.

Seine Message ist klar und unmissverständlich: " Solange diese Technologie
nicht ausreichend erforscht und überprüft wurde, ist eine Ausbringung in die
Natur in jeder Hinsicht unverantwortlich.
Jeder, der die diesbezüglich gebotene Vorsicht verabsäumt und sich deren Verantwortung entzieht, wird für die, in Folge an Menschen, Natur und Umwelt
auftretenden, irreparablen Dauerschäden die Verantwortung zu tragen haben".

Der "Hunger der Welt", der immer wieder für den Einsatz von Gentechnik in
der Landwirtschaft verwendet wird, ist in Wahrheit nur ein Problem der Lo-
gistik und Verteilung, da genug Nahrungsmittel in Überfluss zur Verfügung
stehen. Alleine in Russland liegen viele Millionen Hektar fruchtbarsten Acker-
bodens ungenutzt brach! (Anmerkung des Autors)

Dr. Andrew Kimbrell ist gleichzeitig Herausgeber von "Fatal Harvest: The Tra-
gedy of Industrial Agriculture" und des "Green Lifestyle Handbook" und Autor von "The Human Body Shop: The Engineering and Marketing of Life" ("Er-
satzteillager Mensch. die Vermarktung des Körpers") und "The Masculine
Mystique: Men and Technology."
Er ist landesweit im Radio und Fernsehen aufgetreten, so auch in The Today
Show, the CBS Morning Show, Crossfire, Headlines on Trial und Good Morning America. Kimbrell hat an Dutzenden Universitäten des Landes Hunderte
Vorlesungen gehalten und bei Anhörungen des Kongresses und von Behörden
ausgesagt.
1994 ernannte die Zeitschrift "Utne Reader" Kimbrell zu einem der 100 führenden Visionäre der Welt.

Die Risiken von genmanipulierten Nahrungsmitteln für Gesundheit und Umwelt

Andrew Kimbrell Dr.

Die Biotechnologie behauptet, sie könne fremdes Genmaterial inklusive Tier- und Virengene in Nutzpflanzen einsetzen, ohne die grundlegende Natürlichkeit unserer Nahrungsmittel zu verändern.

Jedoch zeigt eine zunehmende Beweislast, dass diese veränderten Produkte ernsthafte Risiken für die menschliche Gesundheit und die Umwelt in sich tragen. Indem sie diese Beweise ignoriert, verlangt die US-Regierung weder zwingende Tests noch Kennzeichnung von genmanipulierten Nahrungsmitteln. Als Ergebnis dessen wurden Millionen von Konsumenten jahrelang ohne ihr Wissen zu Versuchskaninchen, die die Sicherheit dieser neuartigen Nahrungsmittel testen.

173

Laut der biotechnischen Industrie werden in den nächsten 5 bis 10 Jahren beinahe 100 Prozent der US-amerikanischen Nahrungsmittel und Fasern genmanipuliert sein. Das Menü dieser ungekennzeichneten GE-Nahrungsmittel und Nahrungszusätze beinhaltet Sojabohnen, Sojaöl, Mais, Kartoffeln, Squash (Kürbis), Canolaöl (Raps), Baumwollsaatöl, Papaya und Tomaten. Eine Langzeitkonsumation dieser genmanipulierten Nutzpflanzen führt zu einigen beispiellosen Risiken für die menschliche Gesundheit, da bisher in keiner Weise weder die Technik dazu beherrscht wird, noch die sich daraus ergebenden Bedrohungen für Gesundheit und Umwelt ausreichend erforscht sind.

Diese "Schüsse ins genetische Dunkel" werden immer öfter durchgeführt. Im Jahr 2001 wurden in den USA mehr als vier Dutzend gentechnisch veränderte (GE) Nutzpflanzen angepflanzt oder verkauft. Auch ein Großteil der verarbeiteten Nahrungsmitteln reagiert positiv auf die Suche nach GE-Zusätzen. Außerdem stehen Dutzende neue GE-Nutzpflanzen im letzten Stadium ihrer Entwicklung und sollen bald für die Umwelt freigegeben und auf dem Markt verkauft werden.

Millionen Bauern demonstrieren in Indien und brennen die Konzernzentralen eines der größten Gentechnikkonzerne der Welt nieder. Quer durch Europa und die Vereinigten Staaten gehen Tausende auf die Straßen und verlangen ihr Recht auf Aufklärung. Aktivisten reißen klammheimlich Nutzpflanzen aus und verbrennen sie. Gerichte in Europa und Südamerika verordnen Stopps für Pflanzenanbau.
Die Vereinigten Staaten jedoch führen einen beispiellosen Handelskrieg gegen den Rest der Welt.
Was ist die Ursache für diesen historischen Nahrungsmittelkrieg? Es ist die Gentechnik in der Landwirtschaft, es sind genmanipulierte Nahrungsmittel!

Obwohl sie schon fast mehr als ein Jahrzehnt existieren, haben genmanipulierte oder biotechnische Nahrungsmittel, im weiteren GE-Nahrungsmittel genannt, (Gentechnik zu englisch Genetic-Engeneering) eine berechtigte, internationale Angst erzeugt, die nicht abklingen will.
Während der letzten Jahre ist der Streit über gentechnisch veränderte Nahrungsmittel besonders in den USA angeheizt worden. So gut wie alle "entwickelten" Länder verlangen heute eine Kennzeichnung dieser Nahrungsmittel. Trotzdem hat sich die US-Regierung geweigert, Sicherheitstests oder die Kennzeichnung für gentechnisch veränderte Produkte zu verlangen.

In diesem behördlichen Vakuum enthalten bis zu 70 Prozent der verarbeiteten Nahrungsmittel in den USA irgendwelche Gentechnik-Zutaten und über siebzig Millionen Morgen Land wurden mit diesen Pflanzen bereits bebaut. Das hat zu Recht einen Großteil der Bevölkerung verärgert, die sich ernsthaft über die Sicherheit von Gentechnik-Nahrungsmitteln Sorgen macht und darüber, dass ihr das Recht, über genmanipulierte Nahrungsmittel Bescheid zu wissen, verweigert wurde.

Zahlreiche gerichtliche Schritte wurden gegen die Regierung und die Hersteller von biotechnischen Nahrungsmitteln eingeleitet. Hunderttausende Menschen, darunter viele Wissenschaftler, Konsumentenanwälte und Kirchenführer, haben gegenüber staatlichen Behörden Stellungnahmen abgegeben, in denen sie Kennzeichnung und Überprüfung verlangen.

Gentechnikkonzerne zeigen sich über die massiven Kontroversen, die sie erzeugt haben, erstaunt und hören nicht auf zu behaupten, dass diese Nahrungsmittel "gleich wie natürliche Nahrungsmittel seien". Weiters behaupten sie, diese seien "die am meisten getesteten und geprüften Nahrungsmittel in der Geschichte". Ein genauer Blick auf gentechnisch veränderte Nahrungsmittel straft diese Aussagen der Unternehmen jedoch Lügen.

Gentechnisch veränderte Nahrungsmittel unterscheiden sich qualitativ von allen anderen Nahrungsmitteln, die wir jemals gegessen haben, und das Versäumnis, die Auswirkungen dieser Nahrungsmittel auf die menschliche Gesundheit und die Umwelt zu kontrollieren, führte zu einer virtuellen "Black Box" ernster und unbeantworteter Fragen über ihre Folgen.

Während die Gentechnikindustrie gerne behauptet, dass es biotechnische Nahrungsmittel "seit Bier und Hefe" gäbe, ist in Wahrheit die Genmanipulation von Saatgut die radikalste Transformation in der Nahrungsmittelproduktion seit den ersten Tagen der Landwirtschaft vor mehr als 10.000 Jahren.

Die Gentechnik in der Landwirtschaft unterscheidet sich auch total von den radikalsten Zuchtmethoden moderner Landwirtschaft. Sie beinhaltet die künstliche Manipulation von Saatgut und für den Konsum gedachten Tieren auf Zellebene. Da sich die DNA von einem Organismustypus in die eines anderen, keineswegs verwandten Typus versetzen lässt, kann man die natürlichen Art-Grenzen in einer Weise überschreiten, wie es niemals zuvor möglich war. Biotechnologen haben die Grenzen des (Tier-/Pflanzen) Reiches, der Stämme und Sorten fast nach Belieben zerschmettert.

Sie haben menschliche Wachstumsgene in Fische und Vieh verpflanzt, damit diese größer werden und schneller wachsen, sie haben Fischgene in Tomaten verpflanzt, damit sie bei geringeren Temperaturen wachsen und gelagert werden können, Pestizid-Gene in Mais und andere Gemüsesorten, damit sie schädlingsresistent werden, und Glühwürmchen-Gene in Tabakpflanzen, damit die Pflanzen 24 Stunden am Tag leuchten.

Dieser Prozess stellt eindeutig die Integrität des Saatgutes und auch die von vielen anderen Lebensformen auf der Erde in Frage. Der Autor Michael Pollan äußert sich dazu folgendermaßen: "Das Einsetzen von Genen in eine Pflanze, das nicht nur über die Sorten erfolgt sondern über ganze Stämme, bedeutet, dass die essenzielle Identität des Aufbaus dieser Pflanze - man könnte sagen, ihr Minimum an Wildnis - durchbrochen worden ist."

Aber wie genau schaffen die Techniker dieses Kunststück? Wie bekommen sie diese Flundergene in Tomaten? Die Industrie behauptet, dieser Prozess des Gentransfers würde eine dramatische Zunahme von "Genauigkeit" gegenüber der traditionellen Zucht repräsentieren.

Solche Behauptungen sind schlichtweg falsch. Die gegenwärtig für die Manipulation von Saatgut verwendete Technologie ist alles andere als präzise. Das anfängliche Problem für landwirtschaftliche Biotechnologie war die Frage, wie man die Zellwände des Saatgutes durchdringen und die gewünschte neue genetische Komponente in die Zelle einlagern könne.

Die zurzeit beliebteste Lösung dafür ist, das Gen einem „Vektor" anzuhängen, der gut im Durchdringen der Zellwände ist. Die besten Vektor-Kandidaten für diese Zellinvasion sind nicht überraschend: Bakterien und Viren. Ein Großteil der Biotechnologie arbeitet mit Bakterien, die eine fremde Genkonstruktion in die Zelle bringen.

Virenvektoren werden eher bei Tieren und auch bei Menschen angewendet. Auch nachdem die Zellinvasion geschafft worden ist, gibt es noch weitere Schwierigkeiten beim Manipulieren eines Samens. Oft stoßen die Gastzellen den fremden genetischen Eindringling ab und oft produziert das neue Genmaterial nicht die erwartete Menge an Proteinen. Um diese Probleme zu lösen, werden Virus-Promotoren hinzugefügt, um die Aktivität der fremden Gene anzuregen und zu fördern.

Wenn dies alles erledigt worden ist, gibt es noch ein letztes Problem. Wie wissen die Wissenschaftler, ob die neue Genkonstruktion eine Komponente der Zelle geworden ist? Wie wissen sie, ob sie erfolgreich waren? Um nachzuprüfen, ob ihre Manipulation erfolgreich war, fügen die Produzenten gentechnischer Nahrungsmittel der in die Zelle eingefügten genetischen „Kassette" ein - gegen Antibiotika resistentes - Marker-System bei.

Dazu gehören der Genkonstruktion beigefügte Gene, die gegen Antibiotika wie Kanamycin oder Ampicilin resistent sind. Später wird dann das Pflanzenge-

176

webe mit Bakterien überflutet und wenn das Antibiotikum reagiert, wissen sie, dass die Genkonstruktion erfolgreich eingefügt worden ist.

Es gibt da zwei ausgesprochen kritische Punkte bei diesem "Manipulieren" auf Zellebene, die selten angesprochen werden. Offenkundlich ist es wichtig, dass wir uns, wenn wir von genmanipulierten Nahrungsmitteln sprechen, nicht nur auf das Einfügen von Novel Gen Material in eine Zelle beziehen, sondern auf die Invasion durch die ganze "Kassette" – den bakteriellen Vektor, die neue genetische Konstruktion, die Virus-Promotoren und das antibiotische Marker-System.

Wie wir sehen werden, bringt jede dieser unserer Nahrung beigefügten Komponenten potentielle gesundheitliche Gefährdungen für den Konsumenten mit sich.

Außerdem ist es wichtig, dass man die Ungenauigkeit der Zellinvasion beachtet. Zur Zeit wissen die Forscher weder genau, wo diese "Kassette" letztendlich im Gastorganismus landen wird, noch wissen sie genug Bescheid über das Genom (das genetische Make-up) des Gastorganismus (sei es Tomate, Mais oder Fisch), um einen "sicheren Platz" für ihre genetischen Zusätze festlegen zu können.

Deshalb erzeugt dieser ganze Prozess der Genmanipulation eine Instabilität in der Saat und den daraus gewonnenen Nahrungsmitteln. Und dies kann zu gesundheitlichen und ökologischen Problemen führen.

Ein Reporter, der ein Monsanto-Labor besucht und den beschriebenen Prozess verfolgt hat, beschreibt den Unsicherheitsfaktor des Manipulationsprozesses wie folgt: "Der ganze Vorgang . . . wird Tausende Male durchgeführt . . . Hauptsächlich weil es soviel Ungewissheit über den Ausgang gibt."
Wenn sich die DNA an einer falschen Stelle im Genom aufwickelt, wenn sich z.B. das neue Gen nicht formuliert oder es durch die den Vorgang begleitende Unsicherheit angeschlagen wurde, ist diese Technologie doch gleichzeitig erstaunlich hoch entwickelt und doch immer noch ein Schuss ins genetische Dunkel."
(Michael Pollan, The Botany of Desire)

Toxizität. Wie bereits erwähnt, sind GE-Nahrungsmittel von Natur aus instabil. Jedes Einfügen eines Novel-Genes und der begleitenden "Kassette" mit Promotoren, Terminators, Enhancers (= DNA-Sequenz, die das Ablesen eines Gens verstärkt) antibiotischen Marker-Systemen und Vektoren ist ein Lotteriespiel. Als Ergebnis führt jedes Einsetzen von Genen in ein Nahrungsmittel zu einem Nahrungssicherheits-"Roulette", bei dem die Firmen hoffen, dass das neue Genmaterial ein sicheres Nahrungsmittel nicht destabilisiert und gefährlich macht. Jede genetische Einfügung führt zu einer zusätzlichen Möglichkeit, dass vorher nicht-toxische Elemente im der Nahrung toxisch werden könnten.

Die weit verbreitete Kontamination beim StarLinktm-Vorfall zeigt — zusammen mit dem Mangel an sachgemäßer Arbeit von Seiten der FDA – die Fahrlässigkeit der Behörde, besonders da die potentiellen Folgen von Nahrungsmittelallergien zum plötzlichen Tod führen können und die davon am meisten betroffene Bevölkerungsschichte die Kinder sind.

Antibiotikaresistenz. Ein weiteres verstecktes Risiko von GE-Nahrungsmitteln ist die Möglichkeit einer Krankheit verursachenden Bakterienresistenz gegenüber aktuellen Antibiotika, was zu einer signifikanten Zunahme der Verbreitung von Infektionen und Krankheiten führen kann. Wie bereits erwähnt, beinhalten praktisch alle GE-Nahrungsmittel gegen Antibiotika resistente Marker, die den Produzenten dabei helfen, festzustellen, ob das neue Genmaterial tatsächlich in das Gastnahrungsmittel transferiert worden ist.
Die weit reichende Einführung dieser Antibiotika-Markergene in die Nahrungsmittel durch die Industrie kann wichtige Antibiotika im Einsatz gegen menschliche Krankheiten unbrauchbar machen. So enthält z.b. eine genmanipulierte Maispflanze von Novartis ein Ampicillin-resistentes Gen.
Ampicillin ist ein wertvolles Antibiotikum zur Behandlung zahlreicher Infektionen bei Menschen und Tieren. Einige europäische Länder, wie Großbritannien haben die Genehmigung für den Anbau von diesem Novartis-Mais aus gesundheitlichen Gründen untersagt, da das Ampicillin resistente Gen vom Mais in die Bakterien der Nahrungsmittelkette gelangt und dadurch Ampicillin weit weniger effektiv im Einsatz gegen einen weiten Bereich von bakteriellen Infektionen machen könnte.

Während der letzten sieben Jahre haben die FDA-Beamten die Belange ihrer eigenen Wissenschaftler hinsichtlich des Antibiotikaresistenz-Problems ignoriert. Während derselben Zeit wurden medizinische Fachleute weltweit immer besorgter darüber, wie GE-Nahrungsmittel zu einer massiven Infusion antibiotischer Gene in die menschliche Nahrung führen. Im Jahr 2000 hat die British Medical Association (BMA) dieses Problem in ihrer Studie über GE-Nahrungsmittel angesprochen. Der Beschluss der BMA war eindeutig: "Die Verwendung von Antibiotika-resistenten Marker-Genen in GE-Nahrungsmitteln sollte verboten werden, da das Risiko für die menschliche Gesundheit durch eine in Mikroorganismen entwickelte Antibiotika-Resistenz als eine der größten allgemeinen Gefahren für die allgemeine Gesundheit im 21. Jahrhundert angesehen werden muss."

Immunsuppression. Im Jahr 2000 veröffentlichte das anerkannte britische Medizinjournal The Lancet eine wichtige Studie unter Aufsicht von Dr. Arpad Pusztai und Dr. Stanley W. B. Ewen im Auftrag der schottischen Regierung.

Die Studie überprüfte die Auswirkung des Konsums von genmanipulierten Kartoffeln auf Ratten. Die Kartoffeln enthielten eine Version des Biopestizides Bacillus thuringiensis (Bt).

Die Wissenschaftler stellten fest, dass es bei Ratten, die genveränderte Kartoffeln zu fressen bekamen, zu signifikanten nachteiligen Auswirkungen auf die Entwicklung der Organe, den Stoffwechsel und die Immunfunktion kam. Die Biotechnik-Industrie startete einen Großangriff auf Dr. Pusztai und seine Studie, obwohl von ihrer Seite bis heute noch keine einzige von Experten überprüfte Gegen-Expertise erstellt oder vorgelegt wurde, um Pusztais Ergebnisse zu widerlegen.

Nährwertverlust. Genmanipulation kann auch den Nährwert von Nahrungsmitteln verändern. Die genetische Instabilität solcher Nahrungsmittel kann hauptsächlich an der Abnahme des Nährwertes schuld sein. Im Jahr 1992 überprüfte die FDA das Problem des Nährwertverlustes in GE-Nahrungsmitteln. Die damit befassten Wissenschaftler warnten die Behörde besonders davor, dass die Genmanipulation von Nahrungsmitteln zu einer "unerwünschten Veränderung auf dem Nährwertniveau" von solchen Nahrungsmitteln führen könnte.

Und wieder ignorierte die FDA die Erkenntnisse ihrer eigenen Wissenschaftler und unterzog die Nahrungsmittel niemals irgendeiner verpflichtenden Untersuchung durch die Regierung.

Viele gegenwärtige Kontroversen über GE-Nahrungsmittel handeln sich um den wichtigen Punkt der Kennzeichnung. Trotzdem steht die Kennzeichnung zurzeit an zweiter Stelle. Aufgrund der Bedeutung der potentiellen Risiken sollten alle GE-Nahrungsmittel vom Markt genommen und das gesamte Saatgut solange unter Quarantäne gestellt werden, bis durch Langzeittests diese Nahrungsmittel als sicher für die Konsumation durch den Menschen erachtet werden.

Wir sollten unsichere Nahrungsmittel nicht kennzeichnen sondern sie aus den Supermarktregalen nehmen. Erst nachdem diese Nahrungsmittel durch sachgerechtes Prüfen im Langzeitversuch für sicher befunden worden sind, sollten sie verkauft werden dürfen.

Umweltrisken

GE-Nahrungsmittel fordern von uns eine Überprüfung unseres "Verschmutzungskonzeptes". Wenn wir von Verschmutzung reden, denken die meisten von uns an die Kraftwerksschlote, die giftige Rauchwolken in die Luft entlassen, an Kraftfahrzeuge, die uns an ihren Abgasen und dem daraus resultierenden Smog ersticken lassen, oder bestenfalls an eine Abwasserleitung einer Chemiefabrik, die gefährliche Stoffe in einen Fluss leitet.

Dies hat sich im Speziellen bei der Forschung hinsichtlich der Manipulation von Viren und anderen krankheitsauslösenden Agenten in Pflanzen bewahrheitet. Biotechnikforscher an der Michigan State University haben herausgefunden, dass, wenn sie ein abgeschwächtes Virus in eine Pflanze manipulierten, um diese zu "impfen", das abgeschwächte Virus in der Pflanze in neue, bösartigere Formen mutierte. Andere Forscher haben wiederum entdeckt, dass die genmanipulierte Version eines Erdmikroorganismus, des Klebsiella planticola, wichtige Nährstoffe im Erdreich komplett zerstört hat.

Sozioökonomische Gefahren. Die Patentierung von GE-Nahrungsmitteln und deren weit verbreitete, biotechnische Nahrungsmittelproduktion droht, die seit mehr als 10.000 Jahren praktizierte Landwirtschaft zu eliminieren. Patente, wie die von Delta & Pine so genannte "Terminator"-Technologie, die zur Herstellung von unfruchtbarem Saatgut entworfen wurde, könnte hunderte Millionen Bauern, die heute ihr Saatgut aufbewahren und untereinander teilen, dazu zwingen, immer teurer werdendes GE-Saatgut und chemische Beigaben bei einer Handvoll globaler Biotechnik/Saatgut-Monopolen zu kaufen.

Monsanto allein kontrolliert 60 Prozent aller gebräuchlichen Sojabohnenpatente und beinahe 30 Prozent aller gebräuchlichen Maispatente. Kann der Trend nicht aufgehalten werden, wird die Patentierung von transgenen Pflanzen und für die Nahrungsherstellung verwendeten Tieren bald zu einer universalen "Bio-Leibeigenschaft" führen, in der die Bauern ihre Pflanzen und Tiere von biotechnischen Konglomeraten wie Monsanto leasen und für Saatgut und Nachkommen Abgaben zahlen werden müssen.

Familien und einheimische Bauern werden von ihrem Land vertrieben, die Nahrungsauswahl für die Konsumenten wird von einem Kartell transnationaler Konzerne diktiert und ländliche Gemeinden werden zerstört werden. Hunderte Millionen Bauern und Landarbeiter werden weltweit ihren Lebensunterhalt verlieren.

Aushöhlung der Artenvielfalt. Seit Tausenden von Jahren haben Bauern und Pflanzenzüchter versucht, einen breiten Bereich von Pflanzensorten zu erhalten, um gesündere Pflanzenstämme entwickeln und den wechselnden Bedingungen von langwirtschaftlichen Ökosystemen begegnen zu können.
Nun geht vieles von dieser Artenvielfalt verloren, da die Unternehmen eine auf wenige ausgewählte, genetische Charakteristika gerichtete Pflanzenforschung anstreben.
Die rasche Adoption dieser neuen, uniformen GE-Pflanzen ist der radikalste Schritt in der industriellen Landwirtschaft zur Monokultur. Wie die Kritiker Craig Holdrege und Steve Talbott (Nature Institut NY) es elegant ausgedrückt haben, ersetzen zuerst einzelne Pflanzen eine Vielfalt von Pflanzen, dann eine einzige Sorte eine Vielfalt von Sorten, und nun werden Monokulturen mit einem einzigen genetisch manipulierten Stamm eingerichtet.

Ethische Gefahren. Traditionell bedingt ist ein Teil unserer Nahrungsmittelauswahl aufgrund von Prinzipien geleitet worden, die dem Konsumenten die Entscheidungsmöglichkeit geben, ob ein bestimmtes Nahrungsmittel oder Produktionssystem mit seinen oder ihren ethischen oder religiösen Grundsätzen übereinstimmen.

Jeder von uns weiß wahrscheinlich, dass es aus religiösen oder persönlichen ethischen Gründen althergebrachte Vorschriften bezüglich der Nahrungsauswahl gibt. Die GE-Nahrungsmittel berauben jedoch viele Menschen ihrer Möglichkeit, an persönlichen, religiösen oder ethischen Grundsätzen festzuhalten.

So können z.B. Vegetarier aus ethischen Gründen unwissentlich Pflanzen konsumieren, die genetisches Material von Tieren enthalten (bereits bei der "Fischtomate" Realität). Und jeder könnte bald vor dem ethischen Dilemma stehen, das genmanipulierte Nutztiere menschliches Genmaterial enthalten.

Da die gegenwärtige US-Regierungspolitik die Kennzeichnung solcher GE-Nahrungsmittel nicht verlangt, werden Menschen mit ethischen oder religiösen Belangen ihrer Möglichkeit, solche Nahrungsmittel abzulehnen, beraubt und damit auch am Festhalten ihres persönlichen Glaubens.

Fazit

Wenn noch vor wenigen Jahren ein Experte eine Welt vorausgesagt hätte, in der Pollen von Maispflanzen Raupen vergiften könnten, in der unser Popcorn ein registriertes Pestizid wäre oder die Nutzpflanzen auf dieser Welt derart genetisch programmiert seien, dass sie nach einer Wachstumssaison "Selbstmord" begingen, hätte ihm niemand geglaubt. Wenn er dann noch prophezeit hätte, dass in der Dritten Welt Hunderte Bauern von Monsanto und anderen Konzernen verklagt werden würden, weil durch den Wind deren Felder von gentechnisch veränderten Samen des Nachbarfeldes verunreinigt wurden, das Opfer also zum Täter gemacht würde, man hätte das für schlechte Science Fiction gehalten. Und doch sind all diese Szenarien zu Tatsachen geworden.

Ganz eindeutig stehen die Entscheidungen über unser Nahrungsmittelsystem auf dem Scheideweg. Während GE-Nahrungsmittel für die Laborwissenschaft einen Vorteil darstellen, sind sie keinesfalls ein "Vorteil" für den Bauern oder Konsumenten. Die Zukunft der GE-Nahrungsmittel wird den Lieferanten der Chemiefirmen mehr Kontrolle über unser Nahrungsangebot auf Kosten unserer Bauernschaft, unserer Umwelt und sogar über unserer freien Ausübung von ethischen und religiösen Überzeugungen garantieren.

Nur durch die Einführung eines totalen Stopps für Produktion und Verkauf von genmanipulierten Nahrungsmitteln können wir hoffen, die unvorhersehbaren Risiken dieser Nahrungsmittel vorwegzunehmen.

Karl Ludwig Schweisfurth und Alexander Brodowski beim Frühstück auf
„Leo Tolstoi"

Alexander Brodowski
Textilkaufmann, Biolandwirt und Visionär

Russlands Dornröschen

Wer den Roman "Anastasia" des Schriftstellers Wladimir Megre und die Geschichte kennt, die darin erzählt wird, weiß von nun an, dass Märchen wahr werden können.

Sie kennen Anastasia nicht? Nein, ich meine nicht die Tochter des russische Zaren. Gemeint ist die andere Anastasia, die aus der sibirischen Taiga.

Es handelt sich um eine Frau, die in Romanen des russischen Schriftstellers Megre vorkommt und die, obwohl es sich um Geschichten handelt, auf Ereignissen beruhen, die sich tatsächlich so zugetragen haben sollen.

Anastasia behauptet: "Jedes Samenkorn, das ein Mensch pflanzt, hat einen riesigen Umfang kosmischer Informationen inne, der unermesslich größer ist, als der eines von Menschenhand herstellten Datenträgers.

Mit Hilfe dieser Information weiß jeder Samen bis auf Millisekunden genau, wann er zum Leben erweckt wird, wann er keimt, welche Säfte er aus dem Boden aufnehmen soll und wie er die Strahlung der kosmischen Energiequellen - der Sonne, des Mondes und der Gestirne - nutzen kann.

Damit weiß er auch, zu welcher Pflanze er werden soll und welche Früchte sich daraus ergeben. Diese Pflanzen und Früchte, die für die Ernährung der Menschen und Tiere bestimmt sind, können viel effektiver als alle vorhandenen und auch künftig von Menschen hergestellten Arzneien helfen, jede Erkrankung des menschlichen Organismus zu bekämpfen oder ihn dagegen widerstandsfähig zu machen.

Hierfür müssen jedoch die Samen um den Zustand des Menschen wissen, um im Prozess ihres Reifwerdens die Pflanzen und Früchte mit einer dazu erforderlichen Zusammensetzung von heilenden Stoffen zu versehen. Diese sollen geeignet sein, die Behandlung eines Menschen und dessen zu befürchtende Krankheit, auch schon vor deren Ausbruch erfolgreich zu behandeln".

Und sie meint weiter: "Um zu bewirken, dass ein Gurken-, Tomaten- oder anderer Samen einer gezüchteten Pflanze diese Informationen bekommt, muss man folgendes tun:

Vor dem Aussäen von Samen sollte man einige davon mindestens zehn Minuten im Mund halten, dann zwischen die Handflächen legen und etwa 60 Sekunden auf der zu bepflanzenden Stelle, barfuss stehend, vor sich halten.

Dann hält man diese vor den Mund, bläst die Atemluft auf die Samen und lässt sie danach noch 5 Minuten in der Sonne liegen, erst dann übergibt man sie der Erde. Dabei wird nicht gegossen. Man darf frühestens drei Tage danach mit dem Gießen beginnen. Von jeder verschiedenen Art sollte man bei der Ernte mindestens eine Pflanze weiter wachsen lassen."

Nach Anastasia sammelt jeder Same auf diese Art alle Informationen eines Menschen und nimmt im Prozess seines Wachstums eine für diesen Menschen erforderliche Energie aus dem Kosmos und aus der Erde auf. Die Unkräuter sind nicht zu vernichten, da auch sie auch eine Bestimmung haben. Einige davon schützen die Pflanzen vor Erkrankungen, die anderen vermitteln zusätzliche Informationen. Während des Wachstums der Pflanzen sollte man mit ihnen kommunizieren, sie wenigstens einmal bei Vollmond berühren.

Die auf diese Weise aus Samen entstandenen und vom Menschen verzehrte Pflanzen und Früchte können diese von allen Krankheiten heilen, das Altern verlangsamen, sie von schlechten Gewohnheiten befreien, ihre geistigen Fähigkeiten bedeutend verbessern und ihnen seelische Ruhe geben. Die Früchte wirken besonders effektiv, wenn man sie spätestens drei Tage nach der Ernte verzehrt.

Die nach diesem Verfahren gezüchteten Früchte zeichnen sich von den herkömmlich erzeugten nicht nur durch einen besonderen Geschmack aus. Für den Fall einer Analyse ihrer Zusammensetzung würde diese ergeben, dass auch das

Sven Lindauer, Karl Ludwig Schweisfurth, Josef Andreas Holzer,
Alexander Brodowski, Sepp Holzer beim Planen auf „Leo Tolstoi"

Verhältnis von Vitalstoffen, Vitaminen, Mineralstoffen und anderen Substanzen bei ihnen ein ganz anderes ist.

"Beim Pflanzen von Setzlingen muss man die Erde mit eigenen Händen und bloßen Füßen andrücken und sollte vor dem Setzen ins vorbereitete Pflanzloch spucken". Anastasia meint auch, dass beim Schwitzen der Füße Stoffe ausgeschieden werden (möglicherweise Toxine), die Informationen über eine Erkrankung des betreffenden Organismus enthalten. Diese Informationen erhalten damit die Setzlinge und geben sie an die Früchte weiter, die dann diese Erkrankungen bekämpfen können. Anastasia empfahl auch, ab und zu barfuss über das Grundstück zu gehen.

"Die auf diese Weise hergestellte Beziehung zu den Pflanzen deines Gartens werden dich heilen und für dich sorgen. Sie werden selbst eine genaue Diagnose feststellen und eine spezielle, besonders wirksame und nur für dich geeignete Arznei innerhalb der Pflanze zubereiten."
Unter Einbeziehung der vier Elemente (**Wasser**: der Speichel des Menschen, der auch die direktesten Informationen über den Menschen enthält, **Erde**: Das Halten zwischen den Handflächen und das Barfußstehen auf der zu bepflanzenden Stelle, **Luft**: Das Ausatmen auf den Samen zwischen den Händen, **Feuer**: Die Darbietung des Samens an der Sonne) vermittelt man dem Samen genaue Informationen der eigenen Person, die es dem Samen ermöglichen, zum individuellen Nahrungs- und Heilmittel für den jeweiligen Menschen zu werden. Die Natur selbst wird damit in ihrer umfassendsten Form zum Meister-Therapeuten des Gärtners.

Und Anastasia führt weiter aus: "Jeder möge sich ein Gebiet mit einem passenden Klima suchen, wo man leben möchte und sich vorstellen kann, dass seine eigenen Kinder und Kindeskinder dort leben wollen. Ein Hektar Land, passend für die nächsten Jahrhunderte. Dieses Land wird deine neue Heimat werden.
Dieses Grundstück wird durch Bäume und Büsche abgegrenzt, mit vielfältigen Pflanzen bestückt und dient als Land für das eigene Haus und den eigenen Garten. Wichtiger aber noch als das wird sein, dass dieses Grundstück den Raum der Liebe ermöglicht, in dem eine Familie leben, gedeihen und Nachkommen in die Welt setzen kann, die in diesem Geist das einmal Begonnene fortführen werden".

"Und damit erzeugt ihr wieder überall neues Leben, bringt Gärten zum Blühen, Äcker werden zu wogenden Feldern voller Getreide und einer Vielfalt an Früchten, ihr ernährt eure Haustiere, die Tiere von Wald und Feld und die von euch gepflanzten Bäume spenden Schatten, dort, wo ihr nach getaner, guter Arbeit eure wohlverdiente Rast halten mögt".

Und hier beginnt die eigentliche Geschichte "dreier Auserwählter", deren Tun und Wirken die Geschichtsbücher späterer Generationen maßgeblich beeinflussen wird. Wie dereinst die Musketiere, die als Frankreichs legendäre Helden unsterblich wurden.
Drei Pioniere, die der Landwirtschaft Russlands neues Leben einhauchen, die dadurch ihre Identität wiederzufinden imstande ist.

Ein Bauer aus dem Österreichischen Lungau, ein Metzger aus München, der vom Saulus zum Paulus wurde und ein russischer Textilkaufmann, der seine Heimat über alles liebt und seine bäuerlichen Wurzeln nicht vergessen hat. "Mütterchen Russland" soll leben, und aus jenem Dornröschenschlaf erweckt werden, in dem es fast zwei Jahrzehnte lang gelegen hatte.

Die Landwirtschaft Russlands wartet auf ihre Belebung. 80 Prozent der Agrarflächen bleiben heute weitgehend ungenutzt, 60 Prozent der landwirtschaftlichen Produkte werden importiert. Und das, obwohl der Boden in weiten Teilen Russlands zu den fruchtbarsten Europas zählt und dieses riesige Land dereinst als Kornkammer Europas galt. Das aber soll jetzt anders werden, wenn es nach Alexander Brodowski, Sepp Holzer und Karl Ludwig Schweisfurth geht. Ein verschworenes Team, mit einer Vision und einer Aufgabe, die zu lösen nicht einfach sein wird, aber auch nicht unmöglich ist.

Alexander Brodowski, Sepp Holzer, Christina Werdermann/Berlin,
John Button/Australien

Denn der Wille kann Berge versetzen, also kann er auch Felder fruchtbar machen und Wiesen erblühen lassen.

Begonnen hat alles mit einem Buch Sepp Holzers, in dem der in Moskau lebende Textilunternehmer Alexander Brodowski - seit einiger Zeit Besitzer von gut 600 Hektar unbebautem Land - wahre Wunder über das Tun und Wirken des "Agrar-Rebells" vom Krameterhof im Bereich Landwirtschaft, Viehhaltung und Permakultur nachlesen konnte.

Nach einem Besuch Alexander Brodowskis bei Agrar-Rebell Sepp Holzer im Herbst 2004 war die Welt nicht mehr wie davor. Denn was hier im Lungau, auf einem 40 Hektar großen Hof, in einer Höhe zwischen 1100 und 1500 Metern geschaffen wurde, ist einfach sensationell und überwältigend.
Eine Fülle von Ideen, die sich teilweise gerade in Umsetzung befanden und allesamt gelungenen Versuche verwandelten den Kramerhof nach Holzers Motto: "Wenig Aufwand – viel Ertrag" in eine fruchtbringende Symbiose aus den Elementen Wasser, Luft, Erde und dem, als viertes Element Feuer optimal genutzten Sonnenlicht, genau wie im Roman "Anastasia" vorausgesagt.

Zu Beginn waren Sepp Holzers Methoden mehr als umstritten. Hatte er doch mit seinem Agrar-Modell so ziemlich alle Thesen von Land- u. Forstwirtschaft, Ackerbau und Wasserwirtschaft widerlegt, die jahrzehntelang als ungeschriebenes Gesetz galten. Vorerst als "Spinner" und "narrischer Erfinder" abgetan, gelang es ihm aber bald, Agrarier und ÖKO-Experten in aller Welt aufhorchen zu lassen und auf sein Projekt aufmerksam zu machen.
Sepp Holzer stellt seine Pflanzen zu idealen, sich gegenseitig begünstigenden Lebensgemeinschaften zusammen und lässt diese einfach wachsen: „Ich lasse die Natur für mich arbeiten!"

Quer zur Windrichtung angelegte Hügel-Beete und Erdwälle, vermischt mit Laub und Ästen wirken als "Wärmespeicher". Wie Komposthaufen erzeugen sie fruchtbaren Humus, heizen dabei die Umgebung auf und lassen dadurch - vor dem rauen Bergwind geschützt - subtropische Obstsorten gedeihen. Der Boden wird von freilaufenden Schweinen, denen Kraftfutter und Antibiotikabeigaben fremd sind, aufgelockert und bleibt durch Regenwürmer und Mikroorganismen - die im natürlichen Humus leben - nährstoffreich und fruchtbar. Kunstdünger und Spritzmittel sind Fremdwörter am Krameterhof.

Als Beweis für die Richtigkeit seiner Theorie gedeihen dort, am Kältepol Österreichs (wegen der nur 4,2 hohen Jahresdurchschnittstemperatur und Frösten bis zu minus 25 Grad auch "das Sibirien Österreichs" genannt) neben 14.000

Obstbäumen wider jede ökologische Vernunft Weinstöcke, Kirschen, Kiwis, Marillen, Kürbisse, Spargel und Zitronen. Dass hier im Winter, mitten im Wald Getreide wächst, scheint genau so unglaublich, wie die aus dem Schnee ausgegrabenen, frischen Radieschen. Derlei wundersame Geschichten über seine fast unglaublichen Erfolge haben Sepp Holzer auch weitere Beinamen (wie "ÖKO-Messias" und "Crocodile Dundee der Alpen" - Der Spiegel) eingebracht.

Alexander Brodowski ist von dem, was er am Krameterhof sieht, mehr als beeindruckt und ist sicher, das dies alles auch auf seinem Besitz funktionieren kann. Als er nach drei Tagen abreist und zurück in seine Heimat fliegt, nimmt er das Versprechen Sepp Holzers mit nach Hause, dass dieser ihn noch im Oktober des Jahres 2004 auf „Leo Tolstoi" besuchen wird, mit einem fertigen Konzept im Handgepäck.

Im Laufe des Besuchs von Alexander Brodowski 2004 am Krameterhof wurde für Sepp Holzer klar, dass es im Sinne der gewaltigen Aufgabe, Russlands Landwirtschaft wieder auf die Beine zu helfen, nicht unklug wäre, eine weitere, dieser Aufgabe gewachsenen Persönlichkeit mit dementsprechender Erfahrung beizuziehen.

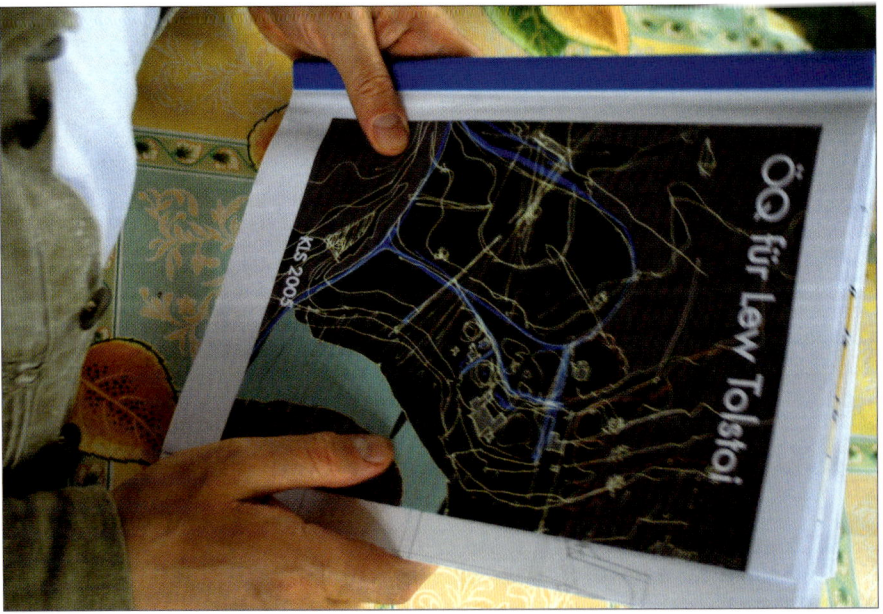

Das Projekt „Leo Tolstoi": Am Anfang standen nur eine Vision und das Konzept

Er kontaktiert Karl Ludwig Schweisfurth, für den er in der Nähe von München auf "Gut Herrmannsdorf" mit Erfolg ein Permakulturprojekt "Marke Holzer" ins Leben gerufen hat. Karl Ludwig Schweisfurth ist Metzger von Beruf, Großgrundbesitzer und Herr über das Muster-Bio-Gut "Herrmannsdorfer Landwerkstätten" in Glonn unweit von München.

Er war Eigentümer der "Herta Fleischwerke" und einer der größten industriellen Fleisch- und Wurstfabrikanten Europas. Aufgrund seines persönlichen Bewusstseinswandels und der Überzeugung, dass kein Segen in der Massentierhaltung liegt, vollzog er die Wandlung "vom Saulus zum Paulus", verkaufte seine Firma und baute einen Landwirtschaftsbetrieb auf, der nach rein ökologischen Kriterien und artgerechter Tierhaltung produziert und verarbeitet.

"Lange Tiertransporte führen zu unverantwortbaren Leiden der Tiere, mindern die Qualität des Fleisches und sind Ausdruck einer verfehlten Subventionspolitik. Niemand soll glauben, dass der Stress und die Angst der Tiere, die diese vom Bauernhof bis zum Schlachthof erleiden, sich nicht im Fleisch manifestieren" meint Karl Ludwig Schweisfurth, auf seine Vergangenheit als "Fleischbaron Deutschlands" angesprochen.

Schweisfurth ist die „Deutsche Legende und Graue Eminenz", wenn es um artgerechte Tierhaltung, Tierschutz und nachhaltiges Landwirtschaften geht. Natur und Schöpfung stehen an oberster Stelle und bestimmen Philosophie, Arbeit und Ablauf sowie die Tierhaltung in Herrmannsdorf.
Und Karl Ludwig Schweisfurth, stets offen für neue Visionen und Abenteuer - von Holzer mit dem Unternehmen „Leo Tolstoi" konfrontiert - sagte in Erkenntnis der ungeheuren Bedeutung dieses Pilotprojekts zu.

Die Bekanntschaft mit Sepp Holzer und die Visionen, auch in Gut Herrmannsdorf nach Permakultur-Richtlinien zu wirtschaften, entstanden vor wenigen Jahren, als Bertram Verhaag von Denkmal Film München, der auch über Karl Ludwig Schweisfurth einen Film produziert hatte, über Sepp Holzer den Film "Der Agrar Rebell" drehte. Als Karl Ludwig Schweisfurth den Streifen sah, war er begeistert und wusste:" Das ist mein Mann"!
Von dort an kam es zu einer intensiven Zusammenarbeit und einem gegenseitigen Gedankenaustausch zwischen Holzer und Schweisfurth, der sich in verschiedenen gemeinsamen Projekten fruchtbar niederschlug.

Was ihn zur Zustimmung bewogen hat, dem Projekt „Leo Tolstoi" mit seiner Erfahrung beizustehen, formuliert Karl Ludwig Schweisfurth klar und in der, für ihn typischen Art und menschlichen Herzenswärme: "Es ist überaus ergreifend für mich, über 60 Jahre nach Kriegsende als Deutscher nach Russland

Das Team auf „Leo Tolstoi": Sepp Holzer, Pjotr Brodowski, Alexander Brodowski, Karl Ludwig Schweisfurth, Josef Andreas Holzer, Sven Lindauer

zu kommen und bei jenen Menschen, denen das Deutsche Volk unsägliches Leid zugefügt hatte, durch die von uns angebotene Hilfe ein klein wenig von unserer damaligen Schuld abstatten zu können". Deutsche helfen Russen, arbeiten und leben miteinander in Ruhe und Frieden, das ist wunderbar und ein Zeichen an unsere konfliktgeladene Welt, wo Frieden so selten geworden ist.

Im August 2005 ist es dann endlich so weit: Eine Gruppe von 7 Personen trifft am Gut Herrmannsdorf bei München zusammen, um das Abenteuer „Leo Tolstoi" zu starten. Mit dabei Sepp Holzer, Karl Ludwig Schweisfurth, Josef Andreas Holzer, Schweisfurths Assistent Sven Lindauer, ein Deutsches Filmteam und ich. Alles ist derzeit "Top Secret", momentan ist Aufsehen und Medienpräsenz noch unerwünscht.
Zufall oder Bestimmung? Der Tag vor der Abreise fällt auf den Geburtstag Karl Ludwig Schweisfurths, das ganze "Russland-Team" ist dazu eingeladen und feiert mit ihm.
Eindrucksvolle Tierparaden, beginnend von Ameisen und Regenwürmern in Behältern, Meerschweinchen, Ziegen, Schweinen und Schafen bis zu preisgekrönten Zuchtbullen und arabischen Vollblütern defilieren nachmittags bei

strahlendem Sonnenschein am "symbolisierten Thron" des Ehepaares Schweisfurth entlang, stets von spontanem Beifall begleitet.

Das von Familienangehörigen und Mitarbeitern des Gutes "Herrmannsdorf" für Karl Ludwig Schweisfurth bunte und vielfältig gestaltete Programm reicht bis in den späten Abend, lange nach Mitternacht hinein. Monate muss es gedauert haben, das Konzept, die Darbietungen und Proben für diesen fulminanten Abend zusammenzustellen.

Die Motivation der Mitarbeiter und die Verehrung für ihren "KLS", wie Schweisfurth auch liebevoll immer wieder genannt wird, wird in jedem Glückwunsch, jedem ihrer Worte und jeder Szene spürbar.

Ein großer Tag, gewidmet einem großen Mann, der als Leuchtfeuer für Menschlichkeit, Tierliebe und dem Schutz der Natur nicht nur in Deutschland, sondern weit über die Grenzen des Landes hinaus Anerkennung und Achtung erlangt hat. Weil sein Wort zählt, seine Worte keine Lippenbekenntnisse sind und er vorlebt, was von vielen oftmals in der Vergangenheit als nicht machbar oder unmöglich bezeichnet wurde.

Am nächsten Morgen dann der Abflug der ganzen Crew vom Münchner Flughafen Franz Josef Strauss. Das zu erwartende Abenteuer wirft seine Schatten voraus, es herrscht angespannte Erregung, gepaart mit Freude auf die Reise in ein Land, das tausendundeine Möglichkeit für uns offen hält.

Der Flug ist angenehm, die Zollkontrollen weniger. Als uns Alexander Brodowski am Flughafen in Moskau mit seinem Sohn Pjotr erwartet und herzlich willkommen heißt, ist die Wiedersehensfreude allgemein spürbar und man fühlt sich sofort zu Hause. Vor uns liegen sechs Stunden Autofahrt, nach dem Dorf „Leo Tolstoi", einem malerischen Flecken Erde ca. 400 Kilometer von Moskau entfernt. Die Reise führt uns durch die endlose Weite einer jungfräulichen Landschaft, die das Flair von Unberührtheit verströmt, so als warte sie darauf, als fruchtbarer Nährboden für künftige Generationen neu wiederentdeckt zu werden.

Wiesen, Heidelandschaften und Wälder, so weit das Auge reicht. Kaum ein bebautes Feld, nur vereinzelte Rinderherden. Fruchtbarstes Land, seit vielen Jahren als Brache ungenutzt, sich bis an den Horizont ausdehnend.

Ein Hauch Wehmut, kaum spürbar, begleitet uns auf der ganzen Fahrt durch idyllische Dörfer und verlassene Kolchosen. Freundlich werden wir aufgenommen, sobald wir kurz anhalten und mit Einheimischen ins Gespräch kommen.

*Selbst kleine Pausen werden auf „Leo Tolstoi" für intensive Gespräche genutzt,
v. l. nach r.: Josef Andreas Holzer, John Button, Oberst Alexander,
Alexander Brodowski und Sepp Holzer*

Keine bösen Erinnerungen oder Ressentiments gegenüber uns Deutschsprechenden, die wir schon einmal den Menschen im Osten Europas "einen Besuch" in weniger freundschaftlicher Absicht abstatteten. Lächelnde Gesichter und Augen begleiten die einladenden Gesten uns ins Haus zu bitten, sofort bietet man uns ein Gläschen Wodka als Willkommtrunk an, Gastfreundschaft ist Selbstverständlichkeit und als Urelement tief in der russischen Seele verwurzelt.

Als wir in „Leo Tolstoi" ankommen, ist die allgemeine Freude groß. Alexander, der hochdekorierte ehemalige Oberst der russischen Armee, der für die Sicherheit auf „Leo Tolstoi" zuständig ist, erstattet Alexander Brodowski über die Vorkommnisse der letzten Tage Bericht. Sergej, für das Wohlergehen der Schweine zuständig, umarmt uns alle, den Tränen nahe. Auch uns steht die Rührung ins Gesicht geschrieben, wir fühlen uns auf einmal nicht mehr tausende Kilometer von zu Hause entfernt sondern einfach wieder "daheim".

Svetlana und Galina, die beiden hübschen russischen Mädchen, die für das leibliche Wohl auf „Leo Tolstoi" sorgen, haben den Tisch für uns überreich gedeckt: Fischsuppe, Wurst aus der Ukraine, eingelegte Pilze von Sergej's Mutter, Käse aus Moldavien, leckere Aufstriche, würzigen Käse, Räucherfisch und herrlicher geselchter Rohspeck, den Herr Schweisfurth von Gut Herrmannsdorf mitgebracht hat, gestalten das Abendessen zu einem Festmahl.

Wir stoßen auf das grandiose Projekt der drei Visionäre an, das in den folgenden Jahren Schritt für Schritt zu dem ausgebaut werden soll, zu dem es gedacht ist: Ein auf rein nachhaltigen Kriterien basierender Musterbetrieb inklusive Infrastruktur als Modell zur Wiederbelebung der russischen Landwirtschaft.

Vieles wird an diesem Abend besprochen, diese und jene Lösungen diskutiert. Wo wird das Hauptgebäude errichtet und wo die Schule, die das Ganze mit fröhlichem Kinderlachen erfüllen soll? Auf welchen Koppeln werden die Schweine weiden, wie viele Erdställe werden dazu benötigt? Wie viele Hügel- und Hochbeete werden angelegt, wo wird die Teichlandschaft ausgehoben? Vorarbeiter Valerij und seine Mitarbeiter bestürmen die Angekommenen. Fragen über Fragen, auf jede davon wissen Sepp Holzer und Karl Ludwig Schweisfurth befriedigende Antworten.

Als wir uns weit nach Mitternacht in unsere Datscha zurückziehen, sind wir noch lange vor dem Einschlafen mit den Gedanken an das Projekt beschäftigt. Was wir wissen, ist vor allem, dass in den nächsten Monaten und Jahren eine Unmenge Arbeit auf alle Beteiligten wartet. Doch die sind guten Mutes, es ist eine eingeschworene Gemeinschaft, die entschlossen ist, das brach liegende Land unter ihrem Chef Alexander Brodowski wieder zum Leben zu erwecken.

Es kann wohl kaum ein Zufall sein, dass der Besitz Alexander Brodowskis keine 10 Kilometer vom Landgut Jasnaja Poljana (15 km von Tula) entfernt liegt, jenem Ort, wo der begnadete Schriftsteller, Dichter und Prosa-Autor Russlands Leo Tolstoi, einen Großteil seines Lebens verbrachte und seine bedeutendsten Werke, wie z.B. "Krieg und Frieden" oder "Anna Karenina" schrieb.

Tolstoi, der mit vollem Namen Lew Nikolajewitsch Tolstoi hieß, versammelte mehr als zwei Jahrzehnte lang in Jasnaja Poljana die berühmtesten Leute Russlands um sich, darunter Künstler wie z.B. die Maler Kramskoi, Repin, Ge und Nesterow, die Schriftsteller Gorki, Fet, Leskow und Korolenko, den großen Biologen Metschnikow, Politiker, Ärzte und Vertreter der Studentenschaft, aber auch Arbeiter und Bauern. Bei Tolstoi musizierten die berühmten Musiker Tanejew und Arenski, lange Zeit war das Haus erfüllt von quirlendem Leben.

Datscha auf „Leo Tolstoi"

Mehr und mehr aber entzog sich Leo Tolstoi dem Glanz von Gesellschaften und übte Selbstkritik am eigenen, seiner Meinung nach übertriebenen Luxus. Tolstoi litt vor allem unter dem aristokratischen Lebensstil auf Jasnaja Poljana, mit Dienstboten, Silberbestecke und dem wirtschaftlichen Aufwand eines Herrenhauses, aber er war machtlos, etwas daran zu ändern, da seine Frau den Besitz nicht aufgeben wollte. Und er schrieb darüber: "Um das Leben zu begreifen, darf ich nicht die Ausnahme begreifen, nicht uns, die Parasiten des Lebens, sondern das Leben des einfachen, arbeitenden Volkes, welches selber Leben schafft, und den Sinn, den es darin sieht.

Das einfache, arbeitende Volk, das mich umgibt, ist das wahre russische Volk und nicht wir und so wende ich mich ihm zu und seinem Begriff vom Sinn des Lebens".

Was Leo Tolstoi damit meinte, war seine Erkenntnis, dass die Qualität des Lebens nicht in Reichtum, Luxus, gesellschaftlichem Ansehen oder materiellem Besitz gipfelt, sondern im Erforschen der Natur und im einfachen Bauerntum, zu dem er sich in den letzten Jahren seines Lebens ganz besonders hingezogen fühlte.

In einem Vorwort schrieb er: ".......mein liebster Gegenstand ist das russische Volk, das echte, russische Bauernvolk.....".

Die Parallele, die ich zwischen den Aussagen dieses großen Mannes und den Vorstellungen Alexander Brodowskis erblicke, ist nicht nur die Namensgleichheit des Projektes mit dem des weltberühmt gewordenen Dichters. Es geht dabei um sehr viel mehr. Es geht um die alte, neue Sicht der Welt, die nicht nur Brodowski, sondern auch Karl Ludwig Schweisfurth, Sepp Holzer, Douglas Tompkins und anderen Visionäre dazu motiviert hat, zurück zum natürlichen Leben zu finden. Sie erkannten, dass die Qualität des Lebens nicht allein im Bereich von Technik, Fortschritt, Wissenschaft und Luxus, sondern in einer gesunden Natur und einem geschätzten und hoch geachteten Bauernstand begründet ist.

Und im Bewusstsein dieses Geistes entstand auch die Idee zu dem wahrhaft gigantischen und visionären Projekt "Leo Tolstoi", das unter Federführung der Visionäre Alexander Brodowski, Sepp Holzer und Karl Ludwig Schweisfurth die Renaissance Russlands in der Landwirtschaft einläutet. Immer wieder in der Vergangenheit haben kluge und tatkräftige Menschen voller Pioniergeist schier Unglaubliches vollbracht. Die Wiederauferstehung von „Leo Tolstoi" ist mehr als eine Pioniertat. Sie ist das Ergebnis gelebter Visionen, die sich bei "wahren Visionären" nicht nur im Kopf abspielen, sondern als gelebte Realität manifestieren.

Douglas Tompkins
Umweltschützer und Visionär

Der "Kreuzritter" von Patagonien

Panamericana - Traumstraße der Welt: Von Peru bis Feuerland, mitten durch das wilde Patagonien – ein Land der krassen Gegensätze! Wegen der grandiosen Perito-Moreno-Gletscher, der schroffen Felstürme des Fitz Roy und des Cerro Torre oder der unglaublich vielfältigen und einzigartigen Landschaft im Torres del Paine - Nationalpark. Eine Reise entlang der Panamericana führt zu einigen der eindrucksvollsten Naturschönheiten dieser Welt. Die Traumstraße passiert die Grenze zu Peru, führt durch das Wüstengebiet der peruanischen Küste bis nach Lima, der Hauptstadt des ehemaligen Inka-Imperiums, in dem die Gegensätze allgegenwärtig sind: Hermetisch abgeschotteter Superreichtum neben größter Armut.

Südlich der Metropole erinnern ausgedehnte Linienmuster im Wüstenboden an eine großartige Vergangenheit. Noch bevor die Nazca-Linien überhaupt entdeckt wurden, baute man die Panamericana quer durch den historischen Nachlass der Nazca-Menschen, von denen viele noch heute zu besichtigen sind - als Mumien auf dem Friedhof von Chauchilla. Bei Ilo, an der Grenze zu Chile, unterhält die US-amerikanische "Southern Peru Copper" nicht nur die größte Kupferhütte des Landes, sie ist auch gleichzeitig, weil völlig veraltet, der größte Umweltverschmutzer Perus. Schwefeldioxid fällt jährlich tonnenweise vom Himmel, Kupferoxide färben die Küste grün.

Chile ist mit 4.300 km Länge, ausgedörrten Wüstengebieten, üppigem Dschungel und aktiven Vulkanen ein Land von unglaublicher Vielfalt. Mitte des 19. Jahrhunderts brachten die Salpeter-Vorkommen für kurze Zeit Reichtum und Wohlstand fürs Land. Heute ist Chile bekannt durch seinen Weinanbau, das 15-Millionen-Volk lebt jedoch vor allem vom Export des bunten Metalls. Von 1973 bis 1990 wurden unter General Pinochet Oppositionelle, Schriftsteller, Akademiker und Studenten gnadenlos verfolgt und in KZ-ähnlichen Siedlungen interniert.
Heute hat Chile zur demokratischen Tradition zurückgefunden. Im Süden schneidet die Panamericana den größten privaten Naturpark der Welt - geschaffen vom Multimillionär, Umweltschützer und Visionär Douglas Tompkins, der dem Luxusleben einer Jet-Set-Gesellschaft Lebewohl sagte, um mitten im Urwald von Chile neue Lebenswege zu beschreiten.

Einige hundert Kilometer weiter endet die chilenische Piste vor unüberwindbaren Fjorden und undurchdringlichen Wäldern. Die Panamericana wechselt auf die argentinische Seite der Anden und führt durch Patagonien bis nach Feuerland. Auch Argentinien wird bestimmt von Gegensätzen: im Norden tropisch, im Süden arktisch.
Die Magellanstraße, die den Pazifik mit dem Atlantik verbindet, trennt die Insel Feuerland vom südamerikanischen Festland. In Ushuaia, der südlichsten Stadt der Welt, endet die Panamericana - die Traumstrasse der Welt.

Umwelt erhalten statt sie auszubeuten:
Der steinreiche Amerikaner Douglas Tompkins besitzt in Chile den größten privaten Naturpark der Welt.

Dort, wo die "Panamericana" Chile durchschneidet, am Südzipfel Patagoniens, versucht sich der New Yorker Millionär und Aussteiger Douglas Tompkins als "Stellvertreter Gottes" und kämpft heute zusammen mit seiner ebenfalls "ausgestiegenen" Frau für den Umweltschutz in Chile und teilweise auch für den der restlichen Welt. Tompkins steht kurz davor, sich in der Wildnis des chilenischen Patagoniens seinen Lebenstraum zu erfüllen. Auf mehr als 300.000 Hektar entsteht der "Naturpark Pumalin", das größte private Schutzgebiet der Welt. Damit schaffte er sich aber zugleich erbitterte Feinde.

Bei der Errichtung seines Paradieses musste Tompkins unerwartet starke Widerstände der Armee, aber auch seitens der demokratisch fühlenden, politischen Elite überwinden.

Anfangs stemmte sich auch eine Koalition aus Behörden, rechtsgerichteten Medien und Geschäftsleuten gegen Tompkins' Kaufwünsche. Eines ihrer Argumente, das auch bei manchen Umweltschützern verfing: Sie alle sahen in Tompkins eine Gefahr für die nationalen chilenischen Interessen, vor allem für die Entwicklung und Ausbeutung der Regenwaldgebiete.

Tompkins Engagement wurde von Anfang an als Ausverkauf des Landes betrachtet, nordamerikanischer Imperialismus, so wetterten die einen, eine Sek-
tenkolonie oder eine Atommülldeponie plane er, munkelten andere.
"In Santiago wurde mir versichert, dass Doug Tompkins ein Agent der CIA
sei", staunte der peruanische Schriftsteller Mario Vargas Llosa, der ihn jüngst
besuchte.
Rufmord und Hetzkampagnen gegen den Zuwanderer aus "Big Apple" trieben
bisweilen groteske Blüten. Antisemitische Militärs warfen dem Amerikaner
sogar vor, er erwerbe "im Auftrag des Weltjudentums" Land für die Gründung
eines "neuen Staates Israel", obwohl Tompkins gar kein Jude ist. Sehr oft wurde ihm auch nachgesagt, dass ihn multinationale Konzerne als "Sprungbrett"
nach Chile benutzen würden.

Dabei sind gerade diese Konzerne seine Hauptfeinde. Als der heute 62-jährige
Tompkins Anfang der 80er Jahre seine Firmenanteile als Textilmulti verkaufte, trieb ihn eine Idee: Er wollte Urwald erwerben, um ihn dem Zugriff eben
dieser Holzkonzerne zu entziehen. Er dachte zunächst an Kanada, die USA,
Alaska oder Norwegen, entschied sich dann aber doch für Chile. Tompkins re-
kapituliert: "Vier Gründe waren dafür ausschlaggebend: Erstens gab es mehr
Land für mein Geld. Zweitens endete hier gerade die Diktatur, drittens hatte ich
hier viele Freunde und viertens wollte ich raus aus der sogenannten Ersten
Welt."

So erwarb er von 1992 bis 1994 in Südchile riesige Ländereien, dort, wo die
Anden spektakulär in den Pazifik stürzen und 4500 bis 6000 Millimeter Nieder-
schlag im Jahr für einen artenreichen Urwald sorgen. In einem der letzten Re-
genwald-Dschungel Südamerikas, in dem Flechten und Farne mit Bambus-
und Fuchsiengewächsen um die Wette wuchern und riesige, tausendjährige
Alerce-Bäume wachsen. Auf einem Gebiet, das sich vom Stillen Ozean bis zu
den Höhenzügen der Anden an der Grenze Argentiniens hinzieht.

Die Rettung des riesigen Regenwaldareals geschah buchstäblich im letzten
Moment. Er bewahrte das Gebiet vor einem Schicksal, das schon vielen Wäldern Chiles widerfahren ist: Abholzen und stattdessen Plantagenanbau mit
schnellwachsenden Bäumen. Tompkins Ziel war die Schaffung eines zusammenhängenden Schutzgebiets mit dem offiziellen Status eines Reservats.
Über seine chilenische Stiftung EDUCEC "Education, Ciencia y Ecologia" hat
er mittlerweile weitere große Areale für den "Parque Pumalin" erworben.

Das Unwirtliche und Abgelegene dieser Landschaft, das Darwin in seinen Ta-
gebüchern als "grüne Wüste" bezeichnete, hat bewirkt, dass erst zu Beginn des

20. Jhdts. erste Siedler ernsthaftes Interesse an diesen Gebieten zeigten. Seit den Sechzigern haben sich den ursprünglichen Farmern und Fischern aber auch neue Besucher hinzugesellt - Bergsteiger, Wildwasserfans und Freunde der Wildnis.

Die "Pilgerschaft" Doug Tompkins ins chilenische Patagonien dauerte eine lange Wegstrecke. Der junge Mann aus einer Kleinstadt im Staat New York ging vorzeitig von der High School ab und machte sich auf Wanderschaft um die Welt. "Die Wildnis hat mich gereizt, am wohlsten fühlte ich mich unter den Sternen, im Wald oder auf den Gletschern," erzählt der heutige Millionär. Tompkins verbrachte mehrere Monate im Jahr im Gebirge und in freier Wildbahn und wurde ein anerkannter Bergsteiger und Wildwasserkajakfahrer.

Das Glück begegnete dem heutigen Ökophilantropen auf einer Reise per An-
halter, als ihn in Kalifornien seine künftige erste Frau Susie Russell mitnahm.

Trotzdem Tompkins in New York aufwuchs, schlug sein Herz seit jeher für die
grandiosen Naturlandschaften des Westens. In Kalifornien arbeitete er als
Bergführer und Trekkingspezialist, bevor er in den sechziger Jahren mit 5000
Dollar Startkapital "The North Face" gründete, eine der ersten Firmen für Frei-
zeitbekleidung in den USA. Als er sie nach wenigen Jahren verkaufte, hatte sich
sein Kapital vervielfacht.

Später gründete er die Firma "Esprit de Corps", verlor aber schon bald darauf
das Interesse an dem stark expandierenden Unternehmen. Die liberale Gesellschaft von San Francisco feierte Tompkins als Goldjungen. Hunderte Millionen Dollar setzte seine Firma Mitte der Achtzigerjahre um. Er selbst war selten im Büro anzutreffen, monatelang trieb sich der leidenschaftliche
Bergsteiger im Himalaja und in anderen entlegenen Teilen der Welt herum.

Damals machte er auch erste Bekanntschaft mit der, in den USA in Anfängen
begriffenen Naturschutzbewegung und finanzierte die Entstehung einer Platt-
form zur Förderung tiefenökologischen Gedankenguts, die "Foundation for
Deep Ecology".
"Dabei wurde mir klar, dass ich nur elementar in den Gang der Dinge eingreifen kann, indem ich konkretes Land kaufe und schütze," erzählt der Millionär.
So wurde die Idee eines Naturschutzparks Wirklichkeit.
Gleichzeitig aber engagierte sich Tompkins in der US-Bürgerrechtsbewegung
und arbeitete sich durch ganze Berge von Öko-Literatur, auf der Suche nach einer "soliden theoretischen Grundlage".
Die fand er bei dem Norweger Arne Naess, dem Begründer der "Deep Ecology", einem fundamentalistischen Zweig der Umweltbewegung. Wie Naess betrachtet Tompkins alles Leben als gleichwertig. Er lehnt die Vorherrschaft des
Menschen ab: "Wir müssen unseren Platz in der Natur akzeptieren. Das bedeutet, dass die Erdbevölkerung schrumpfen muss, wenn wir überleben wollen."
Damit geht Tompkins mit den Gedanken des Erfinders der "Energon-Theorie"
Prof. Hans Hass konform, der in seinen Büchern immer wieder auf die drohenden Gefahren einer weltweiten Überbevölkerung aufmerksam macht.

Mit solchen Forderungen macht man sich im konservativen Chile allerdings
keine Freunde. Die katholische Kirche verurteilt den Millionär als Menschen-
verächter, weil er für strikte Geburtenkontrolle eintritt. Auch mit der Umwelt-
schutzbewegung des Landes, die an das Konzept nachhaltiger Entwicklung

glaubt, hat Tompkins sich überworfen. Er bezweifelt, dass sich Natur und Wirtschaftswachstum versöhnen lassen, weil das herrschende Wirtschaftsmodell "auf der Ausbeutung der natürlichen Ressourcen" basiere.

Dass er selbst ein Nutznießer des Kapitalismus ist, ficht ihn nicht an. Er habe sein Vermögen schließlich "in den Dienst des Naturschutzes gestellt", sagt Tompkins.

Der Verkauf des Esprit-Konzerns im Jahr 1990 brachte Tompkins 150 bis 250 Millionen Dollar ein, je nachdem, welcher Version man Glauben schenken möchte. Mit diesem Geld finanziert er seither einen weltweiten Kreuzzug gegen die "ökosoziale Krise" der Zivilisation.

Er bezahlte aufwendige Umweltstudien und die Herausgabe von Büchern über den Raubbau an der Natur. Bereits 1992 gründete er den "Conservation Land

Trust", eine Stiftung zur Bewahrung der letzten Naturparadiese. In Begleitung seiner ersten Frau flog er auf Suche nach geeignetem Land den Kontinent mit seiner Cessna ab.

Tompkins verliebte sich sofort in die Landschaft am Ende der Welt. Für 600.000 Dollar erwarb er eine 25.000 Hektar große Farm, das Herzstück des Pumalín-Parks - "ein echtes Schnäppchen", wie er noch heute schwärmt. Inzwischen gilt Pumalín als bestgeführter Nationalpark Südamerikas.

Eine Landschaft, so schön, dass es schmerzt: Blauer Himmel, hingetupfte Wölkchen, steil aufragende Berge, manche mit Schneekappen gekrönt, tief in die Berge eingeschnittene, ruhig wie Spiegel daliegende Fjorde. An den Ufern ausgewaschene Baumstämme, in den Flussmündungen Granitbrocken, bewachsen von Miesmuscheln und strahlend weißen Seeschnecken. Kreischende Kolibris balgen sich durch flammend rote riesige Fuchsiensträucher.

Mittendrin liegt Caleta Gonzalo. Hier stehen sieben Holzhäuschen, ein Restaurant, eine Farm für biologisches Gemüse, hier gibt es eine Anlegestelle des Fährschiffes und den schönsten Campingplatz in Chile. Eine Wiese mit Büschen am Flusslauf, dazu ein paar Bänke, auf denen man gut sitzt und Stille. Tompkins beugt sich zurück, linst in die Sonne und schiebt die Mütze zurück. "Ich war am Anfang vielleicht ein bisschen naiv, es gab damals noch keinen besonderen Plan für ein Generalkonzept, lediglich die Idee, den Wald und die Wesen darin zu schützen. Es war nichts da als das Wissen, dass der gemäßigte Regenwald langsam abgeholzt wird, und dass dies nicht beachtet wurde. Ihm fehlte der Sex-Appeal des Tropenwaldes."

Heute hat Tompkins in Pumalín systematisch ein Öko-Imperium aufgebaut. Er produziert Honig und Marmelade, hat eine Baumschule angelegt und pflanzt Bio-Gemüse an. Zusammen mit seiner zweiten Frau Kristine McDivitt wohnt er in einem restaurierten Farmgebäude an einem Fjord, der zum Park gehört. Besucher holt der Hobbypilot mit seinem Flugzeug oder einem Motorboot ab, auf dem Landweg ist das Anwesen nicht zu erreichen.

In Puerto Montt steht die moderne Zivilisation im Konflikt mit der Quelle ihres Reichtums, der ungebändigten Wildnis. Nicht weit vom Stadtzentrum residiert in einer Villa, die von einer hohen, verwitterten Mauer umgeben ist, Tompkins' Stiftung "The Conservation Land Trust", die das Land des Amerikaners verwaltet - das bewunderte, aber auch verhaßte Pumalin.

Wenn auch der Sitz der Stiftung von außen nicht gerade einladend wirkt: der hochgewachsene schlanke Mann in den Sechzigern in grauen Cordhosen und grauem Pulli, der uns auf den Stufen im Innern des Gebäudes willkommen heißt, macht diesen Eindruck mehr als wett.

Der Multimillionär trägt zumeist einen verwaschenen Wollpullover und Filzpantoffeln, eine Baskenmütze sitzt auf dem schlohweißen Haar. "Bienvenidos!", begrüßt er seine Gäste auf Spanisch. Mit seinem breiten Grinsen, der schlaksigen Figur und dem zerfurchten, wettergegerbten Gesicht ähnelt er Hollywood-Star James Coburn.

Tompkins jedoch hasst es, im Mittelpunkt zu stehen. Er verzichtet auf protzige Statussymbole. Die Wände seines Landhauses schmücken Fotos des brasilianischen Starfotografen Sebastiãno Salgado, eines guten Freundes. Auf dem Sofatisch liegt ein Bildband über den kalifornischen Yosemite-Nationalpark, dessen Begründer John Muir das große Vorbild für ihn ist.

Aber schon peilt der Ruhelose neue Ziele an: Im benachbarten Argentinien, in der Provinz Corrientes, hat er rund 280.000 Hektar erworben. Dort fügt er zwölf ehemalige Rinderfarmen und Reisplantagen zu einem Nationalpark zusammen. Ein Sägewerk erhielt er als Draufgabe.

Tompkins' Hauptländereien liegen in den Esteros del Iberá, einem subtropischen Schwemmgebiet, das vom Río Paraná gespeist wird und Argentiniens wichtigstes Süßwasserreservoir darstellt. Auch in Buenos Aires blühen deshalb bereits Verschwörungstheorien. Demnach agiere der Millionär in Wahrheit als Strohmann der US-Regierung, und die habe es auf die strategisch wichtigen Süßwasservorräte abgesehen. So behaupten es jedenfalls linksnationalistische Politiker.

Dabei wird der Wasserreichtum allenfalls von der einheimischen Agroindustrie bedroht. Rinderherden zertrampeln die Savanne, Eukalyptusplantagen für die Zelluloseindustrie laugen den Boden aus und Großfarmer zapfen Flüsse für die Bewässerung ihrer Reisfelder an.

Tompkins beschäftigt 400 Leute auf seiner Estancia "El Socorro", mit deren Hilfe er die Folgen des Raubbaus rückgängig zu machen versucht. Sie holzen den Eukalyptus ab, leiten begradigte Bäche und Flüsse in ihr ursprüngliches Bett zurück und verwandeln Weideland in Savannen.

Ein Geburtshelfer der Natur sei er, sagt Tompkins: "Wenn ich ein König wäre, würde ich dafür sorgen, dass sich in meinem Reich die Evolution frei entfalten kann." Sein Masterplan ist auf 20 Jahre angelegt, bis dahin will er seine Ländereien in Wildnis zurückverwandelt haben.

Beim Tiefflug über die Sümpfe lässt sich sein Lebenswerk erahnen. Schwärme von Flamingos fliegen vor dem Flugzeug auf, Alligatoren gleiten ins Wasser, ein Ameisenbär trabt gemächlich über die Savanne.

Auf einer Flussinsel setzt Tompkins zur Landung an. Hier will er eine exklusive Lodge für Öko-Touristen errichten. Einige Landarbeiter versammeln sich an der Piste, um "Don Doug" zu begrüßen. Sie reichen einen heißen Mate-Tee mit "bombilla" herum und klagen über die monatelange Dürre. Viele Sümpfe sind ausgetrocknet, Feuchtwiesen haben sich in Steppen verwandelt. "Das ist eine Folge des Klimawandels", erklärt Tompkins den verblüfften Gauchos. "Das 21. Jahrhundert ist verloren. Aber fürs 22. Jahrhundert bin ich zuversichtlich."

Etwa 325.000 Hektar Land hat Tompkins seit 1989/90 zusammengekauft, eine Fläche so groß wie das Saarland und das Land Hamburg zusammen. Das Gelände steht inzwischen unter Naturschutz und wird als "Parque Pumalín" von seiner Stiftung verwaltet. "Heute ist die Zahl meiner Gegner so klein, wie nie zuvor. Bis 1998 gab es unglaubliche Spekulationen über meine Person, genährt von verschiedenen Gruppen und hochgespielt von der Presse.
Schließlich verkauften sich die Magazine mit mir auf dem Titel sehr gut – nur Pinochet und Lady Di liefen besser." Er lacht kurz, wird aber sofort wieder ernst: "Ich denke, daß ein Projekt dieser Größe und Dimension überall auf der Welt mit Gegnern und Widerstand zu kämpfen hätte."

35 Millionen Dollar seines Vermögens hat Tompkins bisher in das "Projekt Pumalín" investiert und rechnet bis 2010 mit weiteren 40 Millionen Dollar an Kosten für Verwaltung, Landkäufe und die notwendige Infrastruktur, die es erlaubt, den Park stellenweise auch für Besucher zu öffnen.
Tompkins hat die Siedlerfamilien, die auf seinem Gebiet lebten, ausbezahlt, obwohl die meisten keine Rechtstitel für das Land vorlegen konnten. Die Stiftung baute eine Schule und unterstützte das kirchliche Radioprogramm im nahegelegenen Chaitén. Der Pumalín-Park ist inzwischen der größte Arbeitgeber der Region mit 150 neuen Dauerarbeitsplätzen.

Wald kaufen war für Tompkins in Chile alles andere als einfach. Zwar erlaubten die chilenischen Gesetze auch Ausländern den Besitz großer Flächen – aber Landbesitz für Umweltschutz, das erschien allen suspekt. Man wollte ausländische Investoren anlocken, internationale Konzerne, die Waldwirtschaft betreiben sollten.
Die Ergebnisse dieser Politik sieht man heute in Mittelchile: Dort stehen statt des artenreichen Naturwaldes riesige Plantagen schnell wachsender Kiefern. Oder in der Hafenstadt Puerto Montt: Raupen schieben Halden von Holzchips hin und her, bis sie durch Saugrohre und Förderbänder in Frachtschiffe gelangen, und große Lastwagen liefern im Halbstundentakt den Nachschub – geschredderten Urwald für Zellulosefabriken. Und auch am Beispiel Feuerland: Dort konnte der US-Holzkonzern Trillium Anfang der 90er Jahre 240.000 Hektar Wald kaufen, um ihn zu bewirtschaften und abzuholzen.

Auch mit Baskenmütze und legerer Kleidung bleibt Tompkins ganz der Manager. Seinen Wald führt er so effizient wie einst den Modekonzern Esprit. Jedes ärgerliche Detail registriert der Amerikaner mit seiner Digitalkamera: verrutschte Lavasteine, die Arbeiter auf dem Naturpfad hinterlassen haben, un-

Esprit machte sich einen Namen durch Farbenvielfalt und Leichtigkeit und durch das unbestrittene unternehmerische Talent beider Partner, die die Konkurrenz hin und wieder ganz schön ins Schwitzen brachten - zum Beispiel, als sie in den Achtzigern mit einer erfolgreichen Antikonsumkampagne auftraten, unter dem Slogan: Kauft nur, was ihr wirklich braucht.

Die Angestellten der Firma erhielten als Sondervergütung anstatt Geld Skiwochenenden oder Raftingaufenthalte in Afrika.

Der Firmengründer selbst verbrachte ein Drittel des Jahres auf Expeditionen in den Anden, im Himalaya oder in der Antarktis. "Heute kann ich selbst nicht mehr verstehen, warum ich mich so vom Unternehmen habe auffressen lassen," schüttelt der talentierte Geschäftsmann den Kopf und macht sich ein paar Scheiben Toast. "Ich hab mich in die isolierte Welt des Managements, der Geschäftemacherei und der Imagebildung vergraben und aufgehört, die Dinge um mich herum wahrzunehmen".

"Der Umbruch kam dann aber ganz plötzlich," sagt Tompkins - seinen Worten zufolge angesichts des Buches von George Sessions und Bill Davall, ‚Deep Ecology: Living as if Nature Mattered' (Tiefenökologie: Leben als ob die Natur zählt). "Während der paar Stunden, die ich zum Lesen dieses Buches brauchte, hatte ich ein Erweckungserlebnis. Alles machte auf einmal Sinn," erinnert sich Tompkins an den entscheidenden Augenblick.

Als Bergsteiger und erfahrener Naturfreak hatte er die Bedeutung der Wildnis intuitiv verstanden, das Buch aber gab seiner Intuition eine rationale Grundlage. "Die Autoren stellten die Natur an erste Stelle und sprachen von etwas, was sie "Biozentrismus" nannten und ich erkannte, dass sich genau an diesem Punkt die Geister scheiden.

Ich fühlte, dass ich auf dem Weg zu einer neuen Erkenntnis war." Tompkins entschloss sich, aus dem Business auszuscheiden. "Mir wurde klar, dass die Herstellung und Bewerbung von Produkten, die in Wirklichkeit für niemanden lebensnotwendig sind, eine der Ursachen für die gegenwärtige ökologische Krise darstellen. Ich selbst war Teil des Problems! Ich musste einen Neuanfang machen und mich auf die Seite derer schlagen, die Lösungsansätze zu bieten hatten."

Mittlerweile gibt es auch in Chile viele Menschen, die das Engagement Tompkins gutheißen und ihn wie eine Ikone verehren. Für viele Einheimische bedeutet das Naturschutzprojekt sichere Arbeitsplätze, regelmäßiges Einkommen und ein Mindestmaß an sozialer Sicherheit.

"Die Ankunft von Doug Tompkins war ein Segen für Palena," bewertet der Bischof Juan Luis Ysern de Arce (73) die Ereignisse in seiner Diözese. Monsignore Ysern ist bereits seit fast dreißig Jahren das Oberhaupt der hiesigen katholischen Kirche. Das Gebiet, dem er als geistlicher Hirte vorsteht, ist dünn von Farmern und Fischern besiedelt, deren übliches Monatseinkommen noch nicht einmal die Hälfte des Durchschnittslohns in Chile erreicht. "Das Hauptproblem Palenas liegt darin begründet, daß es hier keinerlei Traditionen gibt, nichts, worauf ein Gemeinwesen aufbauen könnte. Entwurzelte Menschen halten sich nicht mit Gedanken darüber auf, ob es richtig ist, einen viertausend Jahre alten Baum zu fällen. Sie sehnen sich nach Fortschritt, Zivilisation, wollen ihre Bedürfnisse befriedigen, und zwar sofort," sagt der Bischof.

Eine klare Vorstellung davon, was die Entwicklung der Region anbelangt, hatten die amtlichen Stellen in der entfernten Metropole: unter der Pinochet-Diktatur wurde hier mit schweren Maschinen die unbefestigte Südroute durch den Wald gepflügt - der Camino Austral, der das Gebiet der modernen Welt öffnen sollte.

"Wenn ich die Sache erst mal durchgezogen habe, soll Pumalin an den Staat zurückgegeben werden, ich glaube nicht an private Schutzgebiete," erklärt Tompkins seine ungewöhnliche Absicht. "Private Parks können eine gute Übergangslösung darstellen, aber ich bin überzeugt, dass geschützte Gebiete, vor allem wenn sie so viel Raum einnehmen, der Öffentlichkeit gehören sollten. Der Auftritt von Privatkapital für einen Übergangszeitraum ist eine Option, wenn der Staat kein Geld für den Naturschutz hat. Ich glaube, das ist eine Aufgabe für uns Reiche. Unser Vermögen haben wir dank der Tatsache erwirtschaftet, dass das System funktioniert, und wir sollten uns dafür auch in einer gewissen Weise revanchieren."

Tompkins sollte allerdings noch lernen müssen, wie sich das Eigentum an Grundstücken von einer solchen Größe in ein explosives Problem verwandeln kann. Anfangs herrschte seitens der Zivilbevölkerung relative Ruhe, die chilenische Gesellschaft begegnet privatwirtschaftlichen Aktivitäten meist ohne Vorurteile; der Verkauf auch großer Gebiete an ausländische Eigentümer ist übliche Praxis in diesem Land.

Die Probleme begannen, als sich herausstellte, dass der reiche Gringo nach unkonventionellen Regeln spielt. Nachdem die örtlichen, einst reichen Fischgründe Palenas erschöpft waren, wurden Lachsfarmen zum hauptsächlichen Broterwerb der Fischer von Palena angelegt. Die Fischkäfige mit den eingesperrten Lachsen säumen das wilde Ufer des Ozeans und bieten Hunderte von Arbeitsplätzen. Nach Stimmen von Fachleuten freilich wird damit zugleich der letzte Nagel in den Sarg des maritimen Ökosystems getrieben. Die Lachszucht ist ein Business und die Fjorde Palenas sind eine Fabrik.

Der Abfall, also die Überreste von Futtermitteln und Zuchttieren, wird üblicherweise ohne Zaudern auf dem unberührten Ufer entsorgt, auf dem außerdem Bäume gefällt und Seelöwen hingemetzelt werden. Wohl niemandem im Gemeinwesen von Fierdo Blanco wäre im Traum eingefallen, dass der neue Grundstückseigentümer etwas gegen Berge von vermodernden Abfällen oder die Ausrottung von Robben einzuwenden haben könnte.

Der Rechtsstreit wegen unbefugten Betretens von Privatgelände wurde 1993 vor einem hiesigen Gericht abgeschlossen; Tompkins hatte ihn problemlos gewonnen.

Die Eigentümer der Lachsfarmen fassten die Sache allerdings als grundsätzliche Bedrohung ihrer Interessen auf. Tompkins' Vorhaben, für die Grundstücke von Pumalin das amtliche Siegel eines Schutzgebiets zu erwerben, drohte darüber hinaus die großen Forstgesellschaften aus dem Spiel zu werfen und die Errichtung eines Stromversorgungsnetzes von geplanten Wasserkraftwerken zu verkomplizieren.

Zu den rein wirtschaftlichen Argumenten kam außerdem auf allerhöchster Ebene ein Element des Nationalismus hinzu. "Chile hat weder den Bedarf noch den Wunsch, sich von jemandem sagen zu lassen, wie es mit seinem Territorium umzugehen hat," verkündete nach dem Prozess die damalige Ministerin für staatliche Vermögenswerte Adriana Delpian. Tompkins' ungewöhnliches Projekt geriet ins Zentrum des Interesses sowohl der Boulevardblätter als auch der seriösen Medien, aber Unterstützung fand es weder in den einen noch den anderen.

"Tompkins steht hinter den Problemen des chilenischen Handels," titelte das rechtskonservative Blatt La Tercera. "Als Chilene kann ich nicht zulassen, dass ein Ausländer ein Stück meines Landes von den Bergen bis zum Ozean besitzt, vor allem wenn nicht klar ist, was er mit dem Land wirklich vorhat, und wenn es um ein strategisch wichtiges Gebiet geht," verkündete der christdemokratische Senator Gabriel Valdes vor Pressemikrofonen.

Auch die Armee, deren Einfluss nach dem Sturz von Pinochets Diktatur ungebrochen ist, begann wegen Tompkins nervös zu werden. Pumalin durchschneidet das Staatsgebiet von Chile und teilt es in zwei Teile. Das Gebiet des Parks liegt darüber hinaus an den Ufern des Fjords Comau, der eine wichtige Rolle in den strategischen Plänen spielt, die die Armee für den Fall eines hypothetischen bewaffneten Konflikts mit Argentinien aufgestellt hat. Tompkins und sein Park sind damit auf dem Verzeichnis staatlicher Sicherheitsrisiken gelandet.

Die Ungunst der Regierung, unternehmerischer Kreise, Armee und Medien haben dem Projekt Pumalin schließlich auch in der Praxis einen Rückschlag ver-

214

setzt. In dem Puzzle kleinerer und größerer, von Privateignern erworbener Grundstücke fehlte Tompkins ein Mosaikstein - 30.000 Hektar im Besitz der Universität von Valparaís. Die Regierung witterte ihre Chance und setzte sich für den Verkauf des Grundstücks an den Energiekonzern Endesa ein, obwohl Tompkins dafür einen mehrfach höheren Kaufpreis geboten hatte. Pumalin passierte damit genau das, was es selbst mit dem Staatsgebiet Chiles bewirkt hatte: es wurde geteilt.

"Ich Naivling dachte, die würden mir dankbar sein," erinnert sich Tompkins daran, wie damals die Gefühle hohe Wellen schlugen. Rechnet man der beschriebenen politisch-medialen Kampagne noch hinzu, dass seine Telefone abgehört, seine Ranch zur Einschüchterung von Jagdflugzeugen der Armee überflogen, und seitens der Neonaziorganisation ,Era hitleriana' Todesdrohungen ausgesprochen wurden, so sind Tompkins' Ernüchterung und Überdruss verständlich.

Die Regierung von Präsident Frei unterzeichnete zwar im Jahre 1997 eine formale Vereinbarung mit Tompkins, worin sie sich verpflichtete, Pumalin im Gegenzug für den Ausbau der Infrastruktur des Parks den neu geschaffenen Status eines Naturreservats zu verleihen. Den Verpflichtungen aus der Vereinbarung nachzukommen bemühte sich allerdings nur der Ökophilantrop, der dann im Jahre 2001 das Maß "als gestrichen voll sah". "Ich ziehe mich aus dem Projekt Pumalin zurück, gewisse einflussreiche Kreise sind dagegen, dass dieses Schutzgebiet entsteht," teilte Tompkins auf einem Treffen mit der politischen Führung des Landes mit.

Die Rettung für das Projekt kam in letzter Minute. Tompkins' Absicht, Chile zu verlassen, rief in den Kreisen chilenischer Naturschützer Entsetzen hervor; es musste auf alle Fälle versucht werden, den angewiderten Millionär umzustimmen. "Ohne Leute wie ihn haben die chilenischen Urwälder keine Chance, Tompkins setzt außerdem ein Beispiel für die Hiesigen," erklärt die Biologin Adriana Hoffmann ihr Engagement. In dieser heiklen Situation machte sich auch der neue chilenische Präsident Richardo Lagos stark. "Ich denke von Herrn Tompkins nur das Beste; seine Tätigkeit ist für uns von größter Bedeutung," erklärte er und bat den amerikanischen Unternehmer um Nachsicht und Geduld, der „Parque Pumalin" war damit gerettet.

Wenn es Arbeit zu tun gibt, legt der Millionär ungeniert Hand mit an, wovon wir uns selbst überzeugen können. Im wichtigsten Zentrum von Pumalin - Caletje Gonzales - halten Lastwagen auf der Kiesstraße. Aus den Fahrzeugen steigen Arbeiter in gelben Gummimänteln in den Dauerregen und nehmen Schaufeln in die Hand.

Doug Tompkins tritt in Schaftstiefeln und mit legerer Schildmütze in ihre Mitte. Angestellte des Parks sind gekommen, um Schadensbeseitigung zu betreiben - wilde Deponien abzuräumen und die Abschnitte aufzuforsten, die durch die Umtriebe indogener Farmer und durch den Straßenbau zerstört wurden.

"Sinn und Zweck dieses Parks ist der Naturschutz, der Park ist groß genug, um das gesamte lokale Ökosystem zu schützen. Die Menschen kommen hier erst an zweiter Stelle," sagt Parkaufseher Fernando Grandón (43). Jetzt im Juli, also mitten im Winter, sind hier ja auch gar keine Leute, außer ca. zweihundert Beschäftigte, die über das gesamte Schutzgebiet verteilt sind.

Der Park Pumalin ist vor allem Urwald. Dieser bewächst die Steilhänge des Hochgebirges und die Flusstäler und ist mit Ausnahme der erwähnten Straße aus Pinochets Zeiten, an deren Nordende praktisch unzugänglich. Allerdings entsteht hier für die Besucher, deren Zahl jährlich zunimmt, ein Geflecht von Pfaden, Lagern mit Unterkünften und Informationszentren. "Camps, Infozelte, oder auch die Hinweistafeln auf den Wanderpfaden - das entwirft alles Douglas," verrät uns der Aufseher.

Die kleinen Camps, die in der Sommersaison eine Woche im voraus ausgebucht sind, sind so gebaut, dass die Besucher sich gegenseitig nicht in die Quere kommen. "Wir wollen, dass die Touristen morgens mit dem Blick auf einen See oder auf den Vulkan aufwachen, anstatt mit dem Blick aufs Nachbarzelt. Sie sollen von hier das Erlebnis mit nach Hause nehmen, das einem eine Begegnung mit der wahren Wildnis verschafft, und dieses Erlebnis soll in ihnen fortleben."
"Wir sind natürlich froh, dass die Leute kommen, aber am wichtigsten ist für uns die Natur: niemand darf die abgesteckten Pfade verlassen, darauf achten unsere Mitarbeiter," sagt der Aufseher Fernando.

Ein Projekt, das über das Tagesgeschäft von Naturschutzgebieten hinaus geht, ist der Modellbetrieb der Biofarmen, die auf dem Parkgelände errichtet worden sind. Die dahinterstehende Idee ist simpel: so zu wirtschaften, dass die Höfe selbsttragend funktionieren, ohne dass die üblichen aggressiven Methoden zum Einsatz kommen müssen - Kunstdünger, Kahlschlag, Brandrodung für die Viehzucht.

Freilich bedarf es, um die Farmen in Gang zu bringen und zu betreiben erheblicher Investitionen und ohne gewaltige Zuschüsse aus Tompkins eigener Tasche könnte auch heute noch keine von ihnen existieren.
Die meisten Farmen hat Tompkins entlang der Grenzen seines Parks errichtet, wodurch deren Bewohner - einige davon gehören zu den ursprünglichen örtlichen Bauern, deren Interessen ansonsten der Zielsetzung des Parks diametral

entgegenstehen dürften - zugleich als Wächter des neu entstandenen Naturschutzgebiets fungieren.

Auf den Farmen werden unter anderem auch Bienen ohne Zufütterung gezüchtet. Obwohl die Bienenzucht in Patagonien keine Tradition hat, stellen die Erlöse aus dem Honigverkauf die hauptsächliche kommerzielle Einnahmequelle des Parks dar. "Ich bin hier jetzt anderthalb Jahre," erzählt die argentinische Imkerin Teresa McDonnell (31) in einem wohnlichen Häuschen tief im Renihue-Fjord. "In Argentinien hab ich alles verloren, da habe ich keine Minute gezögert, als ich das Inserat in einer Zeitschrift sah," sagt sie.

Auch die Schafzucht ist nicht ohne Belang. Die ist auf dem erosionsanfälligen durchnässten Boden vorteilhafter als die althergebrachte Rinderzucht, und die Wollverarbeitung bedeutet für die Weberinnen, die jenseits der Parkgrenzen leben, eine wichtige Einnahmequelle.

Vor einem armseligen Holzhäuschen im Dorf Piedra Azul, einige Kilometer von Puerto Montt, hält unser weißer Lieferwagen. Der erste Raum des Hauses wird von einem abgegriffenen Verkaufspult mit Marmelade, Butter und Keksen eingenommen, weiter hinten verbirgt sich eine Webstube mit dem typischen Handwebstuhl der Mapuche-Indianer. Die robust gebaute Weberin Yolanda García (50) webt auf ihm mit ihrem Lehrling Marta (18) traditionelle Decken und bringt acht weiteren Weberinnen das Handwerk bei.
"Dank Frau Tompkins haben wir Arbeit. Unsere Männer verdienen mit dem Fischfang nicht viel, also sind eigentlich wir Frauen die Ernährer der Familie," erzählt Yolanda stolz. Die Koordinatorin des Projekts Webereiprodukte, die schlicht auftretende braunhaarige Carmen Joost, lädt fertige Decken auf, die mit Kastanienblättern und mit grüner, aus Distelblättern gewonnener Farbe gefärbt wurden.

Sorgfältig bemisst sie den Wollbedarf für weitere Produkte und bricht dann ins Nachbardorf auf, wo die Gruppe der zierlichen Ilse González (48) auf sie wartet. "Ich stricke so an die sechs Pullover pro Monat. Die Tompkins schätzen traditionelles Weber- und Strickhandwerk. Vor allem aber wissen sie, wie sie unsere Erzeugnisse in den Vereinigten Staaten verkaufen können. Unsere eigenen Kinder würden diese handgestrickten Pullis niemals anziehen; was wir hier tun, kommt ihnen unmodern vor."
Kris, die Ehefrau von Tompkins, hat dieses Projekt vor zwei Jahren ins Leben gerufen. Die Farmen in Renihue produzierten genug Wolle, um den hiesigen Leuten Arbeit und Brot zu verschaffen. Die Produkte unter der Marke "Puma Verde" finden guten Absatz; die Weberinnen sind momentan mit Aufträgen förmlich eingedeckt. "Der Kontakt mit diesen Frauen ist für mich eine Bereicherung, ich freue mich immer, sie zu besuchen und verbringe viel Zeit mit ihnen", meint Frau Tompkins zu uns.

"Wir unterhalten uns über neue Muster, die Qualität der Wolle, die Kinder, Krankheitsfälle... Ich bin froh, dass es ihnen dank diesem Projekt besser geht," lächelt Carmen zufrieden und scheucht geduldig den lehmverklebten Mischlingsrüden von sich, der uns im nächsten Dorf Reloncave zur Begrüßung entgegenkommt. "Ich habe für Senora Kris einen neuen Grünton. Und bringen Sie ihr diesen Schal, ich bin neugierig, was sie dazu sagen wird!" ruft die Weberin Manolita in die Stille des grauen Horizonts.

Nach mehr als zehn Jahren von Tompkins' Präsenz in Palena scheint es nun, als ob die Geschichte ein glückliches Ende nimmt. Noch dieses Jahr soll Präsident Lagos den Park nun doch offiziell als privates Naturreservat ausrufen. Die Unterschrift auf dem präsidialen Dekret kann aber natürlich nicht von einem Tag auf den anderen die traditionelle Meinung des Volks ändern.
Die chilenische Gesellschaft wird hier zum ersten Mal mit einer privaten Naturschutzinitiative dieses Ausmaßes konfrontiert. "Ich verstehe es ja, wenn sich jemand Forstland kauft, dann einen Zaun darum herum baut und Eintrittsgeld verlangt, damit sich die Investition rentiert. Aber Tompkins tut nichts dergleichen," schüttelt der Bürgermeister von Puerto Montt, Rabindranath Quinteros (59), düster den Kopf.

Mögliche Ursachen für die fortdauernden Missverständnisse kommentiert auch der Rektor der Universität von Santiago de Chile, Antonio Elizarde: "Unsere Gesellschaft hat keine Erfahrung mit Leuten, die transparent vorgehen und tatsächlich tun, was sie sagen. Tompkins ist darüber hinaus das Paradebeispiel eines philantropischen Unternehmers. Er fühlt sich gegenüber der Gesellschaft und der Natur verantwortlich, was in Chile etwas noch nie Dagewesenes darstellt."

Tompkins' Beispiel findet dennoch ein erstes Echo in der chilenischen Öffentlichkeit. Die Mehrzahl der zehntausend Besucher im Vorjahr waren Chilenen; viele von ihnen sind aus Neugier in diese entfernte Ecke ihres Landes gekommen. "Tompkins Name war in der Presse vielleicht noch häufiger als der Pinochets und alle Leute wollen seinen Park sehen. Die meisten meinen, sie wollen wiederkommen," beschreibt Don Carlos, der Eigentümer eines Hotels im Städtchen Chaitén an der Grenze zum Park, seine Klientel.

Auch wenn die chilenischen Urwälder weiterhin bedroht sind, so ist doch ihr Wert in den Augen wenigstens eines Teils der Bevölkerung gestiegen. "In Chile gibt es ein ganzes Netz kleiner, privater Schutzgebiete, aber erst jetzt kommt eine neue Mode unter den erfolgreichen Unternehmern der Region auf," erklärt

Adriana Hoffmann mit verschmitztem Lächeln. "Tompkins Beispiel hat andere auf Ideen gebracht - nein, ich möchte niemanden beim Namen nennen, aber eine Gruppe einflussreicher Leute holt sich bei Tompkins Ratschläge, wie man das Ganze aufzieht."

In seinem kleinen Arbeitszimmer im Städtchen Ancud sitzt Bischof Ysern. "Wissen Sie, eigentlich hat Tompkins mein Herz definitiv gewonnen, als ich erfahren habe, dass er in seinem Park eine Baumschule für kleine Thuja-Koniferen angelegt hat. Die Thuja (hier Alerse genannt) ist ein Baum, der dreieinhalbtausend Jahre alt werden kann, und wir Chilenen betrachten ihn als Nationalsymbol. Nur dass die meisten von uns noch nie einen in Wirklichkeit gesehen haben," lacht der Bischof. "Niemand zieht Thuja-Koniferen in Baumschulen heran, einfach deshalb, weil es sich nicht rentiert. Doug pflanzt diese Bäume bei sich und ich fahre hin, um sie zu weihen. Wir zwei sehen die Welt aus dem gleichen Blickwinkel - aus der Sicht der Ewigkeit."

Das Ergebnis eines Investments von Dutzenden von Millionen Dollar und zehn Jahren eines Menschenlebens haben die Bewahrung von dreihunderttausend Hektar unberührtem Regenwald möglich gemacht und die Geburt eines neuen Phänomens erbracht: Naturschutz, der aus privater Tasche finanziert wird,.

Ende 2004 übergab Douglas Tompkins an den Staat Chile ein riesiges Stück seines Schutzgebiets in Patagonien, das er in Wildnis zurückverwandelt hat. Auch Pumalín, das Herzstück seines Reichs, will er irgendwann überschreiben. Voraussetzung sei allerdings, dass der Schutz des Nationalparks garantiert werde. Vorher gebe er "die Kontrolle nicht aus der Hand".

Die Schaffung des privaten Nationalparks Pumalin hört sich an wie ein Wunder, wie eine Geschichte aus einer anderen Welt. Es zeigt einmal mehr, dass wir reicher sein könnten an Paradiesen und Rückzugsgebieten, wären wir nicht arm an der Zahl von Menschen wie Douglas Tompkins, der zeigt, wie sensibel und sinnvoll mit einem Vermögen umgegangen werden kann.

(Die Texte wurden uns teilweise freundlicherweise vom Verlag "Der Spiegel" und Greenpeace, www.greenpeace-magazin.de zur Verfügung gestellt.)

Der Tagliamento: Wer seine Schönheit geschaut, bleibt ein Leben lang davon berührt.

Klemens Tockner Dr. Prof.
Gewässerökologe, Forscher und Visionär

Der "Fiume Tagliamento" darf nicht sterben!

Dieser Fluss in seiner atemberaubenden Schönheit und der, mit nichts zu vergleichenden Umgebung ist das letzte, aber auch wirklich allerletzte Reservat einer unzerstörten wildromantischen, 170 Kilometer langen Flusslandschaft, dessen bis zu zwei Kilometer breites Schotterbett mit dem smaragdgrünen Band des Flusses jeden Betrachter in seinen Bann zieht und in Ehrfurcht und Erstaunen versetzt. Jedem, der den Tagliamento in seiner ganzen Majestät schauen durfte, wird dieser Eindruck ein Leben lang in Erinnerung bleiben.

Allein der Gedanke, dieses landschaftliche Juwel mit Staudämmen und Rückhaltebecken aus Beton in der Größe von jeweils mehreren Fußballfeldern zu verunstalten, löst Unverständnis und Fassungslosigkeit beim Betrachter aus. Schotterbarone und Wirtschaftsinteressen arbeiten massiv daran, den Tagliamento von einem Wildfluss zu einem kanalisierten und mit hässlichen Bauten versehenen Gerinne zu machen, das alles unter dem Deckmäntelchen des Hochwasserschutzes, durch die die Bewohner des Unterlaufs künftig verschont werden sollen.

Doch die Experten, aus der ganzen Welt am Tagliamento forschend, wissen es mittlerweile besser. Die Verbauung des Tagliamento im Ober- und Mittellauf würde das Risiko der am Unterlauf angesiedelten Gemeinden nicht senken, sondern im Gegenteil erhöhen, da durch die Verbauung die natürlichen Rückhalteflächen des Tagliamento zerstört würden und die Wassermassen ohne die breiträumigen, schotterbedeckten Ausweichgebiete schneller und ungezähmt zu Tal stürzen würden.

Der Kampf gegen Ignoranz und Wirtschaftsinteressen wäre wahrscheinlich bereits verloren gewesen, hätte es nicht immer wieder einige Wenige gegeben, die unter vollem persönlichen Einsatz gegen die Zerstörung von Natur und Umwelt ankämpfen würden. Allen voran Prof. Dr. Klement Tockner, Wissenschafter und Naturschützer aus Überzeugung, der - seit er im Jahr 1996 auf die Bedrohung des Tagliamento aufmerksam wurde - für dessen Erhaltung und die Aufklärung der Bevölkerung für dieses Ansinnen kämpft.

Der bekannte italienische Künstler und Präsident der "Associazione Controllo Qualita" (ACQUA) Renzo Bortolussi hat sein Haus und Grundstück in Pinzano/ Oberitalien in ein Privatmuseum mit vielen interessanten Exponaten verwandelt.
Ein von ihm entworfener Metallsarg, mit der Aufschrift "Ubi Aurum Tagliamento" soll an den "Beinahe-Exodus" des letzten aller Wildalpenflüsse erinnern. Im Bild der Künstler (links) mit dem "Retter des Tagliamento", Prof. Dr. Klemens Tockner aus Bern.

Klement Tockner, der zusammen mit Experten aus aller Welt im Auftrag der EAWAG, dem Wasserforschungs-Institut des ETH Bereiches, eine Feldforschungsstation nahe Pinzano betreibt, ist überzeugt: "Die Verbauung des Tagliamento würde in mehrfacher Hinsicht eine Katastrophe bedeuten: Erstens würde die Verbauung den Kollaps einer bestehenden Flusslandschaft bedeuten, die als Naherholungsgebiet für die einheimische Bevölkerung von unschätzbarem Wert ist. Zum zweiten würde sich die Hochwassergefahr am Unterlauf sogar verstärken und zum dritten würde es bedeuten die letzte Möglichkeit zu verlieren, in Zukunft anhand eines natürlichen Flusslaufes immens wichtige Forschungen für Revitalisierungsprojekte an Flüssen vornehmen zu können".

Professor Tockner arbeitete auch daran, die Aufklärung der Bevölkerung zu forcieren, da nur bei Vorhandensein einer überwiegenden Mehrheit gegen das Verbauungsprojekt eine Chance bestand, den Tagliamento und seine wildnatürliche Schönheit zu erhalten.
Auch die Ausmaße und Ausdehnung der Flusslandschaft sind gigantisch. So beträgt die Fläche der Auenlandschaft vom Ursprung in den Karnischen Alpen bis zur Mündung bei Lignano ins Meer fast 150 Quadratkilometer und ist damit eineinhalb Mal so groß wie der Nationalpark Donau-Auen in Österreich.

Das Schotterbett selbst ist stellenweise bis zu 1.5 Kilometer breit und 500 Meter tief. Der Fluss führt bei Niederwasser 20 Kubikmeter Wasser in der Sekunde, bei Hochwasser werden es bis zu 4.000 Kubikmeter, also 200 Mal so viel.

Diese Menge ist nicht mit Rückhaltebecken oder anderen Verbauungsmaßnahmen zu bewältigen sondern einzig und alleine durch die Erhaltung der natürlichen Überflutungsgebiete, die am Tagliamento ausreichend vorhanden sind. Gelegentliche Hochwasser im Unterlauf sind auch deshalb nicht mehr ganz zu vermeiden, da die letzten 20 Kilometer des Tagliamento durch naturfremde Verbauung seiner Natürlichkeit und damit auch seiner Selbstregulierungsmaßnahmen im Hochwasserfall beraubt wurde.

Die oftmals seitens der bedrohten Gebiete am Unterlauf hinter vorgehaltener Hand geäußerten Vorwürfe, die Bewohner am Mittel- und Oberlauf wollten sie durch eine Nichtbefürwortung der weiteren Verbauung des Tagliamento "ersäufen", ist eine völlig unhaltbare Feststellung, da gerade durch eine Verbauung die Hochwassergefahr für den Unterlauf weiter ansteigen würde.
Unzählige Fachgutachten und Expertisen belegen inzwischen, dass der beste Schutz gegen Hochwasser immer noch die Erhaltung des Flussgebietes in seiner jetzigen, ursprünglichen Form darstellt.

Zugleich gibt es Alternativen zum Projekt der Rückhaltebecken, wie die Reaktivierung eines Entlastungsgerinnes im Unterlauf, welche wirksamer und insbesondere umweltschonender sind. Das naturwidrige Projekt, den letzten Wildalpenfluss Europas mit Retentionsbecken (Rückhaltebecken) von insgesamt 14 km zu verunstalten, würde bei einer Realisierung nicht nur einem Schildbürgerstreich gleichkommen, sondern auch eine unverantwortliche Fehlentscheidung im Sinne von Umwelt- und Hochwasserschutz bedeuten.

Erst wenn es zu spät ist, würde man die Sinnlosigkeit und nicht wiedergutzumachende Vergewaltigung eines natürlichen Lebensraumes erkennen müssen. Es ist im Sinne aller, in diesem einmaligen Naturparadies lebenden Menschen und ihrer Nachkommen zu hoffen, dass die Bestrebungen, Initiativen und wissenschaftlich fundierten Beweise der Experten der Vernunft zum Siege verhelfen und den "Fiume Tagliamento" vor dem Untergang bewahren.

Das was Professor Dr. Klement Tockner im Kampf für den Tagliamento, für die Natur und damit auch für uns und unsere Nachkommen erreicht und geleistet hat, setzt ihm ein immerwährendes Denkmal als einer der Retter von Regionen unserer Erde, die einmal verloren, für alle Zeit unwiderbringlich verschwunden sind.

Untrennbar wird sein Name für alle Zeiten mit der im allerletzten Moment erfolgten Erhaltung des "Königs der Alpenflüsse", dem Tagliamento verbunden sein, die ihn zu Recht als einen der großen Visionäre unseres Zeitalters aus weist.

Günter Schön
Fotograf, Wasserforscher und Visionär

Das Gedächtnis des Wassers

Viele Dinge des Lebens liegen im so genannten "feinstofflichen Bereich", ein Bereich, der vornehmlich von der Wissenschaft, aber auch von Privatpersonen als "Humbug" oder Phantasterei abgelehnt wird.

In Wahrheit handelt es sich dabei aber um einen Bereich oder Phänomene, die - zumeist nicht wissenschaftlich belegbar - doch täglich geschehen und nicht weggeleugnet werden können. Alles was unsere Vorstellungskraft, unseren Horizont und unseren Glauben übersteigt, wird heute nur allzu gerne in die "Esoterik-Ecke" gestellt.

Bachblüten, Wunderheilungen, Shao-Lin-Mönche, Yin & Yang oder Feng Shui, für die Einen eine Religion, für die Anderen wiederum "Hokuspokus". Dass es viel mehr gibt, als wir heute mit unserem eingeschränktem Weltbild erfassen können oder zu wissen glauben, gilt als sicher.

Hält man sich die Größe und Unerforschtheit des Weltalls oder das "Wunder Mensch" vor Augen, dessen Erforschung durch die angebliche Entschlüsselung des Genoms heute bereits einige Wissenschafter voreilig verkünden, sollte man den Prozentsatz unseres tatsächlichen Wissens um die Dinge des Lebens in Bescheidenheit und Ehrfurcht vor der Schöpfung unter einem Prozent angesiedelt sehen oder überhaupt in den Promillebereich verweisen.

Einer der wenigen, die es geschafft haben, "Feinstofflichkeit" sichtbar zu machen und wissenschaftlich zu beweisen, ist der gebürtige Waldviertler Fotograf und Visionär Günter Schön aus Wien. Er ist - angeregt durch die "Wasser-Legende" Masaru Emoto - in der Lage, übernatürliche Phänomene (die in Wahrheit ja immer natürlich sind), mit der Kamera bildlich für jedermann nachzuweisen.

Seine intensiven Forschungen der letzten Jahre auf diesem Gebiet, die Weiterentwicklung seiner Verfahren zu einer geradezu "traumhaften Perfektion" und seine anspruchslose Bescheidenheit erheben ihn zu einem der ganz Grossen unter den Visionären dieser Erde.

Jeder, der Günter Schöns Fotos über das "Gedächtnis des Wassers" gesehen hat, ist ergriffen und zutiefst berührt über die Schönheit, den Zauber und die Aussagekraft seiner Bilder.

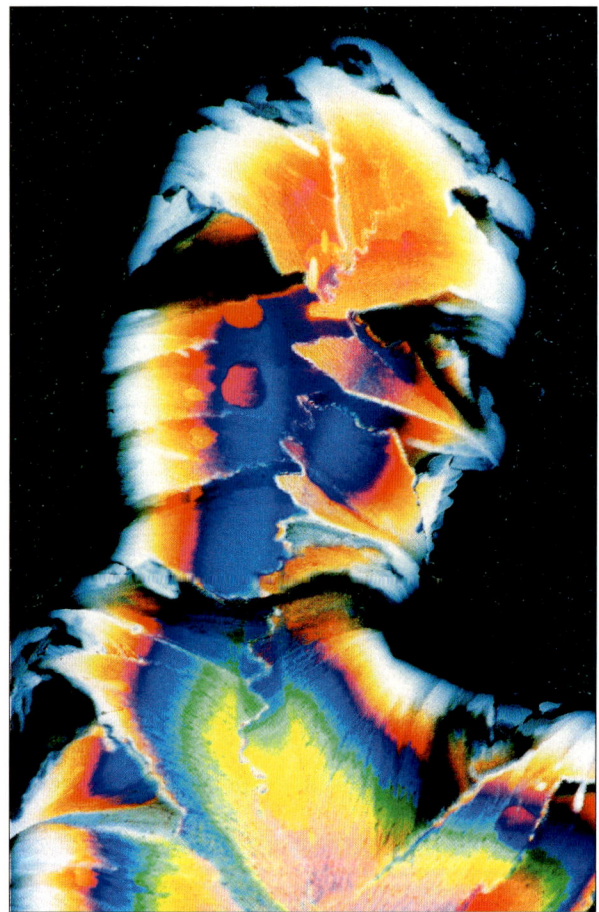

Bild Nr. 1

Bild Nr. 2

Bild Nr. 3

Bild Nr. 4

Das "Gedächtnis des Wassers" im Bild
Günter Schön

Mit faszinierenden Bildern entdeckt Günter Schön das Geheimnis und die Vitalkraft des Wassers. Gletscherwasser vom Himalaja hat er genau so fotografiert wie Wasser aus dem Ganges, dem Nil oder aus der Quelle des legendären Wallfahrtsorts Lourdes.

Viele tausend Wasserproben haben sein Fotostudio und Wasserlabor bereits durchwandert. Die Ergebnisse stellen sich wie ein Ausflug in eine andere Welt dar.
Durch Farben, Lichtkraft und Brechungszauber eröffnet Günter Schön einzigartige Einblicke in die Wunderwelt des Wassers, die er auch schon in drei fantastischen Kalendern veröffentlicht hat.

"Es ist mir gelungen, zu entdecken und fotografisch festzuhalten, wie Worte, Gedanken, Gebete und andere Einflüsse die Struktur des Wassers beeinflussen. So birgt die Fotografie selbst nach Jahrzehnten noch ungeheure Überraschungen" verrät Fotokünstler Schön.

"Das Wasser als Basis des Lebens trägt alle Botschaften und Informationen in sich, es sichtbar zu machen, sehe ich als meine große Berufung. Wasser reagiert bereits auf kleinste Einflüsse, wie z. B. auf Musik, Lichteinflüsse, Lärm, Umweltprobleme, Sprache oder auch das geschriebene Wort.
Dass Wasser ein Gedächtnis haben muss, hat uns bereits die Homöopathie sowie die Bachblütentherapie bestätigt. Wasser speichert also Informationen, die weder chemisch noch physikalisch nachweisbar sind. Das heißt, dass die Idee (der Geist) es ist, der die Materie formt".

Günter Schön weiter: "Die Idee, unsichtbare Schwingungen im Wasser fotografisch sichtbar zu machen, reifte in mir, als ich im Dezember 2001 ein Buch des japanischen Arztes Masaru Emoto las. Er hatte eine Methode entwickelt, mit der es möglich war, zu beweisen, dass Worte, Gedanken, Musik und Gebete auf die Struktur des Wassers einwirken und seine Kristallform auf eine geradezu dramatische Art beeinflussen.
Mir gelingt es heute, diese Veränderung des Wassers nicht nur in einzelnen Kristallen zu zeigen, sondern auch in der Wasserfläche die unterschiedlichsten Schwingungsmuster sichtbar zu machen. Das "Gedächtnis" des Wassers speichert eine bestimmte Information so lange, bis es einem stärkeren Schwingungsfeld ausgesetzt wird, um dann diese neue Schwingung (Information) in sich zu tragen.

Ein Beispiel dafür war das Quellwasser der Fürstenquelle von Fusch am Großglockner, welches ich zuerst in seiner ursprünglichen Form fotografierte. Danach bespielte ich dasselbe Wasser mit der Symphonie 40 von Wolfgang Amadeus Mozart (Bild 07) woraufhin ersichtlich wurde, wie sich dessen Schwingung verändert. Das gleiche Wasser mit Johann Sebastian Bachs "Air" (Bild 08) bespielt, ergab ein völlig verändertes, neues Bild. Als drittes Beispiel nahm ich Heavy Metal Musik, ein Stück der Gruppe "DEVANIC", der mein Mitarbeiter Christian Novak angehört. Wenn man die verschiedenen Stücke zu den Bildern hört, kann man eine diesbezügliche Übereinstimmung feststellen.

Die Sensation kam für mich aber einen Tag später, da stand noch immer das Glas mit Wasser, welches ich mit Mozart bespielt hatte und jenes mit Heavy Metal. Ich leerte beide Gläser zusammen in eine spezielle Glasschale, um zu sehen was dabei herauskommt.
Als das Wasser gefroren war, staunte ich nicht schlecht, da ich den Teil mit Mozarts Symphonie bespielt und Christians Heavy Metal, optisch deutlich unterscheiden konnte. Das Wasser hatte sich also nicht vermischt und etwas Neues gezeigt, sondern die Musik noch immer in unterschiedliche Cluster abgespeichert. Für mich heißt das Bild "Papageno", da die Struktur Mozarts wie ein Vogel die Heavy Metal - Struktur umschließt". (Bild 10)

Bild Nr. 7

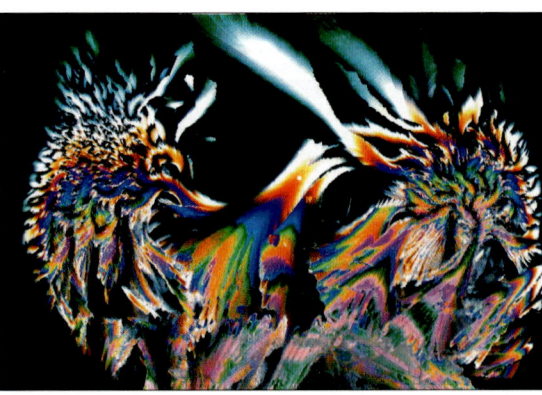

Bild Nr. 10

Bild Nr. 8

Bild Nr. 9

Bild Nr. 11

Musik ist ein sehr dankbares Medium, um Wasser mit Informationen zu versorgen.

Das ist ganz einfach zu erklären: Wenn wir Musik hören die uns gefällt, geraten wir in eine besondere Schwingung des Wohlfühlens. Die Musik macht uns beschwingt und kann uns gleichzeitig Glücksgefühle vermitteln. Ebenso kann uns musikalisch etwas melancholisch oder auch aggressiv stimmen.

Das geschieht deshalb, da wir ja zu etwa zwei Drittel aus Wasser bestehen und physisch wie psychisch ständig seinem Schwingungsbereich ausgesetzt sind.

Ein bekannter Kunst-Designer, der auch die Wasserkaraffe "Aladin" entwarf, auf deren Boden die Blume des Lebens eingebrannt ist, konnte mit diesem starken Symbol normales Leitungswasser auf Quellwasserqualität bringen.

Wir kamen dabei auf die Idee, Musikschwingungen bildlich festzuhalten, diese Fotos in Glas einzuschmelzen und als Glastropfenanhänger am Körper zu tragen, um durch diese zu lustvollen Erinnerungen angeregt zu werden.

Das Wasserfoto Nr.11, mit "What a wonderful world" von Louis Armstrong bespielt, zeigt ein durch kräftige Farben geprägtes Bild mit starker, naturbezogener Sinnlichkeit. Bis jetzt wurden fünf verschiedene Musikstücke von Marilyn Monroe, Frank Sinatra, Percy Sledge und Elvis Presley als Bilder in Anhänger gebrannt.

Im Juli 2005 lernte ich die Hebamme Erika Christine Pichler in Heiligenblut kennen. Sie bildete Hebammen aus und stellt ihre eigenen "NOREIA- Blüten-Essenzen" her, die schon vielen Menschen geholfen haben. Ich durfte einige dieser Blütenmischungen fotografieren und konnte die Blütenessenz "Yin-Yang" in wunderbarer Weise darstellen. Jeder Mensch, Mann und Frau, hat weibliche (Yin) und männliche (Yang) Anteile in seiner Persönlichkeit.

Wenn sich die männlichen und die weiblichen Anteile in Harmonie befinden, sind wir in der Lage, unser kreatives Potential und unsere Kraft voll zu entfalten. Die Noreia - Blütenessenz-Mischung unterstützt dabei die innere Balance von Verstand und Gefühl und hilft uns, Yin und Yang zu finden und zu halten.

Das Bild selbst zeigt, wie das bekannte Symbol von Yin und Yang, Hell-Dunkel-Effekte und komplementäre Farben (Bild 15).

Als geburtsunterstützende Maßnahme wendet Erika Pichler den Heilgesang südamerikanischer Indige-Hebammen an, der die Frauen während der Wehen entspannt und begleitet.

Er heißt **"Jani Joni Jachuene"** – **"Kind komm heraus, die Welt ist schön"** (übersetzt).

Diese Worte werden sehr stark vokalbetont vorgetragen, das bringt den Geburtsvorgang wieder in Fluss.

Bei einem Versuch wurde nun normales Leitungswasser aus Heiligenblut von Frau Pichler mit diesem Heilgesang ausdrucksstark besungen. Daraus entstand das Bild Nr. 12, das eine auf einen Punkt nach unten zufließende Bewegung zeigt.

Von einer werdenden, im dritten Monat befindlichen Mutter wurde anlässlich einer Vorsorgeuntersuchung eine kleine Menge Fruchtwassers entnommen und mir von ihr zur Verfügung gestellt, um "werdendes Leben" bildlich darstellen zu können.

Das dabei entstandene Bild hat uns von der Kraft und Darstellung her alle überwältigt (Bild Nr. 13). Versuche des Mischens von Fruchtwasser mit anderem Wasser zeigte meist ähnliche Bilder. Die ungeheuer starke Information des Fruchtwassers überlagert natürlicherweise alle anderen Informationen.

Ein weiterer Versuch: Nachdem das Fruchtwasser-Eis wieder aufgegangen war, setzte ich es Handyfrequenzen aus. Durch diese Frequenzen verliert das Fruchtwasser völlig seine harmonische Form und das Farbspektrum verschwindet. (Bild Nr. 14)

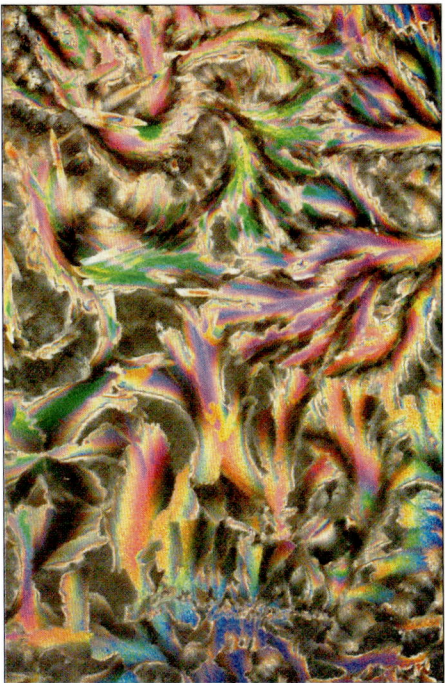

Bild Nr. 20

237

Bild Nr. 16

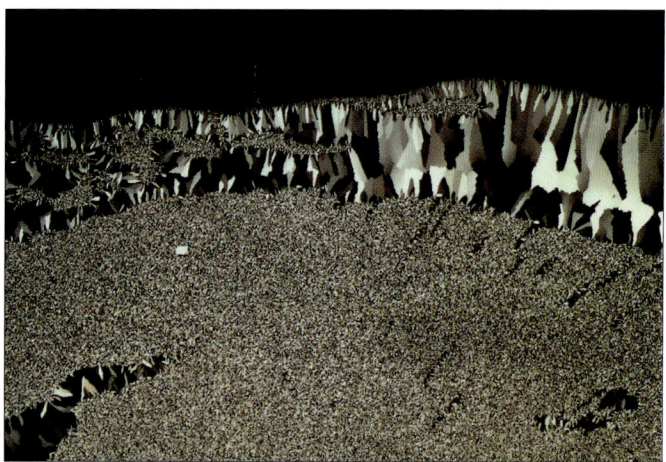

Bild Nr. 17

Eine weitere Möglichkeit, Wasser zu informieren, ist das geschriebene Wort. Meine Versuche machte ich mit den Worten "LIEBE" und "KRIEG", die ich je auf ein Blatt Papier schrieb. In getrennten Räumen stellte ich ein Glas gleichen Wassers auf das jeweilige Blatt Papier. Nach 2 Tagen wurde das Wasser eingefroren, dabei entstanden zwei völlig unterschiedliche Bilder:

Bei Bild Nr. 16 (Liebe) zeigt sich das Wasser in zarten Farben und harmonischen Schwingungen.
Das Bild Nr. 17 (Krieg) wurde ebenfalls in Farbe fotografiert, zeigt jedoch nur scharfkantige Schwarz/Weiß- Strukturen. Jeder Betrachter konnte den Bildern das richtige Wort zuordnen.

Faszinierend sind für mich vor allem Bilder, die eine Brücke meiner Fantasie oder Erinnerungen an den Herkunftsort des Wassers darstellen. So ist für mich z. B das Bild Nr. 1 vom Nilwasser/Assuanstausee der Kopf einer Mumie, der für mich sichtbar geworden ist.
Das Wasser der Heilquelle in Lourdes/Frankreich (Bild 02) war bereits zwölf Jahre alt, als ich es bekam. Im Bild glaubt man, vor einer Grotte zu stehen, in der ein Licht brennt. Auch ein Weizenkorn aus dem Kornkreis in NÖ, das einen Tag lang im Lourdes-Wasser lag, beeinflusste es wiederum auf eine ganz neue, phantastische Art.

Anfang Juli bekam ich von der Pasterze (Nr. 20) – dem Gletscher des Großglockners – eine Handvoll Eis. Ich ließ ein nussgroßes Stück auftauen, um es sofort wieder auf minus 8°C einzufrieren. Dieses Wasser befand sich etwa 1000 Jahre in gefrorenem Zustand und war noch nie vorher Zivilisationseinflüssen ausgesetzt.
Vielleicht hat dieses Wasser dadurch auch die ureigenste Grundschwingung behalten, die auf den davon angefertigten Bildern eindrucksvoll sichtbar wird.

Wasser kann also sehr lange Informationen in sich tragen, wenn es keinen störenden Feldern ausgesetzt ist. Wasser kann auch beim Transport durch Elektrosmog im Flugzeug oder Auto beeinflusst werden. Bei gutem, vorsichtigen Transport bleibt es aber unbeschadet.
Das Gangeswasser (Bild Nr. 3) vom Quellfluss /Badrinath im Himalayagebiet entnommen, konnte seine Quellstruktur im Bild erhalten.
Dagegen erkennt man beim Gangeswasser aus Kalkutta, wo dieser bereits stark verschmutzt in den Indischen Ozean mündet, gegenüber dem Wasser von der Quelle deutlich gestörte Schwingungs-Strukturen (Bild Nr. 4). Fast meint man, Gestalten der dortigen Bevölkerung auf den Bildern zu erkennen.

Bild Nr. 19 hat eine ganz besondere Entstehungsgeschichte hinter sich: Im Jahr 1997 fand die von der International Breathwork Foundation organisierte III.GLOBAL INSPIRATION CONFERENCE statt, ein Psychotherapie-Kongress, an dem Therapeuten aus der ganzen Welt teilnahmen.
In der Ausschreibung zu diesem Kongress wurden alle Teilnehmer gebeten, für

Bild Nr. 19

eine kleine Eröffnungszeremonie jeweils ein kleines Fläschchen Wasser aus ihrer Heimat mitzunehmen. Die australische Gruppe gestaltete den Eröffnungsabend mit einem kleinen, sehr berührenden Ritual.

Es wurde uns erzählt, dass, wenn bei den australischen Ureinwohnern verschiedene Stämme zusammentreffen, jeder ein paar Tropfen Wasser aus seiner Region mitbringt. Dieses wird in einer Schale gesammelt und in Klang versetzt, damit wird es beseelt und belebt und das gemeinsame Anliegen dieses Treffens gefördert.

Gemäß diesem Ritual stellte sich nun auch am Kongress jeder Teilnehmer auf diese Weise vor und goss dabei von seinem mitgebrachten Wasser ein paar Tropfen in die große Klangschale, die in der Mitte des Raumes stand. Am Ende des Kongresses durfte sich dann jeder etwas von dem gemeinsamen Wasser mit nach Hause nehmen.

Dr. Martin Gartner, der an dieser Veranstaltung teilnahm, brachte mir eine kleine Menge dieser „Wassermischung", die von Wasserproben aus allen Kontinenten und großen Flüssen dieser Welt stammt mit (Ägypten, Indien, Tibet,

Russland, USA, Japan). Das dabei entstandene Bild verdeutlicht in beeindruckender Weise, dass trotz der vermischten Wasser eine gewisse Ordnung in sich aufrecht erhalten wurde.

Wasserbilder sind immer ein äußerer Ausdruck von Bewusstsein und überfordern den logischen Verstand. Deshalb sollten sie eher zum Fühlen als zum Denken anregen.
Sie sind Auslöser, um über unsere eigenen Begrenzungen hinauszugehen und zwingen uns, unsere herkömmliche Sicht zu erweitern.

Für Günter Schön gilt als erwiesen, dass beim Arbeiten mit Wasser immer auch die eigene Energie mit einfließt. "Vom Sammeln des Wassers bis zum Einfrieren wird es ständig neuen Einflüssen ausgesetzt. Zum Transport eignen sich am besten dunkle Glasbehälter, denn in Plastikflaschen verliert das Wasser schon nach kurzer Zeit an Schwingung.
Je frischer das Wasser, um so stärker die Schwingung. "Trotzdem habe ich auch Wasser fotografiert, das jahrelang irgendwo im Keller aufbewahrt wurde und trotzdem noch wunderschöne Strukturen zeigte".

Die fotografische Technik zum Sichtbarmachen der Wasserschwingungen geschieht immer unter den gleichen Bedingungen: Wasser wird in einer Glasschale eingefroren und im bipolaren Durchlicht fotografiert. Durch die bipolare Beleuchtung können bei den Bildern die Spektralfarben und Strukturen sichtbar werden. Man kann diese sichtbar gemachten Strukturen entweder mit dem Mikroskop oder im Makrobereich fotografieren.
Durch die bipolare Beleuchtung können Bilder in Farbe oder Schwarzweiß sichtbar gemacht werden. Mehrere einzelne Proben vom selben Wasser zur selben Zeit eingefroren, ergeben ähnliche Bilder. Diese bleiben so lange sichtbar, wie sich das Wasser in gefrorenem Zustand befindet. Sämtliche meiner Fotos wurden weder retuschiert noch am Computer nachbearbeitet.

„Als ich vor Jahren begonnen habe, Wasser zu fotografieren, war mir nicht bewusst, dass ich mich auf eine unendliche Geschichte - deren Dimensionen derzeit niemand abzuschätzen in der Lage ist - eingelassen habe", meint Günter Schön zum Abschluss lächelnd.

Günter Schön

Manfred Grössler
Diplom-Phytologe, Ernährungsberater, Gesundheitscoach und Visionär

Krank durch Ernährung

Es ist Pflicht aller vernünftigen Menschen,
die Gesetze der Gesundheit von Grund auf zu kennen

Mahatma Gandhi

Ein Sprichwort sagt: "Man kann dem Leben nicht mehr Tage geben, aber den Tagen mehr Leben".

Manfred Grössler führt dieses Sprichwort ad absurdum, denn er lebt und lehrt beides. Als Diplom-Phytologe und UGB-Gesundheitscoach vermittelt er seit vielen Jahren Menschen in aller Welt, wie sie ihrem Leben ein "mehr an Tagen" geben können: durch gezielte Ernährung, gesunde Lebensmittel, ausreichende Bewegung und eine positiven Lebenseinstellung. Und genau diese Faktoren sind es auch, die den Tagen mehr Leben, mehr Lebensqualität und mehr Freude am Leben geben können.

Mehr als 25 Jahre aktiver, beruflicher Tätigkeit, eigene Bücher, Vorträge, Seminare und Publikationen zu den Themen Gesundheit, Ernährung und Umwelt prägen das Leben des gelernten Kochs und Ernährungsberaters.

Fünf Jahre aktiver Kommunalpolitik in der Grazer Stadtregierung zu den Themen Gesundheit und Umweltschutz stellten für ihn wichtige politische Erfahrungswerte dar.

Als politischer Wegbereiter biologischer Ernährung und geistiger Mitbegründer der österreichischen Biobauern-Bewegung setzte Manfred Grössler in der Zeit seiner Politikerlaufbahn bedeutende Akzente.

Die "Fühle Dich Gut"-Strategie des Herausgebers wurde mit dem Umweltpreis "Ökoprofit" und dem Gesundheitsgütesiegel des Landes Steiermark ausgezeichnet.

Seit 1993 setzt Manfred Grössler wirkungsvolle Initiativen gegen Gentechnik in Landwirtschaft und Lebensmittel, darunter der bis heute einzigartige Protest der Stadt Graz gegen den Import gentechnikverseuchter Lebensmittel.

Nach mehr als einem Jahr Recherche in allen fünf Kontinenten erschien 2005 sein neuestes Buch: "Gefahr Gentechnik", welches das weltweite Scheitern der grünen Gentechnik ungeschminkt aufzeigt.

Sein Verantwortungsbewusstsein, sein kompromissloses Engagement, stets für die Natur, die Umwelt und die Gesundheit seiner Mitmenschen einzutreten und seine hohe ethische Grundeinstellung wurden im Juni 2005 durch die Verleihung des "Award of Excellence for Humanity in Gold" auf dem Weltkongress für Komplementärmedizin "Humanity in Medicine" gewürdigt. Seit 2004 ist Manfred Grössler außerdem wissenschaftlicher Beirat der "World Assocciation of Private Schools and Universities for Complementary Healing Practices".

Bücher: "Der gedeckte Tisch"/1986/InkoSporVerlag/vergriffen; "Andere Wahrheiten"1999/Edition Strahalm (mit Beiträgen zu Ernährung und Gentechnik). "Gefahr Gentechnik – Irrweg und Ausweg" 2005.

Bereits Gentechnik-Realität: "Die Fischtomate"

Gesunde Ernährung: Wozu?

**Um zu verstehen, warum Gentechnik-Essen krank macht,
muss man wissen, was gesunde Ernährung bedeutet.
Um zu verstehen, was Ernährung bedeutet, muss man wissen,
dass kein einziger Bereich unseres Lebens davon unberührt bleibt.
Wird über Gentechnik gesprochen,
sprechen wir nicht nur übers Essen und die Landwirtschaft,
sondern über das Leben und den Tod.**

Als ich mich Mitte der Achtzigerjahre beruflich mit dem Thema Ernährungs-
beratung zu beschäftigen begann, war dies in Österreich einzigartig, denn so
gut wie niemand befasste sich damals gezielt beruflich mit den Auswüchsen
falschen Essens und Trinkens. "Bio" war damals noch zu elitär und als "Körndl-
fresserei" verschrien. Das gängige Dogma der banalen "Brennwert - Energie-
bilanz" hielt das Medizinstudium "frei von der Relevanz der Ernährung auf die
Gesundheit" und "Weight Watchers"- Broschüren zeigten noch keine Spur von
gesunden (biologischen) Produkten, geschweige denn Empfehlungen, ausreichend Wasser zu trinken.

Nur wenige Makrobiotiker, wie die Waerland- und die Kneippbewegung, die
es zu dieser Zeit gab, gingen über den alleinigen Kalorienbezug der Ernährung
hinaus und zeigten in diesem Segment merkbares Gesundheitsbewusstsein. Es
war ein exotisches und zugleich wirtschaftlich riskantes Unterfangen, ein "Institut für gesunde Ernährung" und die erste "Vollwert-Kochschule Österreichs"
zu gründen. Meine Jahre in den USA hatten mich gelehrt, was in naher Zukunft
auf Europa zukommen würde: Übergewicht, Nahrungsmittel-Unverträglich-
keiten, Allergien, Befindlichkeitsstörungen und viele andere, damals bei uns
noch nicht direkt diagnostizierbare Entgleisungen.

Aus heutiger Sicht muss man dazu feststellen, dass all diese und noch viele weitere, mit Essen und Trinken in Zusammenhang stehende, von mir befürchtete
negative Erscheinungen eingetreten sind und sich in ihrer Variabilität und
Dichte – vor allem in Industrieländern und durch die Gentechnik - vervielfacht
haben(1).
Eine unverrückbare Tatsache dafür, dass "Ernährung ein Grundgesetz von Gesundheit" ist. In all den Jahren meiner Arbeit mit Menschen konnte ich über
2000 Personen und ihre diesbezüglichen Probleme aus nächster Nähe beobachten, beraten und betreuen. Rund 40.000 Messungen der Körperzusammen-
setzung (durch bioelektrische Impedanzmessung), fast ebenso viele hand-
schriftliche Ernährungsprotokolle und die zum Teil über 13 Jahre hinweg
betreuten Klienten ließen mich erkennen, was unter Lebensmittel-Qualität tatsächlich zu verstehen ist: die maximale Natürlichkeit und Unversehrtheit, die
"biologische Verfassung" unserer Nahrung.

Gesunde Ernährung ?
Ohne biologische Rohstoffe und mit Gentechnik nicht möglich

"Lasst die Nahrung so natürlich wie möglich"

Werner Kollath

Auf Grund exponential steigender, divergierender Aussagen in Fernsehen, Tagespresse und anderen Zeitgeist-Medien, sah ich mich als Trainer und Ernährungsberater immer öfter mit der Frage konfrontiert, "was gesunde Ernährung eigentlich sei?"
Eine der zahllosen Diätformen? Kalorienzählen? Mischkost? Food Cancelling? Trennkost? Vegetarismus? Eine von mir zum Thema durchgeführte Literaturrecherche, welche rund 400 Bücher mit Autoren aus 2500 Jahren Ernährungslehre und ernährungsrelevanter Lebenslehre umfasste, bestätigte meine jahrzehntelangen Praxiserfahrungen und relativierte und ergänzte mein in modernen Ausbildungen erlerntes Wissen.

Untersuchungen und Vergleiche der Texte von Autoren, darunter Shin nong, Herodikos von Selymbria, Hippokrates, Pythagoras, Theophrastus v. Hohenheim ("Paracelsus"), Goethe, Hahnemann, Bircher-Benner, Gandhi, Aivenhov, Männle u a , förderten vielerlei Gemeinsamkeiten zu Tage.

Es gab aber einen ganz besonderen herausragenden, gemeinsamen Nenner, welchen alle, ohne Ausnahme, zum Ausdruck brachten, nämlich: **"Nichts führt zum Guten, was nicht natürlich ist"**. Dieses Wort Friedrich von Schillers, der neben anderen Dichtergrößen zugleich auch ein blendender Ernährungslehrer war, birgt die essentielle Bedeutung der Ursprünglichkeit und ihrer herausragenden Stellung.
Anno 2005, im Zeitalter der Biotechnologie, gilt dieses "Naturgesetz" umso mehr. Nicht zuletzt, weil durch das Überangebot an Nahrung viele minderwertige High-Tech- Industrieprodukte auf Grund ihres Billigpreises in den Regalen, auf den Küchentischen und in den Mägen der Verbraucher landen (2).

Die Landschaft in uns: Gepflegt oder verschmutzt?

Wie oben so unten ,
wie außen so innen

Hermes Trismegistos

Die wenigsten Menschen haben eine Vorstellung davon, welche Mengen sie an Rohstoffen, Fremd- oder Kunststoffen, über den Weg der täglichen Nahrung ihr Leben lang in sich aufnehmen.

So verspeist ein Mensch mit einem durchschnittlichen Körpergewicht von 70 kg und einem durchschnittlichen Lebensalter von 70 Jahren umgerechnet rund 5000 Liter Trinkmilch, 5000 kg Obst, 18000 Eier, 7100 kg Butter, 4300 kg Käse und Milchprodukte sowie 7000 kg Fleisch. Nicht gerechnet Gemüse und Getreide wie Kartoffeln, Reis oder Hirse.

Insgesamt konsumiert der Durchschnittsbürger über 60.000 kg an Nahrungsmitteln, umgerechnet also etwa das tausendfache seines eigenen Körpergewichts (3).

Von den ca. 2,6 kg Nahrung pro Tag (inkl. Milch; nicht gerechnet die Getränke) entfallen nur 20g auf Getreide (obwohl die Getreideproduktion nur ein Siebtel des Energieverbrauchs der Fleischproduktion benötigt).

Schätzungen zufolge essen Menschen westlicher Hemisphäre mittlerweile doppelt so viel, als sie eigentlich benötigten. Man kann sich vorstellen welche Arbeit und welchen Verschleiß dieses dauernde Zu-viel-Essen dem Organismus bereitet? Viele synthetische Substanzen bleiben dabei im Körper als belastender, vergiftender Rückstand unverwendet zurück.

So wie wir uns beim Wandern an einer intakten Landschaft und an einer gesunden Umwelt erfreuen, uns aber vor verödeten und verschmutzten Gebieten ekeln, so sollte es in uns aussehen.

Gentechnisch veränderte Substanzen dagegen bringen naturfremdes Material in unseren Körper, das gar nicht erst hineingehört. Nicht umsonst spricht man allgemein und auch die Erzeuger selbst (!), von einer gentechnischen Verunreinigung oder "Kontaminierung".

Das Essen von Tieren

Gesundheit bedeutet naturgemäßes Leben

Herodikos von Selymbria (Lehrer von Hippokrates)

Entgegen der derzeitigen Europäischen Rechtslage ist ein Tier keine Sache, sondern ein Lebewesen. Es hat damit ein Recht zu leben. Auch wenn Tiere gegessen werden, hat der Mensch kein Recht, sie zu quälen oder ohne Grund rücksichtslos zu töten. Wenn Tiere zur Nahrungsbeschaffung dienen, so sollen sie respektiert, artgerecht gehalten und schmerzlos und schnell getötet werden.

Unter diesem Gesichtspunkt ist die heute übliche Massentierhaltung nicht nur eines Menschen unwürdig und ungesund, sondern gefährlich. Schmerz, Leid, Qual und Todesangst haben eigene Schwingungen und gehen beim Konsum geschundener Kreaturen auf den Empfängerorganismus über.

Mindestens aber sind sie, bei regelmäßigem Fleischkonsum, eine ständige Störfrequenz, die lebende Systeme und deren in Resonanz stehende Regelkreise massiv belastet.

Fragen Sie daher, wenn Sie Fleisch essen, woher es stammt und wie es gehalten wurde.

Die Schwingung des Fleisches von gequälten Tieren wird nicht mit den Schwingungen eines lebendigen Organsystems in Harmonie treten können. So, wie auch gezüchtete, geklonte oder gentechnisch hergestellte Tierorgane nicht die erhoffte Wirkung für kranke Menschen erbringen können. Der berühmte Herzchirurg Prof. Dr. Christiaan Barnard, den ich vor seinem Tode 2001 noch persönlich bei einem gemeinsamen Vortrag kennen lernen durfte, erzählte mir in persönlichen Gesprächen über die Probleme bei Tierorgan-Transplantationen. So laufen z.B. seit einigen Jahren in England Versuche, Schweineherzen in Menschen zu transplantieren.

Laut Aussage des erfahrenen und geläuterten Fachmannes Barnard (er wechselte medizinisch gesehen "die Seite" und trat jahrelang massiv gegen derartige Transplantationen auf), spielten sich Horrorszenen bei diesen Versuchen ab. Bisher - nach normalen Menschenorgan-Transplantationen als Abstoßungsreaktionen bekannte Effekte - entpuppten sich bei der Transplantation von Tierorganen auf den Menschen, plötzlich psychisch-seelische Abartigkeiten, die kein Mensch einzuordnen wusste.

Barnard erklärte bei einem internationalen medizinischen Kongress(4) die "Unmöglichkeit, tierische und menschliche Schwingungen harmonisieren zu können". Er warnte immer wieder davor, Tiere und Menschen zu vereinen.

Die Gentechnikindustrie dagegen, zumeist taub für warnende Stimmen gegen unbekannte Risken, forscht in diesem Bereich ohne Rücksicht auf solche Erkenntnisse unvermindert weiter.

Transgenes Essen: Mischwesen statt Mischkost
"Die Schöpfung als Supermarkt?"

Wir produzieren pro Kopf 3.900 Kalorien täglich,
brauchen aber nur ca. 2.400.
Also schmeißen wir den Rest weg - oder werden fett!

Robert Lawrence, John Hopkins-Universität, Baltimore

Früher galt als "Mischkost" eine "Mischung aus möglichst unterschiedlichen Nahrungsmitteln", also z.B. Obst, Gemüse, Getreide, Fleisch, Nüsse usw. Heute kann darunter auch das Essen von "Mischwesen" verstanden werden. Denn seit der Zulassung gentechnischer Verfahren ist nichts mehr so wie es war (ausgenommen biologische Lebensmittel).

Alles was lebt, kann heute gentechnisch verändert werden: Tiere, Menschen, Pflanzen, Mikroorganismen (5). Gene werden von einem beliebigen Organismus auf jeden anderen übertragen und zwar zwischen allen Lebensarten. Damit sollen die Eigenschaften einzelner Lebewesen, welche als vorteilhaft erkannt wurden, in andere eingebaut werden (z.B. Fischgene in Tomaten um deren Kälteresistenz zu steigern, Spinatgene in Schweine, um sie fettärmer zu machen usw).

Transgene Organismen oder transgene Wesen (Mischwesen) sind somit tatsächlich - egal welche Bezeichnung man dafür verwendet - Kreuzungen oder Kombinationen (Rekombinationen) aus Bakterium, Pflanze, Tier und Mensch. Entweder aus zwei, drei oder allen vier genannten Spezies.
Die Rechtfertigung von Wissenschaftern, die sich dazu auserkoren sehen, sich über die Schöpfung zu erheben, auch in der Natur würden sich verschiedene Gene miteinander verbinden, ist eine bewusst lancierte Schutzbehauptung. Oder hat man schon einmal davon gehört, dass sich ein Mensch mit einem Tier gepaart hätte, um beider Vorzüge durch gemeinsamen Nachwuchs zu kombinieren? Oder dass sich vielleicht eine Pflanze mit einem Menschen vereinigt hätte, um z.B. den Menschen höher und biegsamer zu machen?

Mit Recht kann man in diesen Fällen von widernatürlich sprechen, da es in der ganzen Erdgeschichte keinen bekannten vergleichbaren Vorgang jemals gegeben hat.
Wir können sicher sein, dass dies die Natur längst vollbracht haben würde, hätte es ihr zum Vorteil gereicht! Und die Umkehr dieser Frage lautet: Warum tat die Natur dies bisher nicht?

Natürlich gesunden durch natürlich essen.
"Wir tanken (essen) nicht irgendwelchen Kraftstoff,
wir tanken Ordnung!"

Erwin Schrödinger

Bei den unzähligen Klienten, die in den letzten Jahrzehnten meinen Rat als Ernährungsberater und Gesundheitscoach in Anspruch nahmen, konnte ich immer wieder dieselben positiven Aspekte nach einer vollzogenen Nahrungsumstellung beobachten.
Sobald meine Klienten ihr Essen und Trinken auf natürliche, biologische Kost umstellten, die Menge des getrunkenen Wassers erhöhten und die überhöhte Zufuhr von tierischen Produkten reduzierten, verschwanden viele Beschwerden, weswegen sie mich aufgesucht hatten: Übergewicht, Figurprobleme, Müdigkeit, Stress, Hautprobleme, Depressionen, Aggressionen, Unlustgefühle,

Schlafstörungen, Potenzstörungen, Verdauungsprobleme, fehlende Fitness, Konzentrationsstörungen, Unverträglichkeitserscheinungen und Befindlichkeitsstörungen. Es entstand einfach: Ordnung.
Denn der natürliche Mechanismus von natürlicher Nahrung stellte auf natürliche Art die natürliche Ordnung wieder her. Über den Essweg "Natur" in sich aufzunehmen ist also unerlässlich.

Derartige Erfahrungen sind ein deutlicher Hinweis darauf, wie wichtig es ist, die Zufuhr von unnatürlicher Nahrung zu vermeiden oder zumindest gering zu halten. Auch Pfarrer Sebastian Kneipp (1821-1897) vertrat diese Ansicht. So antwortete er einmal auf die Frage von Ärzten, welche der bekannten Heilverfahren er für die wichtigsten halte: "1. entgiften, 2. entgiften und 3.entgiften". Zuvor gilt natürlich zuallererst die Strategie der Vermeidung und diese ist im Zeitalter von Gen-Food ganz besonders entscheidend.

Seit man weiß, dass die fremde Erbsubstanz (DNA) weder im menschlichen noch im tierischen Verdauungstrakt durch die Verdauungssäfte zerstört wird und sogar in die eigene DNS eingebaut und vererbt werden kann (Mütter durch Stillen an ihre Säuglinge!), sind berechtigte Bedenken in Bezug auf eine massive Gesundheitsgefährdung durch gentechnisch veränderte Nahrungsmittel nicht mehr wegzudiskutieren.
Aus Sicht einer erwünschten gesunden Ernährung ist dies alleine schon ein Grund, GVO-Nahrung in jedem Fall zu vermeiden.

Gentechnik in Lebensmitteln
unnatürlich – ungesund – unkalkulierbar - unmenschlich

Was Ihr auch zu Euch nehmt, es beeinflusst
Euren Körper, Euer Wesen, Eure Gedanken, Eure Haltung.
Ihr nehmt damit lebenslang Einfluss
auf Euch und Eure Umgebung

Manfred Grössler

Es ist ein Faktum: Mit Ausnahme der Seele/des Geistes begleitet Euch nichts länger durch Euer Leben als Essen und Trinken. Für jeden von uns fühlbar von der Zeugung bis zum Tod, ununterbrochen wirksam, immer und überall relevant. Und jeden Lebensbereich umspannend.
Es lohnt sich also zu beachten, was man zu sich nimmt. Bereits das Essen altvorderer Generationen, unserer Urgroßeltern, Großeltern und Eltern, hatte und

hat Einfluss auf jenes Material, welches wir jetzt unseren Körper, unsere Veranlagungen und Talente nennen. Erbmaterial und Erbinformation, die einzigartigen Trägersubstanzen eines Individuums, sind keine neuen Begriffe, auch wenn sie manche moderne Wissenschaftszweige als solche darstellen und als leicht reproduzierbar und modifizierbar betrachten.

Da wir das Essverhalten unserer Ahnen nicht beeinflussen konnten, sind wir umso mehr dafür verantwortlich, was wir während unserer Zeit des bewussten Lebens damit und daraus machen. Zunächst sollte man wissen, dass Essen und Trinken nicht nur die Aufnahme von Nähr- und Vitalstoffen sondern auch eine andere Form der Informationsbeschaffung für den Körper darstellt.
Nahrungsaufnahme bedeutet nicht nur die Zufuhr fester und flüssiger, grob- und feinstofflicher Substanzen wie z.B. bekannter gebundener oder isolierter Nährstoffe, sie bedeutet zugleich auch die Aufnahme jener Bedingungen, inmitten welcher das entsprechende Nahrungsmittel gedieh.
So spielt es eine große Rolle, welchen Lebensbedingungen, Begleiterscheinungen und Produktionstechniken das jeweilige Nahrungsmittel, die Pflanze, das Tier oder das Mineral ausgesetzt bzw. unterworfen war. Im Zeitalter einer naturwidrigen Gentechnik kommt durch den künstlichen Eingriff in die Lebenskernsubstanz, der Erzeugung eines Stoffes eine ganz besondere Bedeutung zu.

Die Menschen erlernten im Verlaufe ihrer Existenz verschiedenste Methoden der Nahrungsmittelgewinnung und -zubereitung, wobei in den letzten fünf oder sechs Jahrzehnten durch die diesbezügliche industrielle Entwicklung damit ein signifikanter Qualitätsverlust verbunden ist. Synonym dafür ist die inzwischen bis zum Exzess betriebene Abkehr von einer bioorganismen-freundlichen, sprich natürlichen Wirtschaftsweise, wie sie z.B. in der kleinräumigen Landwirtschaft der österreichischen Bauern Jahrhunderte lang üblich war und auch heute noch da und dort zu finden ist.

Der Kontakt Same-Erde-Pflanze-Tier-Mensch, war ein ständiger, erdverbundener und dadurch auch ein "verständlicher". Verständlich im Sinne von harmonischer Integration und Interaktion, durch Evolution aufeinander abgestimmt, eben in natürlicher Ordnung und Resonanz (6,7).
Die jedem lebenden System innewohnende Frequenz, seine Schwingungen und Resonanzen sind das "was das Leben im Innersten zusammenhält". Dies bedeutet, dass jedes reine, naturbelassene Produkt seine ursprüngliche Eigenfrequenz oder Energie behält, diese zum Wohle des Nutzers in den Körper des Konsumenten überträgt und sinngemäß weiterwirken kann.

Früher wusste man auch um die Wichtigkeit des Gebets und der Besinnung vor dem Essen, der Teilhaberschaft des Geistes und damit schloss sich jener Wirkkreis, der in Wahrheit und seiner unversehrten Gesamtheit darüber entscheidet, warum, ob, wie, in welchem Ausmaß und mit welchen Folgen Nahrung zugeführt werden soll und in unserem Körper aufbereitet, eingesetzt und entsorgt wird (8).

Der Paradigmenwechsel vom täglich hart erarbeiteten und bewusst eingenommenen "täglichen Brot", zum frustrierten und gelangweilten "Werbe-Lust-Esser" Marke Convenience Food (9), verstärkt und beschleunigt die Trennung zwischen Mensch und Nahrung.
Diese Trennung ist biotechnologisch im Labor und mit der Anwendung am Feld, in der Industrie und in der modernen Küchentechnik, durch die Entwicklung der Gentechnik vollständig abgeschlossen.

Unnatürlich = Inkompatibel = Chaotisch

Die Natur wird nie dem Menschen folgen,
sondern die Menschen haben die Gesetze der Natur zu befolgen

Dioskurides

Ein aus biologisch intakten Gegebenheiten, teilweise oder völlig herausgelöster oder in ein solches System eingebrachter, gebundener oder isolierter, biologischer oder biogener Stoff, wie im Falle von Gentechnik gewaltsam praktiziert (entgegen natürlicher, evolutionär bedingter genetischer Veränderung), zeitigt in jedem Falle kybernetisch bedingte Reaktionen (10).
Handelt es sich bei eingebrachten Stoffen oder Organismen um Kombinationen oder Re-Kombinationen synthetischer Herkunft oder art- und wesensfremder Substanzen, wie dies z.B. bei der Herstellung transgener Organismen (Mischwesen Tomate und Fisch) (11,12) üblich ist, finden diese keinen oder nur ungenügenden, jedenfalls inkompatiblen Eingang in natürliche Stoffwechselkreisläufe.

Dies, auf Grund ihrer bestehenden oder entstehenden chaotischen Strukturen, welche bekanntlich immer evolutionäre Nachteile mit sich bringen. Der Vorgang gleicht einem provozierten Puzzle, dem ein nichtfehlendes Stück aufgezwungen wird. Ein überflüssiges oder nichtpassendes Teil also, das zwangsweise unvorhersehbare Verdrängungen und Wechselwirkungen zur Folge hat und/oder nicht integriert werden kann. Mit anderen Worten unkalkulierbare Positionseffekte nach sich zieht.

Es ist tatsächlich so, das die Gentechnik an sich "trennt, was nicht getrennt gehört" und "zusammenfügt, was nicht zusammengehört". Der evolutionär angestammte Platz und das Zusammenspiel von Lebewesen wird damit aus Neugier und Profitgier – ohne Sinn, Berechtigung und Erfahrung – reduktiv, isoliert mechanistisch und materialistisch neu "erfunden".

Die Gentechnik arbeitet also nach einem kontra-evolutionären Prinzip, sie stellt sich gegen die Natur, wird von der Natur als Widrigkeit behandelt, und wird nach Naturgesetzgebung als solche bekämpft werden. Dies, weil sie dem "Leben", seinem "Bestreben zu leben" und seinem innewohnendem Ordnungsprinzip entgegensteht.

Der vom Physiker F. Cramer ausführlich geschilderte "innere Zusammenhalt" wird durchbrochen, der Gehalt, Wirkung und Sinn von Nährstoffen und Informationen in Lebensmitteln und das Lebensmittel selbst, werden also für sich und in der Auswirkung auf den Konsumenten, zeitversetzt auf das gesamte "Ökosystem Körper" vollkommen und irreversibel verändert (13).

Wenn Wirkung und Sinn eines Systems entwertet werden, besteht die Möglichkeit der gegenteiligen oder zufälligen Wirkung (Polarisierung, Chaos): Aus Harmonie wird Disharmonie, aus Versorgung wird Verletzung

(Gandhis tiefere Bedeutung seines "Prinzips der Nichtgewalt"), aus Gesundheit wird Krankheit.

Ungesund = Krankmachend = Teuer

Die Zahl der durch Lebensmittel hervorgerufenen Erkrankungen hat in den USA seit dem Beginn des großflächigen GVO-Anbaus vor nicht einmal 10 Jahren um 40% zugenommen

Umweltinstitut München e.V. im Juli 2004

Kann eine Technik, die sterile Nahrungspflanzen und Pflanzen ohne Widerstandskraft erzeugt, die von Menschen und Tieren verzehrt werden sollen, gesundheitsförderlich sein?
Eine wirklich simple Frage, die ebenso einfach und logisch zu beantworten ist: Nein! Direkte negative gesundheitliche Auswirkungen sind durch die 100%ige Inkompatibilität und Widernatürlichkeit von GVO's gegeben und alleine durch Hausverstand jedem interessierten Laien nachvollziehbar. Durch Gentechnik können gesundheitsgefährdende Lebensmittel erzeugt werden, da jede gentechnische Manipulation in der DNS des lebensmittelproduzierenden Organismus Mutationen hervorruft.

Unbeabsichtigte Veränderungen und nicht vorhersehbare Gefahren wie z.B. die Bildung neuer Toxine (Giftstoffe) sind die Folge. Bisher diskutiert und als potentielle Gesundheitsgefährdung nachgewiesen sind laut ISP-Studie von Mae-Van Hoe (14) Allergene (allergienauslösende Stoffe), Immunogene (Immunsystem verändernde Stoffe), Antibiotika Resistenzen (können Antibiotika wirkungslos machen) und hochgradig giftige Herbizide (können z.B. neurologische, respiratorische, gastrointestinale, hämatologische Vergiftungen und Geburtsschäden auslösen).

Das gentechnisch hergestellte Rinderwachstumshormon Posilac von Monsanto wird Kühen injiziert, um deren Milchproduktion zu erhöhen. Neben gut dokumentierten Gesundheitsproblemen bei Kühen (u.a. zunehmende Euterinfektionen) ergeben sich dadurch auch eine Reihe von Gesundheitsproblemen für Menschen. Bereits 1995 wurden die nachteiligen Folgen von rBGH identifiziert: 1) bedeutende Rolle bei Brustkrebs, 2) besonderes Darmkrebsrisiko auf

Grund der lokalen Auswirkungen auf den Magen-Darmtrakt, 3) mögliche Rolle bei Osteosarcoma (meistverbreitete Knochentumor bei Kindern), 4) Lungenkrebs-Gefahr und weitere Risken.

Der kanadische Gaps Report, das rBGH-Verbot in vielen Ländern und die Ergebnisse zahlreicher Studien in USA und Europa weisen alle auf eine konkrete Gefahr durch Rinderwachstumshormone hin (15).

Die Herbizide "Round up" (ebenfalls von Monsanto) und MCPA wurden von Wissenschaftern mit dem 73%igen Anstieg des Non-Hodgins-Lymphoms (Krebs) in Verbindung gebracht.

Ebenso bekannt ist, das bei horizontalem Gentransfer (Weitergabe von Genen an andere Lebewesen) Viren und Bakterien entstehen können, die Krankheiten verursachen und zu gesundheitlich äußerst bedenklichen Mutationen, akutem toxischen Schock und Krebs (neue, unvorhersagbare Karzinogene) führen können (16).

Andere unabhängige Wissenschafter weisen auf gravierende Änderungen an Organen und Blut hin, wieder andere auf die ernährungsphysiologische und endokrine (Drüsen) Wirkung (17).

Kein vernünftiger Mensch wird behaupten können, Genfood sei genauso sicher und gesund wie natürliche biologische Nahrung. Neben den offenkundigen und erwiesenen gesundheitlichen Nachteilen von Gentechnik-Nahrung, können durch Synergien mit anderen (unnatürlichen) Stoffen eine Vielzahl weiterer unerwünschter und schwer ergründbarer Nebeneffekte auftreten.

Die 1999 von CETOS durchgeführte Sojabohnen-Studie erbrachte eine signifikante Abnahme des Phytoöstrogenen Potentials, welcher als Schutz gegen Herzkrankheiten, Osteoporose, Brustkrebs gilt, von 12-14% (22).

Indirekte gesundheitliche Auswirkungen: Exorbitant und kompliziert

Dem frühen Menschen ging es schlecht
wenn er nichts zu essen hatte.
Dem Menschen anno 2005 geht es schlecht,
wenn er seinen Organismus mit Fremdstoffen belastet

Manfred Grössler

Eine weitere bedeutende, negative Auswirkung durch Essen und Trinken von gentechnisch manipulierten Produkten, ergibt sich aus einer möglichen zusätzlichen Überfrachtung mit Fremdstoffen und deren Potenzierung.

Schon jetzt haben es Konsumenten, welche sich konventionell ernähren, schwer, sich den vielen und z.T. sehr ungesunden Begleitstoffen zu entziehen. Dazu gehören ausnahmslos alle synthetischen Stoffe aber auch Arzneimittel wie z.b. Hormone und Antibiotika aus der Tierproduktion, Pestizide und Herbizide aus Pflanzenschutzmitteln, Nahrungsmittelzusätze (wie z.b. das Nervenzellgift Glutamat (18), das Krebs-verdächtige Süßmittel Aspartam (19) oder der allergieauslösende Farbstoff Tartrazin/E102 (20).

Auch toxische Spurenelemente wie z.b. Asbest (21), der sich verarbeitungsbedingt z.b. an Obstsorten (Förderbänder) und in vielen Zuckerarten nachweisen lässt oder widernatürliche radioaktive Stoffe (22) gehören zu den im Körper oft jahrelang verbleibenden und sich summierenden Nahrungsmittelrückständen.

Somit braucht man sich nicht über weitere, stark zunehmende gesundheitliche Phänomene zu wundern: Hyperaktivität, unbegründete Ruhelosigkeit und stark steigendes Aggressionspotential. Andrew Stoll, Direktor des pharmakologischen Forschungslabors am McLean Hospital in Belmont in USA, glaubt, dass "die gewaltigen Veränderungen in der Ernährung zu den steigenden Raten psychiatrischer Erkrankungen in der westlichen Welt beigetragen haben (23)".

Faktum ist, dass wir Menschen in unserer Gesamtheit als lebendiges Körper-Geist-Seele-Konstrukt ein komplexes lebendes Wesen sind, welches nur auf lebende und mit lebenden Nahrungsmitteln optimal reagiert und interagiert (Auf-, Um- und Abbauprozesse).

Faktum ist auch, dass sich die Anzahl synthetischer Stoffe als Nahrungsmittelzusätze in den letzten Jahren extrem vermehrt haben und damit das Essen selbst immer mehr zum Risiko wurde.

Im Falle von GVO's (genveränderten Organismen) wird die Herausforderung an den Körper, diese unnatürlichen und unnützen Substanzen zu verarbeiten, sich davor zu schützen und selbst zu entgiften, eine exorbitante und komplizierte Prozedur.

Erfahrungen mit der genmanipulierten Round-Up-Ready-Sojabohne (von Monsanto) und dem dazugehörigen Herbizid Round Up belegen, dass der Herbizideinsatz extrem ansteigt und damit auch eine Gesundheitsgefährdung. Der in diesem Herbizid enthaltene Wirkstoff Glyphosat ist schon jetzt dritthäufigste Ursache berufsbedingter Krankheiten unter Bauern (http://www.non-gmos.com/GEMais.htm).

Faktum ist, dass die Gentechnik - auf Grund ihrer Inkompatibilität und Unnatürlichkeit – das ökologische Gleichgewicht stört und nachhaltig Lebensräume vernichtet (24). Mit der Vernichtung von Lebensraum verschwinden aber zugleich auch Tier- und Pflanzenarten und damit grundlegende Möglichkeiten gesunder Lebensführung. Wie dramatisch die Gefährdung der biologischen Artenvielfalt durch den Einsatz der Gentechnik bei Pflanzen (Generosion) und Tieren bereits ist, zeigt die Schrumpfung des natürlichen Genpools landwirtschaftlicher Nutzpflanzen.

Das Ausmaß dieser Bedrohung wird besonders fühlbar wenn man weiß, dass mit jeweils einer verschwundenen Tier- oder Pflanzenart über hundert (!) andere Arten in ihrer Existenz gefährdet sind (25).

Die mögliche Divergenz mit alten und neuen Heilmethoden

Genveränderte Organismen in der freien Natur sind eine Gefahr. Da sie sich selbst vermehren, bedrohen sie die Artenvielfalt und die Reinheit traditioneller Sorten

Umweltinstitut München e.V.

Gewachsene Heilmethoden, welche im Laufe der Jahrtausende durch Selektion ihre Berechtigung erlangten, bauen auf Harmonisierung und Energiefluss ("in Einklang bringen"). Voraussetzung für ihr Funktionieren ist eine zumindest vorübergehende Herstellung mehrdimensionalen Gleichgewichts.

Da die ägyptische, indische, wie auch die traditionelle chinesische, tibetische oder indianische Medizin konsequent auf "Ur-Ordnung" bauen, diese aber mit gentechnischer Beeinflussung dauerhaft nicht möglich ist, zumindest aber gestört sein kann, wird es zu einer Chaos-bedingten Neuordnung kommen (müssen).

Pflanzen und Kräuter, als tragende Säulen phytologischer Komponenten alter Medizin, werden nach Einkreuzung von GVO-Pflanzen oder deren Mischformen möglicher Weise ein anderes Heilspektrum aufbauen, ihre Wirkungskraft verändern oder diese sogar verlieren.

Dies trifft mit hoher Wahrscheinlichkeit auch auf andere gebräuchliche Formen der Heilpflanzen- und Heilkräuterverwendung zu. Durch ihre vielfältigen Einsatzmöglichkeiten und ihre weitverbreitete Verwendung haben Phytologie, Phytotherapie und Blütenessenzen-Beratung einen unersetzlichen Stellenwert zur Erhaltung des menschlichen Wohlergehens. Nicht ohne Grund spricht man von "Seelentherapie mit Blütenenergie" (26).

Doch wie sollen die durch Genmanipulation in ihrem Wesen veränderten Pflanzen ihre langjährig erforschte und erprobte Wirkung behalten?

Welche Wirkung werden gentechnisch veränderte Heilpflanzen auf Menschen haben?

GVO's und Bachblüten

Ruth Zimmermann, Vorsitzende des Berufsverbandes der Blütenberater/innen, Graz, auf die Frage des Einflusses von GVO-Pflanzen auf die Wirkung und Herstellung von Blütenessenzen:
"Bei Blütenessenzen, die nach der Methode von Dr. Bach hergestellt werden, hat man festgestellt, dass sich schon geringe Unterschiede im Wachstum der Pflanze, sowie geringe Unterschiede in der Herstellungsart, entscheidend auf die Wirksamkeit und Reinheit der Essenz auswirken.

Es ist von großer Bedeutung, an welchem Ort die Pflanze wächst, ob geschützt und naturbelassen oder durch Spritzmittel und Autoabgase belastet. Ein weiteres Kriterium ist der Wuchs der Pflanze selbst: Konnte die Pflanze nur schlecht wachsen, hat sie nicht die normale Größe erreicht, wie ist die Beschaffenheit der Blüten?
Steht die Pflanze kraftvoll in Blüte oder ist sie schon im Zustand des Verwelkens? Wenn wir also durch jahrelange Beobachtung und Erfahrung wissen, dass sich sogar geringe Abweichungen von den optimalen Bedingungen auf die Wirksamkeit unserer Blütenessenzen auswirken, dann ist es naheliegend, dass Essenzen aus genmanipulierten Pflanzen hergestellt, uns nicht mehr die Reinheit und nicht mehr die erwünschte Wirksamkeit liefern werden.

"Ich rate somit alles Erdenkliche zu tun, um die Reinheit unserer Heilpflanzen und Nahrungsmittel zu erhalten" (27)

Mehr Medikamente – weniger Heilung?

Frau: "Weißt du nicht einen guten Gynäkologen für mich?"
Freundin: "Man sagt jetzt nicht mehr Gynäkologe sondern Genäkologe!"

Die Tageszeitung, 22.11.1986

Was die schulmedizinische Strategie der Heilmittel-Substitution betrifft, ist zu befürchten, dass auch eine beschleunigte Entwicklung von möglicherweise sinnvollen Medikamenten nicht mit der explosionsartig steigenden Art und Anzahl gentechnik-bedingter neuer Erkrankungen mithalten wird können.
Vorwürfe betreffend die Erzeugung und Vermarktung von unwirksamen, daher nicht gesundheitsförderlichen Medikamenten, könnten sich auf Grund der billigeren gentechnischen Herstellungsverfahren vermehrt bestätigen (Schwarzbuch der Markenfirmen, www.donauland.at).

Feststeht, dass auch in diesem Bereich des Lebens die Gentechnik unberechenbare und irreversible Veränderungen mit sich bringt. Geht man davon aus, dass die Gentechnik eine umfassendere, tiefergehende und nachhaltigere Auswirkung auf das gesamte Leben der Erde hat, als alles bisher da Gewesene, kann es durchaus sein, dass Tausende wertvolle Heilpflanzenbücher und viele Therapiekonzepte neu geschrieben werden müssen. Und damit auch die Geschichte der Medizin.

Wie die Gentechnik traditionelle Berufsgruppen ins Chaos treibt.

Wir werden als eine Konsequenz der Gentechnik
die Genverschmutzung haben

Georges Köhler, Nobelpreisträger

Wenn über Gentechnik in Landwirtschaft und Lebensmittel gesprochen wird, geht der Diskurs manchmal in die qualitative Tiefe, selten in die quantitative Breite und so gut wie nie in beide Bereiche zugleich.
Und dennoch würden die umfassenden Risiken der Biotechnologie eine ständige und ganzheitliche Überprüfung hinsichtlich ihrer Sicherheit, der allgemeinen Wirtschaftstauglichkeit und Sozialverträglichkeit im Sinne von Erhaltung und Ausbau echten Wohlstands, sowie der Armutsbekämpfung, dringend erfordern.

Eine wesentliche Stütze Europas sind seine Klein- und Mittelbetriebe, welche mehr als 80% des gesamten Wirtschaftsaufkommens tragen und einen Großteil des Arbeitsplatzangebotes abdecken. Die Anzahl der von der Gentechnik betroffenen Unternehmenszweige und Berufsgruppen ist beträchtlich und wird es über diesen Weg massive Veränderungen auf allen Ebenen und in allen Branchen geben.

Obwohl schon seit einigen Jahren gentechnische Verfahren im industriellen Nahrungsmittelbereich eingesetzt werden (Fermentation, Hilfs- und Zusatzstoffe), kann sich dieses Risikopotential durch Summationseffekte von immer mehr Stoffen erst viel später bemerkbar machen (time release Wirkung). In den USA gibt es nach acht Jahren Gentechnik-Einsatz in Lebensmitteln massivste Probleme, z.B. die höchste Fettleibigkeitsrate der Welt.

Viele der Berufsgruppen wissen nicht, wie sehr die Gentechnik in ihre Arbeitswelt eingegriffen hat oder noch eingreifen wird, die Kunden mitbetrifft und sogar den Berufsstand gefährdet.

Wie werden Landwirte, Köche, Konditoren, Gastwirte, Imker, Winzer, Branntwein- und Nährmittelerzeuger, Käser und Kaffeeröster damit umgehen, dass ihre Produkte durch vermehrte gentechnische Manipulation ungewollt plötzlich anders schmecken?

Wie werden Ärzte, Diätassistenten, Ernährungswissenschafter, Kräuterkundler und Ernährungsberater damit zurechtkommen, wenn ihre bisherigen Diät-Empfehlungen ungewollt ganz anderes bewirken als oft jahrzehntelang erprobt?

Wie werden Energetiker, Blütenberater, Drogisten, Aromatherapeuten, Masseure und Gesundheitstrainer es schaffen, ihren Klienten die richtige Hilfestellung zu geben, wenn die von ihnen empfohlenen Produkte unter Umständen gentechnisch verseucht sind und aus Verantwortungsbewusstsein nicht mehr empfohlen werden können?

Wie werden die Betroffenen der Be- und Verarbeitungswirtschaft, die Arbeitnehmer der Gemeinschaftsverpflegung, insbesondere der Krankenhaus-, Kindergarten-, Schul- und Altenheimversorgung reagieren, wenn der Fall eintritt, das gentechnisch veränderte Ware (z.B. in Convienience Food) sich als gesundheitsgefährdend herausstellt, weitere Arbeitsplätze überflüssig macht und parallel dazu ein ungesünderes Arbeiten durch Stoffgefährdung (z.B. Zusammenwirken Mikrowelle-GVO's) besteht?

Wie werden die Hersteller und Verkäufer von Nahrungsergänzungsmitteln agieren, wenn unter dem nicht kalkulierbaren Einfluss von GVO's die gewünschte "Wirkung" ihrer Produkte unerwartet unterbleibt oder krankmachende Effekte auftreten? Wie werden Erzeuger und Händler der zukünftig über uns hereinbrechenden "Functional Food"-Produkte agieren, wenn sich die unnötig aufgepeppten Design-Kunstprodukte doch als unsicher herausstellen?

Der einzig wirklich sinnvolle Weg: Gentechnikfrei! - Eine österreichische Initiative.

Gebot der Stunde: biologisches Wirtschaften

Wahrlich: Von jenem lass! Dieses erfass!

Laotse, Tao-Te-King

Es ist also ein Gebot der Stunde, sich für eine ökologisch und ökonomisch ausgerichtete Wirtschaftweise stark zu machen. Österreich hat dafür schon jetzt prächtige Voraussetzungen. Mit einem Anteil von 12,9% biologisch bewirtschafteter Fläche an der gesamten landwirtschaftlichen Nutzfläche steht Österreich hinter Liechtenstein weltweit an zweiter Stelle (28). Im Jahre 2004 wuchs der Bio-Umsatz weltweit um 6% (29), der europäische Markt ist mit 10 Milliarden Euro Umsatz noch vor der USA der größte Einzelmarkt.
Auch als sicherer Arbeitgeber können sich die ökologisch wirtschaftenden Betriebe immer mehr sehen lassen: rund 150.000 Beschäftigte verteilen sich auf Erzeuger, die Be- und Verarbeitung sowie auf den Groß- und Einzelhandel mit Bio-Lebensmitteln (30). Tendenz steigend!

Der schmackhafte, gewinnbringende und sichere Ausweg: "Biogenuss statt Genfood"

Unsere Nahrung ist ein Liebesbrief, den uns der Schöpfer schreibt
und den wir entziffern müssen.
Meiner Ansicht nach ist er die mächtigste und vielsagendste Botschaft,
denn sie sagt: Man liebt euch...., man schenkt euch Kraft und Leben.

Omraam Mikhael Aivanhov

Durch die technische Eingriffstiefe ändert bzw. zerstört die Gentechnik qualitativ und quantitativ die fundamentalen Qualitätsmerkmale echter Lebensmittel: Ursprünglichkeit, Nährstoffdichte, Gesundheitswert und Eigenge-
schmack.

Vom enormen Zerstörungspotential der Gentechnikindustrie sind alle Teilnehmer des Nahrungsmittelkreislaufs betroffen, Erzeuger im gleichen Ausmaß
wie auch ganz besonders Konsumenten, welche regelmäßig im Supermarkt
konventionelle Industrieware kaufen .
Der einzige Weg solchen Gefahren aus dem Weg zu gehen, sich selbst und die
Kinder zu schützen, ist die Verwendung biologischer Produkte. Diese werden
garantiert ohne Gentechnik, ohne Tierversuche, ohne Massentierhaltung, ohne
Begasung/Bestrahlung erzeugt und sind auch nach modernen wissenschaftlichen Kriterien vielfach besser.

Die Lebens-, Arbeits-, Ernährungs- und Heilweise
hat heute den innigen Anschluss an die Natur dringend nötig
und kann sich eine übertechnisierte, chemische,
hochindustrialisierte Lebensweise nicht mehr lange leisten

Hugo Hertwig, Heilpflanzenbuch 1954

175 Studien und ein Ergebnis: Am besten Bio (31)

Alle die Bio aßen, wussten es, alle die nicht an Bio glaubten, zweifelten daran:
Biologische Ernährung ist in nahezu allen Belangen der konventionellen Ernährung überlegen.
Dr. Alberta Velimirov vom Ludwig Boltzmann-Institut für biologischen Landbau und der Risikoforscher Dr. Werner Müller verfassten eine äußerst interes-
sante und brauchbare Literaturrecherche und schufen mit ihrer Studie Fakten
zur hervorragenden Qualität biologisch erzeugter Lebensmittel.

*Durch Gentechnik in großer Gefahr - die Artenvielfalt unserer Heimat,
wie z.B. Nützlinge*

Damit ist auch bei uns der Weg frei, den Bio-Lebensmitteln jenen Rang zu geben, den sie schon längst verdienen. Bio ist damit auch wissenschaftlich und gesundheitlich wirklich besser! Die Ergebnisse zeigten bei Obst und Gemüse deutlich mehr Vitamine, mehr sekundäre Pflanzenstoffe, mehr Mineralstoffe und weniger Schwermetalle. Darüber hinaus wurden deutlich höhere Trockenmassegehalte gemessen, eine deutlich bessere Haltbarkeit und besserer Geschmack festgestellt.

Dass Biolebensmittel frei von Bestrahlung sind und kaum Zusatzstoffe aufweisen, versteht sich ohnehin. Biogetreide und Hülsenfrüchte zeigten einen höheren Gehalt an essentiellen Aminosäuren, deutlich geringere Pestizid- und Schwermetallrückstände, eine geringere Mykotoxin-Belastung und eine günstigere Fettsäurezusammensetzung. Auch hier zeigte sich wieder ein besserer Geschmack: Tiere bevorzugten Bio vor anderen Futtermitteln! Tierische Bioprodukte wie Eier zeigten eine höhere ernährungsphysiologische Qualität, ein höheres Eigewicht und deutlich geringere Pestizid- und Antibiotikarückstände.

Ebenso wiesen alle Biolebensmittel eine günstigere Lichtspeicherkapazität auf, was auf ihre besondere Photosynthese-Qualität hinweist. Dies ist ein ganz besonderes Qualitätsmerkmal, auf das man nicht oft genug hinweisen kann. Nicht umsonst heißt Photosynthese "Aufbau durch Licht".

Der große Pflanzenkenner Hugo Hertwig schrieb schon 1954 in seinem Heilpflanzenbuch: "Noch immer ist die Pflanze der größte Chemiker der Welt. Chlorophylllaboratorien und Zellfabriken, angeschlossen an die Zentralenergie der Sonne, bieten uns Chlorophyll, Vitamine, Mineralstoffe, ätherische Öle, Hormone und sekundäre Pflanzeninhaltsstoffe.
Es kann grundsätzlich keinen besseren Körperschutz gegen Krankheiten geben als lebendiges, frisches Blattgrün, das Chlorophyll, das uns die Sonnenstrahlen vermittelt.

Ich werde meinem Wissen und meiner Urteilsfähigkeit entsprechend die Ernährung als Maßnahme zum Nutzen der Kranken anwenden. Ich will sie vor Schaden und Ungerechtigkeit bewahren, deine Nahrung sei deine Medizin!

Hippokrates

Dieser Absatz des hippokratischen Eides, die Ernährung betreffend wurde in vielen medizinischen Schulen "operativ entfernt". Heute scheint aus der Not heraus die Zeit reif zu sein für ein diesbezügliches Umdenken.

Versorgen: heißt Lebensinformationen statt Kalorien sammeln

Zurück zur Natur

Jean Jacques Rosseau

Wenn wir uns die Frage stellen, welche Lebensmittel sinnvoll (gesund*) sind, um unser Leben in Gesundheit (im Gleichgewicht) verbringen zu können bzw. dieses wiederherstellen zu können, so müssen wir zweifelsohne nicht nur die Nährstoffe eines Nahrungsmittels beachten, sondern vielmehr noch die übergeordneten, ganzheitlichen Informationen, die wir mit Nahrungsmitteln, flüssig oder fest, in unseren Körper bringen. Hierzu ist Voraussetzung, Folgendes zu verstehen:

Bei allen essentiellen Fragen im Bereiche des Wachstums, des Aufbaus, der Genesung und Wiederherstellung, der Verzögerung des Alterns, der ganzheitlichen Entwicklung und Entfaltung, immer steht eine optimale Versorgung an erster Stelle bzw. passiert ohne Versorgung nichts oder eben nicht das Richtige. Aus diesem Grund kann ein versorgter, im Vollbesitz seiner Kräfte und Ressourcen stehender Organismus, auch nicht ernsthaft oder dauerhaft krank sein.

Einem unter-, über- oder fehlversorgten Organismus dagegen ist es nicht möglich, auf Dauer richtig zu entgiften. Was zur Folge hat, dass die emanativ geprägten und evolutionär herausgebildeten Ordnungsprinzipien nicht stattfinden.

Kann unser Körper von sich aus nicht Ordnung schaffen oder herstellen, werden die Regelkreise (Organ steuert Organ) nicht in Resonanz stehen, d.h. nicht ablaufen, was wiederum den Aufbau von Körpersubstanz (Regeneration) nicht oder nur mangelhaft zulässt. Schlussendlich ist eine Vorsorge (Kräftigung des Immunsystems; Verlangsamung des Alterns) durch fehlende Vorarbeit unmöglich. Es wäre so, als ob man beim Bau eines Hauses den Dachstuhl auf nicht vorhandene Grundmauern setzen würde.

Manfred Grössler mit Prof. Dr. Peter Weish, dem Initiator des Österreichischen Gentechnik-Volksbegehrens

Das bedeutet, die Versorgung gewährleistet eine planvolle und reibungslose, sprich perfekte Arbeit in uns: Energiebereitstellung, Zellerneuerung, Reinigung von Rückständen und alle weiteren essentiellen Vorgänge passieren effektiv und unter Ausnutzung aller uns mitgegebenen Ressourcen. Wir sind im Gleichgewicht und in Harmonie, in uns und mit der uns umgebenden Welt. Wir haben Ordnung in uns.

Es ist jener glückliche und lehrreiche Weg, den die Schöpfung für uns vorgesehen hat und den informierte Menschen bis heute in Gesundheit gehen.

Der Ablauf bei Zufuhr von "manipulativ" organisierender Chaosnahrung wie Genfood, gleicht einem Lotteriespiel, spekulativ wie die Gentechnik an sich, vieles beruht auf Zufall. Dies ist der Grund, warum Vorhersagen über gesundheitliche Auswirkungen der Gentechnik, ebenso wie Diagnosestellungen, nicht alleine mit klassischem Denken und schulwissenschaftlichen Methoden möglich sind und anerkannt werden. Gewissensarbeit, Hausverstand, Respektierung alternativer Heilsysteme und der Erfahrungsmedizin, sowie die Achtung vor den Schöpfungsgesetzen würden zu echten Erkenntnissen der Menschen führen.

Umkehren

Wir müssen aus den katastrophalen GVO-Erfahrungen in USA, Kanada, Argentinien, Indien und Spanien lernen und einen Umkehrtrend einleiten und unterstützen. Auch wenn "Essen ohne Ende" weltweit nach wie vor das große Geschäft ist, so böte sich dennoch ein wirksames Ausstiegsszenario: Österreich als erstes flächendeckendes Bio-Land weltweit!

Für ein kleines Land wie Österreich hat es keinen Sinn mit den isolierten Quantitäts-Strategien à la Brasilien oder China mithalten zu wollen, sondern ganz bewusst die Marktnische "Bio", "Demeter (34)" und "Homa (35)" zu besetzen, aus- und aufzubauen und dies weltweit auch zu kommunizieren. Schon in wenigen Jahren wird es durch Gentechnik-Kontaminationen weltweit zu einem Engpass und großen Nachfragen nach biologischen Produkten kommen.

Reinigen

Ein fehlversorgter Mensch, egal ob an Liebe oder durch Nahrung, wird zur Gänze ausgeliefert und damit für immer abhängig sein. Wirkliches Erkennen, wahre Verhaltensänderung und damit echte Problemlösung, geht physiologisch aber nur über den Weg der Reinigung der Erde, der Nahrungsmittel und des Körpers mit lebendiger Nahrung. Genau diese innere Reinheit wird es uns ermöglichen, uns wieder als Teil der Natur zu fühlen und zu verstehen. Dies ist die Grundvoraussetzung dafür, unsere vom Schöpfer gegebenen Sinne und Kräfte zu aktivieren. Wir werden genauer hören und riechen, besser schmecken, wahrer sprechen, tiefer fühlen und göttlicher denken.

Unser Handeln wird von natürlicher Kraft getragen sein, zugeführt über natürliche, biologische Lebensmittel. Ein neues Leben steht uns bevor. Vielleicht gelänge es damit sogar, der ursprünglichen Aufgabe von uns Menschen wieder gerecht zu werden. Diese könnte sein: Bindeglied zu werden, zwischen unserer Mutter Erde und der Allmacht der Schöpfung, der wir alles, was wir sind und jemals sein werden, zu verdanken haben.

Manfred Grössler

1) Gentechnik: Manipuliertes Leben; Umweltinstitut München e.V.; S.12,13

2) Hans Ulrich Grimm: Aus Teufels Topf/Knaur 77541;
   Die Suppe lügt/Knaur 77402; Die Ernährungslüge/Droemer

3) Verzehrsmengen an Nahrungsmitteln in Österreich 1996;
   Quelle: Statistisches Amt

4) Medicina Alternativa Kongress 1999 Leoben/Österreich

5) Thilo Spahl: Das populäre Lexikon der Gentechnik/Eichborn Verlag

6) Friedrich Cramer: Symphonie des Lebendigen S/Insel Taschenbuch

7) Resonances in Few Bodysystems/Springer Verlag

8) Omraam Michael Aivenhov, Yoga der Ernährung

9) Fertiggerichte: Brockhaus/Ernährung S 208ff

10) Kybernetik, Prinzip der Selbstorganisation komplexer Systeme/Omnibus
    Lexikon

11) Mischwesen: Umweltinstitut München e.V. "Gentechnik:
    Manipuliertes Leben", S 6

12) Jeffrey Smith, Trojanische Saaten; Bertelsmann Verlag

13) F.A.Popp: "Die Botschaft der Nahrung", Verlag 2001

14) Mae-Wan Ho, Lim Li Ching , "ISP" Independent Sience Panel,
    Institute of Science Society, London NW1 OXR,UK

15) "Täuschung durch US-Regierung über GMOs offen gelegt"; www.netlink.de/gen/Zeitung/2000/000217d.html; Seite 2

16) http://www.netlink.de/gen/Zeitung/2000/000217d.html

17) Gentechnik in Landwirtschaft und Ernährung, Josef Hoppichler, Bundesanstalt f.Bergbauernfragen/Skriptum

18) Neurowissenschafter Konrad Beyreuther in "Die Ernährungslüge" Droemer Verlag S.57

19) Hans Ulrich Grimm, "Die Ernährungslüge" Droemer S.97-101

20) w.o. S 136

21) Dr. Hulda R.Clark "Heilung aller fortgeschrittenen Krebserkrankungen", New Century Press

22) "Wie funktioniert das", Bibliographisches Institut Mannheim/Wien/ Zürich; Meyers Lexikonverlag; ISBN 3-411-01792-9

23) Hans Ulrich Grimm, Wie uns die Lebensmittelindustrie um den Verstand bringt; S.38; Droemer

24) Risiko Gentechnik: Fallbeispiele aus Landwirtschaft und Lebensmittel produktion, Greenpeace, Hamburg 2000

25) Science, Nr. 305; S.1632 (veröffentlicht in der « Presse »)

26) Apothekenbroschüre, Dr.Edward Bach Centre, Wien

27) www.careisma.at

28,29,30) Agrarisches Informationszentrum vom 25.02.2005 www.aiz-info.at

31) Alberta Velimirov/Werner Müller: "Ist Bio wirklich besser?" BIO ERNTE AUSTRIA www.ernte.at

32) Alex Jack, Deine Nahrung sei Deine Medizin, Ost-West-Bund ISBN 3-924724-43-1

33) Manfred Grössler, Kochen im Haus der Stille, Naturnahe Küche, S.29; ISBN 3-9500115-3-6

34) Biologisch dynamischer Landbau; www.demeter.at

35) Ganzheitliche Heilung als Supertechnologie der Zukunft, www.homatherapie.at

Messer aus Shirogami-Stahl (Karbonstahl) der japanischen Messer-Legende Tojiro Yasuki Shirogami aus der Schmiede Hitachi in Japan

Martin Felber –
Visionär und "Ironman"

Das Leben der "toten Materie"

Wenn wir von biologisch hergestellter Nahrung reden, von Tieren und Pflanzen, die in gesunder und freier Natur gewachsen und aufgewachsen sind, ist für die meisten Menschen im Hinblick auf ihre Gesundheit bereits Genüge getan.

Nicht so für Martin Felber, der sich seit über 20 Jahren beruflich und privat mit der absoluten Reinheit von Lebens-Mitteln, deren Zusammensetzung und Behandlung befasst.

Das Faszinierende an ihm, ist nicht nur seine Teilnahme am "Ironman" oder seine stählerne Kondition, es sind seine leicht nachvollziehbaren Thesen und sein ungeheures fachliches Wissen in Fragen der Lebensmittel und ihrer Inhaltsstoffe.

Wenn er mit der Klinge eines Messers aus Shirogami-Stahl (Karbonstahl der japanischen Messer-Legende Tojiro Yasuki Shirogami, mit bis zu 80 verschweißten Lagen in einem Messerblatt) und rasierklingenfeiner Schneide kunstgerecht Obst, Gemüse und Fisch filetiert, wird offenkundig, dass zwischen seinem kunstfertigen Zerteilen von Gemüse und dem, was wir unter dieser, meist unter Zeitdruck verrichteten Arbeit verstehen, ganze Welten liegen.

Das "Geheimnis vom Essen"
Martin Felber

Was Martin Felber absolut glaubhaft macht, ist seine Art zu leben, die zu 100 Prozent mit dem konform geht, was er sagt und verspricht.
Bei ihm geht es nicht nur darum, gesunde Lebensmittel zu konsumieren, sondern auch in welcher Weise diese mit dem Körper harmonisieren. Und hier gibt es wahrhaftig gewaltige Unterschiede.

Auch für mich, der ich mich seit Jahren mit dem Thema Ernährung beruflich und privat auseinandersetze, war vieles von dem, was er erzählte, neu und visionär.
Hört man ihm aber aufmerksam zu und benützt seinen gesunden Menschenverstand, fällt es einem wie Schuppen von den Augen und alles wird klar, einfach und selbstverständlich, wenn er meint: "...dass Wildlachs nicht gleich Wildlachs oder Honig schon gar nicht gleich Honig sei." (Bienen, die mit Zuckerwasser gefüttert werden, produzieren kein lebensspendendes, gesundes Naturprodukt sondern "Industriezuckerhonig").

Seiner Meinung nach stellt die Qualität eines Lebens-Mittels (in diesem Falle ausschließlich biologisch hergestellt) erst die erste und unterste Stufe der Versorgung von Körper und Geist dar.
Die weiteren Schritte der Nahrungszufuhr, Menge, Behandlung, Kombination, Zubereitung und die Konzentration beim Kochen und Essen, sind genauso entscheidend, ob der Organismus ausreichend mit Nähr- und Vitalstoffen versorgt oder lediglich "krankgefüttert" wird.

Vor allem die Zusammenstellung der Mahlzeiten und das ausreichende Kauen entscheiden darüber, ob etwas bekömmlich ist oder nicht. Es ist völlig verfehlt anzunehmen, durch gezielten Einkauf und Auswahl alleine wäre schon der Gesundheit Genüge getan. Das beste biologisch hergestellte Gemüse verliert heruntergeschlungen oder womöglich mit Limonade (Zuckerwasser) heruntergespült, seinen Nährwert. Was dabei übrig bleibt, ist Gärung und ein saurer Organismus.

"Auch das Angebot an "alten Sorten" von Gemüse und Obst" meint Martin, "wäre wichtiger Bestandteil heutiger Ernährung, da in diesen ungekreuzten "Urgemüsen" noch ein Vielfaches von dem steckt, was in heutigen Produkten enthalten ist. Solche Samen und Pflanzen erhält man heute bereits relativ schwer und wenn überhaupt, nur mehr in Samenbanken (z.B. Arche Noah, Scheifling, N.Ö.) und bei speziellen Bauern, die sich auf die Bewahrung alter Sorten und alten Saatgutes verlegt haben. Derlei Gemüse ist überreich an Bio-Flavoiden (Antioxydantien), Mineralstoffen, Vitaminen, Enzymen und Spurenelementen.

Was gibt es also beim Kochen alles zu beachten?
"Um Missverständnissen vorzubeugen: Wir reden hier wohlgemerkt grundsätzlich von einer Basis des Kochens im Sinne von selbst zubereitender, "lebendiger" Nahrung, wie es frisches Gemüse, Obst, Fleisch, Naturreis oder Naturgetreide darstellen und nicht über Fertiggerichte, Fastfood, Mikrowellenkost, Aufbackwaren, Genfood, fertige Burger oder Gefrierpizze. In diesem Falle könnte es zeitweise gesünder sein, Ihr Tischtuch zu essen!

Auch eingefrorene Lebensmittel sind von minderem Wert, da nach dem Auftauen die Zellen des Gefriergutes platzen, was zum Verlust eines Großteils der Inhaltsstoffe führt. Vor allem bereits gekochtes Essen, das man einfriert, auftaut und nochmals aufwärmt, ist in Bezug auf Nähr- und Vitalstoffe als wertlos zu betrachten. Es besteht nur mehr aus Zellulose und Faserstoffen oder besser gesagt aus "oxydiertem Essens-Müll".
Ähnlich ist es beim Verfahren mit Druckkochtöpfen, wo die Nahrung durch den unnatürlichen Druck von vielen Atmosphären (Bar) denaturiert wird. Die einzig schonende Kochart, man kann es drehen und wenden wie man will, ist und bleibt garen!

Sich bei der Zubereitung des Essens auf das Wesentliche, nämlich aufs Kochen und die dabei verwendeten Zutaten zu konzentrieren, ist wesentlich für das, was daraus an "Positivenergie" für uns und unseren Organismus entsteht.
Wer diesem Geschehen nicht seine ganze Aufmerksamkeit schenkt, währenddessen mit den Kindern schimpft, mit dem Partner streitet oder mit der Freundin telefoniert, lässt es lieber gleich bleiben!
Kochen ist, wie das Essen selbst ein Ritual. Bei den Urvölkern, den Indianern, Eskimos, Inkas, Nomaden, Lappen und Mongolen war gerade das Essen in der Gemeinschaft eine Zeremonie, die eine der bedeutendsten Handlungen des Tages darstellte.
Zusammengehörigkeitsgefühl, Familien- und Gemeinschaftssinn, Stammesehre und Tradition wurden dabei gepflegt und aufrecht erhalten."

Völlig unvorstellbar wäre es dabei gewesen, dass ein Stammesmitglied während des Kochens oder Essens die Buschtrommel schlug (Handy) oder mit einer Gazellenkeule in der Hand seine Notdurft verrichtete (lt. Meinungsumfragen gibt es bereits 6% Menschen, die aus Zeitgründen auch am Klo weiter jausnen).
"Wer Kochen und Essen nicht die notwendige Aufmerksamkeit widmet, die Kombinationen, Würze und Kochart nicht gut überlegt und dazu noch mit negativen Gedanken beschäftigt ist, bringt diese ins Essen mit ein, sodass sich der Negativkreislauf zum Schaden von Körper und Geist in verhängnisvoller Weise schließt.

Buddhisten z.B. reinigen sich vor dem Kochen mental, d.h. sie befreien sich durch Konzentration und Meditation von negativen Gedanken und Stimmungen. Gewisse Völker Afrikas nehmen vor Zubereitung und Essen eine Reinigung mit rot gefärbter Erde vor, mit der sie sich abreiben.

Die sibirischen Tschutschken entzündeten früher vor jeder Mahlzeit ein Feuer aus Birkenholz, mit dem sie sich "reinigten" ehe sie zur Essenzubereitung schritten. Und viele Menschen beteten und beten heute noch vor jeder Mahlzeit, um sich der Gaben Gottes und der Natur zu besinnen. Dies hat nicht nur rein religiöse Gründe, sondern bedeutet, durch Besinnung auf die angerichtete Mahlzeit im Sinne von Gesundheit zu handeln."

Als nächste Stufe wäre unsere Aufmerksamkeit auf die Behandlung der "Lebens-Mittel" zu richten. Martin Felber: "Dazu gehört die Auswahl von frischer Ware soweit es um Gemüse, Obst oder Fleisch geht, um die Wahl der Getreidesorten, wie z.B. Urkorn, Dinkel, Naturreis, Hirse, Erbsen, Bohnen, Mais, Linsen und Kartoffeln. Und die dazu gehörenden Gewürze, die jedes Essen nicht nur geschmacklich verfeinern, sondern auch bekömmlicher und gesünder machen.

Schneidet (filetiert) man Gemüse entgegen der Wuchsrichtung einfach irgendwie in Stücke, zerstört man die Zellen des Lebensmittels und mindert deren Qualität. Wer meint, Tomaten, Karfiol oder Broccoli gedankenlos zu zerteilen, bringt sich selbst um eine gehaltvolle Mahlzeit. Auch wenn diese These (noch) nicht wissenschaftlich belegbar ist, lässt sie sich durch einen vergleichenden Geschmackstest leicht nachvollziehen.

Nicht zuletzt sind auch noch das Messer, dessen Stahl und Schärfe beim Kochen entscheidend. Stumpfe Messer aus Industrieblech, wie sie in den meisten Haushalten in Gebrauch sind, zerreißen die Struktur von Obst und Gemüse und entsprechen - auf medizinische Verhältnisse umgelegt - etwa einer Blinddarmoperation mit der Nähschere.
Schalen von Gemüse wie z.B. Gurken, Auberginen, Zucchini oder Sellerie zu entfernen, bedeutet Qualitätseinbussen von bis zu 70 Prozent der Energie- und Inhaltsstoffe.

Wenn wir uns der Kombination der einzelnen Zutaten von Speisen zuwenden, wird das Thema besonders heikel. Lebensmittel auf Dauer wahllos miteinander zu vermischen hat katastrophale Folgen für die Gesundheit. Warum?

Falsch zusammengestellte Speisen verbrauchen durch Übersäuerung des Organismus und Gärungsprozesse eine Menge an Energie statt diese als "Treibstoff" für Körper und Geist wieder aufzubauen."

Hauptprobleme der Ernährung: Auswahl der Nahrungsmittel und deren Zusammenstellung für die Mahlzeiten - wer alles mischt, wird "sauer"

Die Hauptprobleme bei der Nahrungsauswahl sind, so Martin Felber, dass wir auf der einen Seite zuviel minderwertiges Fleisch von Tieren essen, die aus Massentierhaltungen stammen, lange Transporte erleiden müssen und mit gentechnisch veränderten Futtermitteln und Antibiotikabeigaben gefüttert werden. So lange wir nicht akzeptieren, dass qualitativ hochwertiges Fleisch von gentechnikfrei-gefütterten Tieren, die artgerecht gehalten werden, etwas mehr kostet als minderwertiges Billigfleisch, werden wir auch unsere gesundheitlichen Probleme, die zu einem guten Teil auf den Konsum denaturierter Lebensmittel zurückzuführen sind, nicht in den Griff bekommen.

Ein weiteres Problem besteht darin, dass bei heutigen Ernährungsgewohnheiten und durch "ausgelaugte" Nahrungsmittel eine dauernde Unterversorgung des Organismus von so genannten "Polysacchariden" auftritt, die wir dringend im Körper für die verschiedensten Stoffwechselprozesse benötigen. Wildpilze, Heilpilze, wie z.B. Chaga, Shiitake, Maitake, Austernpilze oder Reishi aber auch Aloe Vera und die Randschichten von Bio-Getreide (Reiskleie, Haferkleie und Gerstenkleie) sowie Biogemüse enthalten hohe Mengen an Polysacchariden.

277

(*Polysaccharide sind Vielfach- oder Mehrfachzucker mit mehr als zwei Zuckermolekülen, haben aber mit herkömmlichem Zucker, auch geschmacklich, nichts zu tun).

Als dritte "Unsitte" nehmen wir durch die heutigen Essensgewohnheiten die drei- bis vierfache Menge an Zucker auf, als uns noch gut tut. Süße Nachspeisen, Naschereien zwischendurch, Industriebackwaren, weißes raffiniertes Mehl, Industriezucker, all das hält kein Organismus auf Dauer aus! Das gesamte Darmmilieu wird durch den hohen Zuckerkonsum übersäuert, sodass sich unerwünschte Pilze einnisten können und die Verdauung gestört erscheint. Blähungen, Verstopfungen und Verdauungsschwierigkeiten sind die Folge.

Zucker ist eigentlich kein Nahrungsmittel, sondern eher in die Kategorie Suchtmittel einzuordnen, wenn man sieht, welche Mengen an Schokolade, Kuchen, Torten und sonstige Süßigkeiten heute verschlungen werden. Auch das obligate Dessert nach der Hauptmahlzeit ist alles andere, als zu empfehlen, da es jedes basische Essen in "ein saures" umwandelt.
Wenn Sie Zucker nehmen müssen, verwenden Sie keinen Industriezucker (auch kristalliner, brauner Zucker gehört dazu) sondern wertvollen Zuckerersatz, wie z.B. Malze (Reismalz), Zuckermelasse (Rapadura), Agavensaft, Ahornsirup oder Honig."

Zuckerfalle Süßstoff

Süßstoff oder Produkte, die künstlich gesüßt sind, helfen nicht zwangsläufig dabei abzunehmen, denn sie signalisieren dem Körper eine Zuckerzufuhr und dieser schüttet daraufhin den Botenstoff Insulin aus.
Da Süßstoffe aber keinen Zucker enthalten, wird das Insulin nicht abgebaut und zirkuliert weiter durch den Körper. Dabei wird neuerlich Hunger ausgelöst, der dazu verleitet, mehr zu essen, als einem gut tut.

Martin Felber sieht aber noch weitere, gravierende Fehler in unserem Essverhalten:"Durch den heute üblichen, überhöhten Essenskonsum, (wir essen etwa 50 Prozent mehr, als wir bei ausreichendem Kauen energetisch benötigen würden) ergeben sich zwei weitere, äußerst ungesunde Folgen für die Gesundheit:

Erstens: Der Körper, speziell der Magen-Darmtrakt mit der Verdauung und die daran beteiligten Organe (Leber, Niere, Milz, Galle, Bauchspeicheldrüse etc.) laufen ununterbrochen auf Hochtouren, ohne Ruhepausen, der Verschleiß ist dementsprechend!

Was Sie Ihrem Auto niemals zumuten würden, nämlich dass es mit Vollgas Tag für Tag 24 Stunden lang und das über viele Jahre hinweg dahinrasen sollte, muten Sie Ihrem Körper unbekümmert zu.

Zweitens: Das zu viele Essen und die kurzen Abstände zwischen den Mahlzeiten verursachen, dass sich der Darm nicht abschnittsweise mit einem Verdauungsvorgang beschäftigen kann. Der Magen ist mitten im Verdauungsprozess einer Mahlzeit beschäftig, da plumpst bereits Neues, Unverdautes zu Halbverdautem.

Dasselbe Bild im Dünndarm und auch im Dickdarm. Diese Darmabschnitte haben völlig verschiedene Verdauungsaufgaben, die halbverdaute Nahrung kollidiert dort miteinander, es entsteht Gärung, die Vitamine und wertvolle Mineralstoffe vernichtet.

Fünf bis sechs Mahlzeiten, wie oft propagiert, sind viel zu viel Belastung, zwei bis drei wären bei gezielter Ernährung ausreichend. Würde man die Speisen gut kauen, könnte man ohnehin nicht öfter essen.

Dadurch ergibt sich auch eine andere, ziemlich simple "Milchmädchenrechnung":

Verbrauchte man durch bewusstes Essen nur mehr die Hälfte der Lebensmittel pro Kopf, so würden:

Lebensmittel das Doppelte kosten können und ihr wahrer Wert würde wiederhergestellt.

Die Bauern wieder ausreichend verdienen und dabei noch Gewinne machen.

Der gesamte Logistikaufwand würde sich gewaltig reduzieren

Das Verkehrsvolumen auf den Strassen, vor allem der LKW-Verkehr würde drastisch reduziert, die Umwelt könnte endlich wieder "aufatmen"

Mit der anderen Hälfte der Lebensmittel könnte man dann noch zusätzlich die restliche, hungernde Welt ernähren.

Sie glauben die Geschichte "lediglich mit der Hälfte des Essen satt zu werden" nicht? Probieren Sie einmal drei Esslöffel gekeimten Dinkel ordentlich zu kauen, Sie werden alleine davon satt. Durch die, im Bio-Getreide noch vorhandenen Faser- und Ballaststoffe, ergibt sich ein wesentlich verlängerter, natürlicher Kauvorgang (bis zu zehn Mal so lange), als es sonst nach jedem Löffel oder Bissen allgemein üblich ist.

Das Gegessene wurde im Mund durch das lange Kauen bereits ausreichend eingespeichelt (Vorverdauung), die Zähne durch die Fasern dabei gleichzeitig gereinigt und das Zahnfleisch massiert.

Algen sind eine der wertvollsten Eiweiß-, Nähr- und Vitalstofflieferanten

Aussprüche von Martin Felber

Wenn man drei Nüsse und einen Apfel eine Viertelstunde lang kaut, bevor man das Gekaute verschluckt, ist man satt, als hätte man ein komplettes Menü gegessen. Gleichzeitig werden dadurch die Kohlenhydrate vom Eiweiß getrennt, dass heißt, es findet durch den Speichel bereits im Mund ein Vorverdauungsvorgang statt.

Die Wakame-Alge (Meeresalge, die an der Gezeitengrenze wächst) ist 2800 mal so basisch als der Wert 0.

Milchprodukte sollten nicht mehr als 5 Prozent Anteil an der Gesamtnahrung haben, Eier sollten möglichst vermieden werden, ein bis zwei im Monat wären tolerierbar.

Die Randschichten von (Bio)-Getreide (Kleie) sind äußerst wertvoll, da in ihnen die essentiellen Polysaccharide stecken. Beim Aussieben des Getreides (Industriemehl) gehen mit den Randschichten etwa 70 Prozent der Inhaltsstoffe, vor allem Mineralstoffe verloren.

Die beste Rohkost wird wertlos, wenn man sie salzt. Bereits ein Gramm Salz genügt, die ganze Mahlzeit in Gärung zu bringen und damit zu entwerten.

Bio-Äpfel isst man (gewaschen) als Ganzes, die Schale, das Kerngehäuse samt den Kernen sind wertvolle Energiespender.

Kaut man gekeimten Dinkel so lange bis nur mehr die Gluten (Eiweiß) übrigbleiben, sind die Kohlenhydrate richtig zur Verdauung eingespeichelt. Der Magen wird dadurch beim Verdauungsvorgang entlastet und es ist ausreichend Lebensenergie zur Entgiftung, Entschlackung und für die Stoffwechselvorgänge bereitgestellt.

Die Lima-Bohne ist eine wahre Vitaminbombe, vor allem verfügt sie über eine große Menge des wertvollen Vitamins B 17 (gilt auch für verschiedene andere Hülsenfrüchte sowie für Hirse und Buchweizen).

Michael Ehrenberger Dr.med.
Arzt, Forscher und Visionär

Mensch und Natur im Einklang

Unser Leben als vernetztes System und dem heute tatsächlichen, bereits vorhandenen Wissen, erfordert einen Wechsel der Ansichten unseres Weltbildes in den meisten Bereichen unseres Lebens. Dieser "Paradigmenwechsel", wie Dr. Ehrenberger ihn bezeichnet, ist die Voraussetzung für das Überleben weiterer Generationen und den Fortbestand unserer Erde als lebenswerter Planet.

Zu einer Änderung der Sichtweisen gehört auch der Bereich der Schulmedizin, die bereit sein muss, erstarrte Strukturen aufzulösen und anzuerkennen, dass Menschen nicht nur Patienten sind, die therapiert werden müssen, sondern individuelle Charaktere, deren erfolgreiche Behandlung niemals nur auf einer physikalischen Ebene stattfinden kann.

Der Erkrankte aber wird begreifen müssen, dass er selbst für seine Gesundheit die Verantwortung trägt und damit auch eine "echte Gesundung" (Heilung) nur durch ihn/sie selbst in Kooperation mit dem Arzt erfolgen kann.

"Leben ist ein Phänomen, das mit den Erklärungsmodellen der Schulphysik bisher nicht einmal in Ansätzen geklärt werden konnte", meint Dr. Ehrenberger und drückt damit aus, dass wir alle im Prinzip erst am Anfang eines Verständnisses der großen Zusammenhänge unseres Lebens stehen.

Es wird der Zusammenarbeit aller Wissenschaften unter Einbindung der Komplementärmedizin und der Akzeptanz neuer Sichtweisen und Visionen bedürfen, um die großen, bisher ungelösten Rätsel zwischen Gesundheit und Krankheit in ihrer ganzen Komplexheit zu ergründen.

In Erkenntnis dieser Wahrheit war der von Dr. Michael Ehrenberger schon seit vielen Jahren beschrittene Weg der Weg eines Ganzheitsmediziners, bei dem das Wesen Mensch in seiner ganzen Komplexheit auch als universelles, körperliches und spirituelles Wesen erkannt und erfasst wurde.

Sein bisheriges Leben, seine Visionen und die im folgenden Kapitel manifestierten Grundlagen um die evolutionären Zusammenhänge unseres Lebens und der Medizin, erheben ihn für mich zu einem der großen Visionäre im Sinne des Eides des Hippokrates.

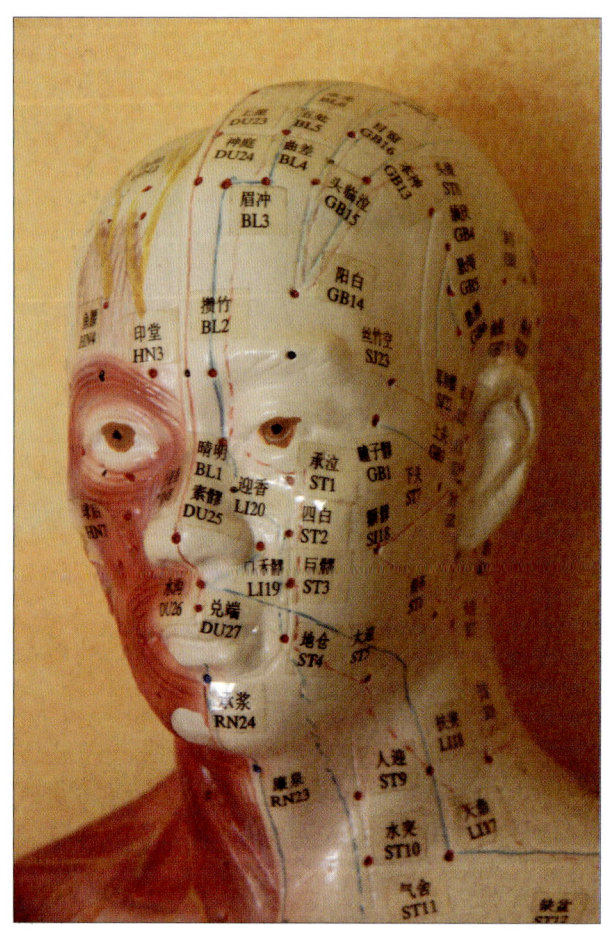

Akupunktur - eine von vielen alternativen Heilmethoden

Über den Paradigmenwandel in der Medizin
Dr. Michael Ehrenberger

Das anerkannte System der Schulmedizin der westlichen Industrienationen befindet sich in einem nachhaltigen Wandlungsprozess. Der erste Grund dafür liegt auf der Hand: die Kosten explodieren, doch die Menschen werden nicht gesünder.

Die westliche Medizin hat sich auf die Reparatur von schon eingetretenen gesundheitlichen Schäden spezialisiert und vertraut dabei, neben diversen chirurgischen Techniken, vor allen Dingen chemischen Mitteln. Krankheit ist dabei zu einem nicht unbeträchtlichen Wirtschaftsfaktor geworden, wie man aus den durchaus profitablen Gewinnen der pharmazeutischen Industrie ablesen kann. Doch hier wird Wirtschaftswachstum, das Zauberwort unseres vorherrschenden Wirtschaftssystems, zum zweifelhaften Erfolg.

Die Gesundheit der Wirtschaft wird grundsätzlich an ihrem Wachstum gemessen und nicht etwa daran, ob die erzeugten Produkte sinnvoll sind und die Umwelt möglichst wenig belasten. Dies gilt in gleichen Maßen für alle Zweige der Wirtschaft, also auch für die pharmazeutische Industrie. Die Konsequenz daraus: diese Industrie kann nur Zuwächse erwarten, wenn es mehr kranke Menschen gibt.

Genau dies trifft zu, vor allen Dingen bei den chronischen Krankheiten. Statistisch gesehen werden die Menschen zwar immer älter, bleiben dabei aber nicht gesund und belasten somit das Budget der Krankenkassen.

Es sind aber bei weitem nicht nur die älteren Menschen, die ein Mehr an Kosten verursachen. Ein nicht unbeträchtlicher Teil der erwachsenen Bevölkerung, ja sogar Kinder und Jugendliche leiden an chronischen Erkrankungen. Die Ursachen dafür sind vielfältig. Hohe Stressbelastung, Bewegungsmangel, Fehlernährung und die Belastung mit Umweltgiften (die wiederum zu einem großen Teil von der chemischen Industrie stammen) führen auch bei jungen Menschen zu chronischen Krankheiten wie Allergien, Übergewicht oder Blutzucker.

Der erste Schritt zum Wandel in unserem Gesundheitssystem wird also darin bestehen, dass wir den Gedanken einer rein auf Reparatur ausgerichteten Medizin aufgeben - und eine echte Gesundheitsvorsorge einführen. Präventive Maßnahmen haben aber nur dann wirklich eine Chance, wenn sie nicht auf die Medizin allein beschränkt bleiben. Gesundheit ist niemals isoliert zu sehen. Sie setzt vernetztes Denken und Handeln voraus.

Auch die Landwirtschaft, die Lebensmittelindustrie, die Erziehung und die Wirtschaft müssen mit einbezogen werden. Zukünftig wird Gesundheitsförderung in Kindergärten, Schulen und Betrieben notwendig sein, außerdem wird es zu einem Umdenken in der Landwirtschaft kommen, weg von einer konventionellen, hin zu einer natürlich-ökologischen Bewirtschaftung unserer Böden.

Aufgeklärte und verantwortungsvolle Konsumenten werden durch ihr Kaufverhalten die Lebensmittelindustrie dazu bringen, statt minderwertiger Nahrungsmittel hochwertige, gentechnikfreie Lebensmittel zu produzieren. Ärzte werden aufgefordert sein, nur die notwendigsten chemischen Mittel einzusetzen und so viel wie möglich auf natürliche Heilmittel zurückzugreifen.

Diesem Wandel in unserem Gesundheitssystem werden von Wirtschaftsforschern wie Matthias Horx oder Prof. L.A. Nefiodow Chancen eingeräumt, tausende von Arbeitsplätzen zu schaffen und die Produktivität und Wertschöpfung der Telekommunikation noch zu übertreffen.

Die Unfinanzierbarkeit unseres derzeitigen Gesundheitssystems beschleunigt diesen Wandel. Er wird in der derzeitigen Phase von Menschen getragen, die sich ihre Autonomie bewahrt und die Verantwortung für ihre eigene Gesundheit, aber auch die des gesamten Systems erkannt haben. Aber das ist bei weitem noch nicht alles. Hier geht es nicht allein um eine Umorientierung. Uns steht – mindestens ebenso zwingend – ein noch viel tiefer greifender Wandel bevor, ein echter Paradigmenwandel innerhalb der Wissenschaft. Er wird alle Naturwissenschaften, also auch die Biologie und Medizin erfassen.

Nach Thomas S. Kuhn tritt in der Wissenschaft ein Paradigmenwandel*, also eine wissenschaftliche Revolution, dann auf, wenn zu viele Abweichungen erkannt werden, die mit der bisher vorherrschenden wissenschaftlichen Hypothese nicht mehr erklärt werden können. Sobald neue Entdeckungen gemacht werden, die mit dem alten Paradigma* nicht erklärbar sind, und die Ereignisse von anderen, unabhängigen Wissenschaftlern bestätigt werden können, ist man in der Wissenschaft gezwungen, ein neues Paradigma, das mit den Ergebnissen konform geht, zu erklären und anzunehmen.

Davon ausgehend wird sich noch viel mehr verändern. Unser naturwissenschaftliches Weltbild bestimmt uns mehr, als wir denken! Was wir für möglich und erwiesen halten und was nicht, bestimmt in hohem Maße unser Handeln, damit unsere Gesellschaft und das, was in ihr gelebt wird. Was vor ein paar Jahren als esoterische Schwärmerei abgetan wurde, wird nun Realität: Eine nachhaltige und unumkehrbare Änderung des Bewusstseins großer Bevölkerungsgruppen dieser Erde.

Es sind nicht etwa kleine Randgruppen, die die Notwendigkeit des Wandels wissenschaftlichen Denkens erkannt haben, sondern Menschen, die in der Mitte des wirtschaftlichen, politischen und kulturellen Geschehens stehen. Dieser Wandlungsprozess findet derzeit in der Mutter aller Naturwissenschaften statt, der Physik. Zu viele Vorgänge im Lebendigen können beobachtet werden, die wir mit dem derzeit allgemein anerkannten physikalischen Weltbild nicht erklären können. Das wirft entscheidende Fragen auf:

- Ist es vielleicht möglich, dass die Wissenschaft grundlegende Probleme der Biologie und somit auch der Medizin nicht erkannt oder verschiedene Phänomene falsch gedeutet hat?

- Kann es sein, dass wir durch eine falsche wissenschaftliche Hypothese Wege beschreiten, die sich bald als fatale Irrwege erweisen könnten?

- Ist es notwendig, unseren wissenschaftlichen Blick auf eine "Physik des Lebendigen" zu richten, wie uns der Nobelpreisträger für Chemie, Ilya Prigogine, vorgezeigt hat?

Die dritte Frage ist für mich der Schlüssel zur Beantwortung der beiden ersten, weshalb ich zum besseren Verständnis zunächst auf die "Physik des Lebendigen" eingehe und die Merkmale lebender Systeme kurz beschreibe.

Was ist Leben?

In dieser so knapp formulierten Frage, erstmals der Wissenschaft gestellt von Erwin Schrödinger, dem Österreichischen Nobelpreisträger für Physik, steckt unendlich viel Weisheit. Man erahnt sie, wenn man die Merkmale des Lebendigen – das, was Lebewesen von toter Materie unterscheidet – näher betrachtet.

Das Lebendige weist folgende Merkmale auf:

- die Bildung von Ordnung
- das Wesen der Veränderung
- die biologischen Rhythmen
- das Nicht-Gleichgewicht
- die Fähigkeit zur Kommunikation

Die Bildung von Ordnung

Jedes Lebewesen weist eine bestimmte, spezifische Ordnung auf. Diese Ordnung ist schon mit den Sinnen erfassbar. Sie äußert sich in Form, Proportion, Farbe, Duft und Klang. Durch diese Attribute wird das Lebewesen einzigartig, jedoch auch einer bestimmten Spezies zuordenbar. So erkennen wir eine Rose an ihrer Form, ihrer Farbe und ihrem Duft.

Dennoch gleicht keine Rose in allen Details einer anderen. Dasselbe gilt für alle Pflanzen, Tiere und Menschen. Geht die spezifische Struktur verloren, etwa wenn sich das Blatt der Rose aufgrund von Schädlingsbefall beginnt einzurollen, dann spricht man von Krankheit. Krankheit kann demnach als Verlust von Ordnung gedeutet werden. Dies gilt gleichermaßen für den Menschen. Entzündungen, Infektionen oder Krebserkrankungen sind auch als Verlust von Ordnung zu sehen.

Vielleicht erscheint Ihnen diese Erkenntnis als banal. Sie gewinnt jedoch enorm an Bedeutung, wenn man sich vor Augen hält, dass jene Kräfte, die zur Bildung von Ordnung führen, unserer konventionellen Wissenschaft noch nicht bekannt sind. Wenn die Unordnung zunimmt, dann nennt man das eine Zunahme der Entropie, das Gegenteil davon, also die Zunahme von Ordnung wird als Negentropie bezeichnet.

Ein Tumor zum Beispiel ist Ausdruck einer verloren gegangenen Ordnung in einem Lebewesen, das bedeutet also eine Zunahme der Entropie. Wird der Versuch unternommen, das Lebewesen von dem Tumor zu befreien, dann hofft man, dass man die ursprüngliche Ordnung wieder herstellen kann.

In früheren Zeiten war die Medizin gewissermaßen eine Ordnungstherapie. Ging die Ordnung verloren, trat also Krankheit ein, dann versuchte man mit verschiedenen Methoden die Ordnung wieder herzustellen. Diese Verfahren wurden empirisch gefunden und beinhalteten neben diätetischen Maßnahmen auch die innere Reinigung des Körpers, da man wusste, dass das Körpermilieu für die Entstehung von Unordnung und Krankheit mitverantwortlich ist.

Die heutige Medizin wäre gut beraten, trotz ihres technischen Fortschrittes auf solche alte Erfahrungswerte zurückzugreifen. Sie könnte dabei ihre Effizienz enorm steigern und zur gleichen Zeit Kosten sparen.

Das Wesen der Veränderung

Wer nun glaubt, dass Ordnung eine statische Angelegenheit ist, die man nur aufrecht zu erhalten hat, irrt sich gewaltig. Zu leben bedeutet, sich zu verändern. Veränderung und Entwicklung sind sogar als die einzigen Konstanten in unserem Leben zu bezeichnen. Schon Goethe bemerkte: "Und hast Du nicht dies Stirb und Werde, bist nur ein trüber Gast auf dieser Erde".

Veränderung als eine Grundlage des Lebendigen kann sehr anschaulich in unserem Körper beobachtet werden. Wir bilden die unglaubliche Zahl von ca. 10.000.000 neuen Zellen pro Sekunde! Unser Körper hat also die Fähigkeit, sich in kurzer Zeit ständig zu erneuern.

Die Leber tauscht alle ihre Zellen innerhalb von 36 Tagen aus, die Bauchspeicheldrüse in 11 Tagen, die Dickdarmschleimhaut wird in einem Tag erneuert. "Weigert" eine Körperzelle sich, sich dieser Veränderung zu unterwerfen und möchte ewig leben, dann wird sie als "bösartig" bezeichnet. Krebszellen zeigen ein solches Verhalten. Sie haben nicht nur eine andere Struktur (Ordnung) als die gesunden Zellen, sie teilen sich auch langsamer und leben länger.

Die biologischen Rhythmen

Wenn wir von Veränderung sprechen, dann ist es interessant zu beobachten, dass diese Veränderungen im Lebendigen immer rhythmisch und nie in einem gleichförmigen Takt verlaufen. Die Rhythmen in einem Lebewesen sollten, als Ausdruck einer stabilen Gesundheit, immer genau aufeinander abgestimmt sein und miteinander harmonieren.

Weiters sind unsere Körperrhythmen eng mit den Rhythmen der Natur verbunden. Wir tanzen quasi in einem harmonischen Reigen mit der Natur. Die Körperrhythmen sind angepasst an die Naturrhythmen, wie den Tag-, Nachtrhythmus und die Rhythmen der Jahreszeiten. Werden solche Verbindungen unterbrochen, laufen wir Gefahr zu erkranken. So konnte man beobachten, dass Schichtarbeit bei manchen Menschen neben psychischen Störungen auch körperliche Beschwerden hervorrufen, die bis zu bösartigen Erkrankungen führen können.

Jeder Versuch des Menschen die Rhythmen der Natur außer Acht zu lassen, kann nur in einem Chaos enden. Dies gilt insbesondere für die Produktion von Lebensmitteln, bei denen Kunstdünger das natürliche Wachstum ankurbeln soll, oder für die Tomatenzucht in Körben, die mit Nährstofflösungen besprüht und an einer künstlichen Lichtquelle vorbeigeführt werden. Ähnliches gilt auch für die Produktion von tierischen Produkten, die nachweislich von minderer Qualität sind, wenn die Tiere nicht artgerecht gehalten und gefüttert wurden.

In der Medizin kann man sich das Wissen um Naturrhythmen zu Nutze machen, indem man bestimmte Medikamente nur zu ganz bestimmten Tageszeiten verabreicht oder mit Atem-, Musik- und Tanztherapie wieder eine Synchronisierung der Rhythmen herbeiführt. Besondere Bedeutung erhält das Wissen um die Körperrhythmen in der Präventivmedizin. Man kann die Rhythmen des menschlichen Körpers mit einfach zu bedienenden Geräten aufzeichnen und aus diesen Aufzeichnungen eine eventuelle Gefährdung der Gesundheit des Probanden ablesen. Solche Verfahren sind dazu geeignet, gesundheitsförderliche Maßnahmen einzuleiten, bevor ein manifester organischer Schaden eintritt. Es liegt also am öffentlichen Gesundheitssystem und dem Gesetzgeber sich solcher innovativer Methoden zu bedienen.

Das Nicht-Gleichgewicht

Leben kann sich nur im Nicht-Gleichgewicht entwickeln. Ein typisches Beispiel dafür ist die Körpertemperatur des Menschen. Der menschliche Körper nimmt erst nach dem Tod die Umgebungstemperatur an, würde dies vor dem Tod passieren, wäre das mit dem Leben nicht vereinbar. Gleiches trifft auf unsere Körperzellen zu. Hier besteht ein Energiepotential zwischen dem Zellinnenraum und seiner Umgebung. Die Zelle verwendet einen großen Teil ihrer Energie, um dieses Energiepotential aufrecht zu erhalten. Ein rhythmischer Zusammenbruch und der danach folgende Wiederaufbau des Membranpotentials (so lautet der Fachausdruck für das Energiepotential der Zelle) im Sinusknoten Ihres Herzens sorgt dafür, dass Ihr Herz schlägt und das Blut durch die Adern zirkuliert.

Das Lebendige ist voll von Beispielen für Nicht-Gleichgewichte und Energiedifferenzen. Leben wird durch die einfache Formel Spannung-Ladung-Entladung-Entspannung aufrechterhalten. Ist dieser Vorgang aber wirklich so einfach zu erklären oder werden hier von der konventionellen Wissenschaft verschiedene Fragen einfach verdrängt? Eine dieser Fragen lautet: Woher kommt die notwendige Energie, um das Nicht-Gleichgewicht aufrecht zu erhalten?

Die Fähigkeit zur Kommunikation

Lebewesen kommunizieren. Die Mittel der Kommunikation können unterschiedlich sein. So dienen Klänge, Farben, Licht, Formen, Muster und Düfte dazu, Informationen auszutauschen. Der Informationsfluss findet unter allen Lebewesen statt, zwischen Menschen, Tieren aber auch Pflanzen.

In dem Wort Information steckt ein Prozess, es bedeutet etwas "in–Form–bringen". Information ist in der Lage zu gestalten, zu strukturieren, aufzubauen. Die Menge der Information spielt dabei nur eine untergeordnete Rolle, es geht viel mehr um ihre Qualität.

In zahlreichen Forschungsarbeiten der letzten Jahre konnte nachgewiesen werden, dass auch in unseren Lebensmitteln Informationen enthalten sind. Information wird von jeder einzelnen Zelle in Form einer ultraschwachen Lichtstrahlung abgegeben. Man nennt diese Lichtabstrahlung "Biophotonen" (nach F. A. Popp). Die Biophotonenstrahlung einer Zelle kann geordnet sein (kohärent) oder eine geringere Ordnung aufweisen.

Je höher die Ordnung ist, desto hochwertiger wird das Lebensmittel für unsere Gesundheit eingestuft. In einer Arbeit des Österreichischen Atominstituts in Wien konnte nachgewiesen werden, dass Lebensmittel, die aus einem biologischen Betrieb stammen, eine kohärentere Lichtabstrahlung aufweisen als Lebensmittel aus der konventionellen Landwirtschaft. Lebensmittel, die gentechnisch manipuliert wurden, zeigen ebenfalls eine Lichtabstrahlung minderer Qualität.
Es liegt daher der Schluss nahe, dass genmanipulierte Lebensmittel Informationen enthalten können, die dem Menschen nicht zuträglich sind. Dies könnte eine Erklärung für den dramatischen Anstieg chronischer Erkrankungen sein.

Nachdem wir nun einige der grundlegenden Eigenschaften von Lebewesen besprochen haben, sehen wir schon, dass wir mit der derzeitigen Lehrmeinung innerhalb der Naturwissenschaften weder Leben erklären noch dem Wesen des Lebendigen näher kommen können.

Die "Physik des Lebendigen" unterscheidet sich maßgeblich von der Physik, die sich nur mit toter Materie befasst und muss sich zwangsläufig auch in den "Tochterdisziplinen" der Biologie und der Medizin niederschlagen. Umgekehrt spielen die Faktoren, die in der Physik des Lebendigen maßgeblich sind, wie Struktur, Ordnung und Information, auch in Domänen der angestammten Physik hinein, wie etwa in die der Kosmologie.

Lassen Sie uns doch einmal zu dem Punkt zurückgehen, an dem die Reise des Lebens in unserem Kosmos (= griech. Ordnung) begonnen haben soll, zum Urknall. Aus der heute anerkannten Theorie des Urknalls soll sich das Universum aus einer Singularität, in der die gesamte Energie des Kosmos zusammengepackt war, entwickelt haben. Beim "Big Bang" soll sich die Energie mit einem Schlag (Urknall) ausgebreitet haben. Kurz danach sollen die ersten Materieteilchen entstanden sein und das Weltall soll sich ausgebreitet haben. Man datiert dieses Ereignis fundamentale Ereignis auf ca. 15 Milliarden Jahre vor unserer Zeit.

Könnte man das aus neuerer Perspektive auch anders sehen? Wir haben uns bereits mit den Begriffen der Entropie und der Negentropie beschäftigt. Maximale Entropie bedeutet maximales Chaos ohne jede Struktur. Definitionsgemäß muss zur Zeit des Urknalls ein maximales Chaos vorhanden gewesen sein, erst danach haben sich Strukturen ausgebildet. Eine der ungelösten Fragen der Kosmologie ist, wie sich aus dem vorhandenen Chaos eine Ordnung bildet, bei der es eine präzise, gegenseitige Feinabstimmung aller Naturkonstanten aufeinander gibt.
Eine geringe Abweichung dieser genau festgelegten Werte hätte das Ende des Lebens bedeutet oder anders formuliert: Leben hätte ohne diese Feinabstimmung erst gar nicht entstehen können. Die Masse von Elementarteilchen, die Anzahl der verschiedenen Teilchenarten und die Kräfte, die zwischen ihnen wirken, sind auf geheimnisvolle Weise in bestimmten Zahlenverhältnissen aufeinander abgestimmt.

Nun stellen sich uns die Fragen: Gab es zur Zeit des größten Chaos (Urknall) bereits eine Information, die die Entstehung des Lebens ermöglichte oder ist die Entstehung des Lebens reiner Zufall? Wenn es diese Information zur Zeit des Urknalls schon gab, woher kam sie?

Ungelöste Fragen, wie viele andere, die sich für die moderne Kosmologie ergeben. Rätselhaft ist auch die Frage nach der fehlenden Masse. Es gibt nach neuen Berechnungen im Universum "überschüssige Gravitation". Die Kosmologen finden für die vorhandene Gravitation zu wenig Masse im Universum.

Weitere Fragen werfen Galaxien auf, die mehr als 20 Milliarden Lichtjahre von einander entfernt sind. Wie kann dies sein, wenn der Urknall erst vor 15 Milliarden Jahren stattgefunden haben soll?

Ein weiteres Phänomen, mit dem so mancher Wissenschaftler nur schlecht etwas anfangen kann, ist das Phänomen der verschränkten Teilchen. Dieses Phänomen zeigt uns, dass Quanten, die einmal miteinander verbunden sind, diese Verbindung für immer aufrechterhalten, so weit sie auch von einander entfernt sind (also 10 mm oder 100.000 km). Wird eines der ehemals verbundenen Teilchen einer Wechselwirkung ausgesetzt (also beobachtet oder gemessen), sucht es sich seinen eigenen Zustand aus und sein Zwillingsquant findet ebenfalls seinen eigenen Zustand, wenn auch nicht willkürlich.
Es wählt seinen Zustand entsprechend der Wahl des ersten Teilchens. Was der Wissenschaft noch mehr Kopfzerbrechen macht ist die Tatsache, dass die Zustandsänderungen absolut gleichzeitig vor sich gehen. Es findet also eine Informationsübertragung statt, die schneller als Licht ist.

Solche experimentell nachgewiesenen Phänomene, für die es in der vorherrschenden Wissenschaftslehre keine Erklärungen gibt, bringen das wissenschaftliche Weltbild zurecht ins Wanken. Doch bis daraus ein Paradigmenwechsel wird, der Stein wirklich ins Rollen kommt, braucht es seine Zeit. Jahrzehnte lang glaubte man, dass diese Phänomene nur in der Quantenwelt auftreten und in der makroskopischen Welt keine Bedeutung haben. Man hat quasi zwei physikalische Theorien geschaffen, eine für die Quantenwelt und eine für die sichtbare Welt.

Viele Wissenschaftler sprechen sich jedoch dafür aus, diese unnatürliche Unterscheidung aufzuheben – eine folgenreiche Entscheidung, die in viele Bereiche hineinspielt! Damit wird es möglich, nicht bei der Analyse zu enden, sondern die Synthese zu verstehen. Unter anderem werden Theorien der Ganzheitsmedizin bestätigt, wonach jede Zelle des Körpers mit allen anderen Zellen zusammenhängt. Eine eingeschränkte Sichtweise auf nur ein Organ stellt somit eine Missachtung neuer physikalischer Gesetze dar und ist als Kunstfehler zu bezeichnen.

Gleiches gilt auch für andere Bereiche unseres Lebens, etwa die Landwirtschaft oder die Genforschung. Sie erweist sich in der eingeschlagenen Richtung aus vielen Gründen als bedenkliche Sackgasse, sogar aus der wissenschaftlichen Sicht. Die herkömmliche Meinung der Genetiker geht davon aus, dass in den Genen eines Lebewesens der komplette "Bauplan" des jeweiligen Organismus enthalten ist.

Diese Ansicht mag zwar sehr einfach und einleuchtend sein, es gibt aber Beobachtungen, die sie in Frage stellen.

So wissen wir zum Beispiel, dass die Gene des Schimpansen zu 98,4 Prozent denen des Menschen gleichen. Es gleichen aber auch die Gene des Schweins zu einem Prozentsatz von über 95 Prozent jenen des Menschen. Wie kann es sein, dass Lebewesen, die ein grundsätzlich anderes Erscheinungsbild haben (Mensch-Schimpanse-Schwein) einen ähnlichen genetischen Code besitzen? Noch dazu, wo auch der umgekehrte Fall beobachtet werden kann: Im Reich der Amphibien ist es möglich, dass Lebewesen, die ähnliche morphogenetische Merkmale aufweisen, auffallend unterschiedliche genetische Muster besitzen. Diese Anomalien dürfte es eigentlich nach den anerkannten Gesetzen der Genetik nicht geben.

Ebenfalls als erhebliche Fehleinschätzung hat sich die Annahme erwiesen, dass jeweils ein bestimmtes Gen eine klare und definierte Aufgabe im Organismus hat. Über Funktion und Fehlfunktion des Organismus entscheidet keinesfalls ein Gen allein, vielmehr gibt es eine ganze Reihe von Genen, die dafür verantwortlich sind.

Am Entstehen einer Krankheit wie zum Beispiel Krebs könnten bis zu 1.000 Gene beteiligt sein. Es scheinen weiters auch die Organfunktionen nicht direkt (linear) mit den Genen verknüpft zu sein. Solche Funktionen vollziehen sich vielmehr nach einem komplexen, nichtlinearen Prozess.

Es gibt noch eine Vielzahl weiterer Anomalien, die den absoluten Machtanspruch der anerkannten Wissenschaftslobby in Frage stellen. Dazu gehören die vielen Anomalien, die uns allein das Element Wasser zeigt. Darwins Evolutionstheorie weist ebenfalls erhebliche Mängel auf, wie uns jetzt bewusst wird (gerade zu einem Zeitpunkt, als sie von der Kirche anerkannt wurde).

Weiters hat die Wissenschaft nur ein vages Verständnis vom Gedächtnis des Menschen, kaum eine Erklärung für Bewusstsein und transpersonales Bewusstsein oder die Erinnerung an frühere Leben. Fragen über Fragen türmen sich vor dem Gebäude der Wissenschaft auf und können mit Hilfe des derzeitigen Paradigmas, den anerkannten wissenschaftlichen Hypothesen, nicht beantwortet werden.

Die Zeit für einen Paradigmenwandel ist gekommen, zumal wir neben den ungelösten Problemen in der Medizin, in vielen Bereichen unseres Lebens an mit herkömmlichem Denken und Handeln unverrückbare Grenzen gestoßen sind, etwa in Bezug auf die Energiesituation, den Klimawandel und weitere unübersehbare Umweltprobleme.

Unter den vielen Fragen, die sich der heutigen Wissenschaft stellen, ist eine, die für den Menschen wohl besondere Bedeutung hat. Es ist die Frage nach ihm selbst, seinem Körper und der Energie, die ihn am Leben erhält. Nur wenigen Menschen ist bewusst, dass der eigene Körper ein wahres Wunder der Natur darstellt. Da er sich nicht der Umgebungstemperatur anpasst, sondern annähernd konstant eine Temperatur von 36 bis 37 Grad Celsius aufrechterhält, gibt er ständig Wärme an die Umgebung ab. Zumindest in unseren Breitengraden.

Dieser Wärmeverlust bedeutet natürlich auch einen Verlust an Energie, der dem Energieverbrauch einer 100 Watt starken Glühbirne gleich kommt. In 24 Stunden 8.640 Kilojoule allein für die konstante Körpertemperatur. Dies wäre weiter nicht verwunderlich, aber es gibt noch weiteren Energiebedarf. Energie verbrauchen das Herz (5 bis 25 Liter Blut pro Minute pumpen, bedeuten weitere 2 bis 10 Watt pro Minute), die Lungen und die Zellen (für die Zellneubildung und den Informationsaustausch unter den ca. 1013 Zellen des Körpers). Für den Informationsaustausch allein müssen nach einer Berechnung von Dr. Hartmut Müller mehrere Kilowatt an Leistung pro Tag veranschlagt werden.

Da wir diese Energiemenge niemals zu uns nehmen können, stellt sich natürlich die Frage nach einer besonderen noch unbekannten Energiequelle. Ist es vielleicht jene Quelle, aus der man nur in Ruhe und Meditation bewusst schöpfen kann? Ist es jene Quelle, die chinesische und tibetanische Mönche seit Jahrtausenden nützen, wenn sie uns mit ihren unglaublichen Leistungen beeindrucken? Haben wir ebenfalls Zugang zu dieser Quelle?

Ein wissenschaftliches Modell, eine Hypothese, die für mich persönlich besondere Aufmerksamkeit verdient, ist die Hypothese des fünften Feldes von Erwin Laszlo. Dr. Dr. h.c. mult. Laszlo ist Professor für Philosophie, Systemwissenschaften und Zukunftsforschung an den Universitäten Yale und Princeton. Er gilt als einer der führenden Vertreter der Systemtheorie und allgemeinen Evolutionstheorie und wurde 2003/2004 für den Friedensnobelpreis nominiert. Laszlo postuliert ein Raum und Zeit übergreifendes Feld, eine fünfte Grundkraft im Universum.

Es handelt sich dabei seiner Ansicht nach um ein superdichtes Energie- und Informationsfeld, das holographische Gedächtnis des Universums. Dieses Feld ist nach Ansicht Laszlos nicht nur dafür verantwortlich, dass Lebewesen in der Lage sind Strukturen aufzubauen, sondern fungiert auch als eine unendliche und unerschöpfliche Energiequelle. Laszlo stützt sich bei seinen Ausführungen u. a. auf Erkenntnisse von Erwin Schrödinger, Werner Heisenberg und David Bohm.

Viele, wenn nicht alle Fragen, die wir uns in diesem Artikel gestellt haben, wären durch die Annahme eines solchen Feldes zu klären. Der Wissenschaft ergeben sich dadurch noch ungeahnte Möglichkeiten, scheinbar unheilbar erkrankten Menschen zu helfen, neue Energiequellen zu erschließen und eine Forschung zu begründen, die der Menschheit in ihrer Entwicklung dient.

Durch eine solche Hypothese wird es gelingen, die Kluft zwischen der Philosophie und der Naturwissenschaft zu überwinden. Anhand der von mir aufgelisteten Merkmale lebender Systeme und den aktuellen Fragen, mit denen sich die Wissenschaft derzeit konfrontiert sieht, muss man in der heutigen Zeit neue Erklärungsmodelle des Lebens diskutieren.

Zu groß sind unsere Probleme geworden, zu unausweichlich scheint der globale Supergau und zu schön ist das Leben, um nicht zu reagieren. Somit erhebt sich die Forderung an die Wissenschaft, neue Modelle zu diskutieren und eine freie Forschung zu fördern, die die Gesetze der Synthese untersucht und nicht nur versucht, schon Bestehendes zu analysieren.

Gefordert sind jene Forscher, die den nötigen Mut zu einem notwendig gewordenen Paradigmenwechsel aufbringen und sich der arrivierten Wissenschaft zur Diskussion stellen.

*Paradigma = Musterbeispiel oder in diesem Falle Wandel oder Wechsel unserer Grundmuster

Schlussbemerkungen

Meiner Meinung nach muss sich der Paradigmenwechsel in der Medizin in zwei Ebenen vollziehen. Einerseits sind wir alle, ohne Ausnahme, dazu aufgefordert, uns um unsere eigene Gesundheit und die unserer Umwelt zu kümmern. Das staatlich anerkannte und von wirtschaftlichen Interessen dominierte System ist dazu nicht in der Lage. Wir tragen die Verantwortung und dürfen diese nicht auf anonyme Institutionen übertragen.

Auf einer zweiten Ebene jedoch wird es zu einer wissenschaftlichen Revolution, einem Paradigmenwechsel kommen. Zu viele Fragen können derzeit nicht beantwortet werden und zu viele Wissenschaftler arbeiten an Projekten, die das Leben auf diesem Planeten bedrohen. Gentechnik, Klonversuche und Chemotherapien haben sich bereits als Irrwege und Sackgassen erwiesen, die Ideen dazu stammen aus einem unnatürlich und falschen physikalischen Denkansatz.

So lassen Sie mich mit einem Wort von Goethe schließen, der einer der größten Kritiker Isaac Newtons war, auf den das derzeitige, zur Ablöse reife physikalische Weltbild zurückgeht:

"Eine falsche Hypothese ist besser als gar keine; denn dass sie falsch ist, ist gar kein Schade, aber wenn sie sich befestigt, wenn sie allgemein angenommen, zu einer Art von Glaubensbekenntnis wird, woran niemand zweifeln, welches niemand untersuchen darf, dies ist eigentlich das Unheil, woran Jahrhunderte leiden".

Johann Wolfgang Goethe: Schriften zur Naturwissenschaft

Dr. Michael Ehrenberger

Peter Philipp
Kunstfotograf und Visionär

Peter Philipps meisterhaftes Können, Menschen, Situationen, Stilleben und Dinge des täglichen Lebens künstlerisch mit der Kamera einzufangen, hat ihn weit über Österreich hinaus zum gefragten Bildberichterstatter und Illustrator von Büchern gemacht.

Ein Großteil der Bilder in diesem Buch entstammt seiner meisterhaften Hand, es sind Bilder, die einen von ihrer Ausdrucksstärke her stets berühren und innehalten lassen.
Peter Philipp "macht keine Fotos" sondern zeichnet mit Licht, Kamera und einem extremen Feingefühl für den richtigen Augenblick Bilder von Schönheit und Sensibilität.

Er hat die Großen dieser Welt porträtiert, das Leid der Dritten Welt mit der Kamera dokumentiert und die letzten Paradiese dieser Erde fast am Ende der Welt festgehalten.

Peter Philipp, mit dem mich eine jahrzehntelange Freundschaft verbindet, lebt in Graz und hat unzählige Bücher durch seine Fotografie illustriert und verschönt. Er ist selbst Autor eigener Bildbände und neben seiner Berufung als Fotograf und Künstler vor allem: "Ein Visionär".

Robin Wood

Die Natur ist stärker

Die Ausführungen des Autors und seine Schlussfolgerungen stellen keinesfalls eine generelle Kritik an Ärzten, Wissenschaftern oder einer anderen Gruppe der Gesellschaft dar - im Gegenteil!

Auch die unzweifelhaft anerkannten, bisher erlangten positiven Errungenschaften sollen dadurch keineswegs geschmälert werden.
Was aufgezeigt werden soll, sind lebens- und umweltfeindliche Mechanismen, die zu erkennen wir genug Kritikfähigkeit an den Tag legen müssen, um diese im Sinne eines besseren und gesünderen Lebens für die Zukunft zu erkennen und auszuschließen.

Es gilt, über alles Menschenunwürdige und Trennende hinweg Missverständnisse auszuräumen, das "Feindbild Natur" nicht weiter zu forcieren und zu erkennen, dass die Natur letztendlich stärker ist als der Mensch.

Es wird Zeit, sich im Sinne einer besseren Welt wieder die Hände zu reichen; egal, welchem Stand, welcher Religion oder welcher Hautfarbe wir angehören.

Der Autor